见识城邦

更新知识地图　拓展认知边界

我的世界观

MEIN WELTBILD

［美］阿尔伯特·爱因斯坦——著
方在庆——编译

中信出版集团 | 北京

图书在版编目（CIP）数据

我的世界观 /（美）阿尔伯特·爱因斯坦著；方在
庆编译 . -- 北京：中信出版社，2018.11（2024.4重印）
ISBN 978-7-5086-9477-1

Ⅰ . ①我… Ⅱ . ①阿… ②方… Ⅲ . ①爱因斯坦（
Einstein, Albert 1879–1955）– 文集 Ⅳ .
①K837.126.11–53

中国版本图书馆CIP数据核字（2018）第 213103 号

我的世界观

著　　者：[美] 阿尔伯特·爱因斯坦
编 译 者：方在庆
出版发行：中信出版集团股份有限公司
（北京市朝阳区东三环北路 27 号嘉铭中心　邮编　100020）
承 印 者：北京通州皇家印刷厂

开　　本：880 mm × 1230 mm　1/32　　印　　张：16　　字　　数：387千字
版　　次：2018年11月第1版　　印　　次：2024 年 4 月第30 次印刷
书　　号：ISBN 978-7-5086-9477-1
定　　价：58.00元

目录

第二部　追求和平

第三部　从普鲁士科学院辞职

第四部　犹太人的理想

第五部　我如何创立了相对论

代序

爱因斯坦：机遇与眼光

杨振宁

一

1905年通常称为阿尔伯特·爱因斯坦的“奇迹年”（*Annus Mirabilis*）。在那一年，爱因斯坦引发了人类关于物理世界的基本概念（时间、空间、能量、光和物质）的三大革命。一个26岁、默默无闻的专利局职员如何能引起如此深远的观念变革，因而打开了通往现代科技时代之门？当然没有人能够绝对完满地回答这个问题。可是，我们也许可以分析他成为这一历史性人物的一些必要因素。

首先，爱因斯坦极其幸运：他生逢其时，当物理学界面临着重重危机时，他的创造力正处于巅峰。换句话说，他有机会改写物理学的进程，这也许是自从牛顿时代以来独一无二的机遇。这种机遇少之又少。E.T. 贝尔（Bell）的《数学精英》（*Man of Mathematics*, New York: Dover Publications, 1937）引用了拉格朗日（J. L. Lagrange, 1736—1813）的话：

> 虽然牛顿确实是杰出的天才，但是我们必须承认他也是最幸运的人：人类只有一次机会去建立世界的体系。

这里，拉格朗日引用的是牛顿的巨著《自然哲学的数学原理》（*Principia Mathematica*）中第三卷即最后一卷前言中的话：

> 现在我要演示世界体系的框架。

拉格朗日显然非常嫉妒牛顿的机遇。可是爱因斯坦对牛顿的公开评价给我们不一样的感觉：

> 幸运的牛顿，幸福的科学童年……他既融合实验者、理论家、机械师为一体，又是阐释的艺术家。他屹立在我们面前，坚强、自信、独一无二。

爱因斯坦有机会修正200多年前牛顿所创建的**体系**。可是这个机会当然也对同时代的科学家们开放。的确，自从1881年迈克尔逊—莫雷（Michelson-Morley）首次实验以及1887年第二次实验以来，运动系统中的电动力学一直是许多人在钻研的热门课题。令人惊奇的是，当爱因斯坦仍在苏黎世念书时，他已经对这个题目发生了浓厚的兴趣。1899年他曾写信给他后来的太太米列娃（Mileva Marić）：

> 我还了赫姆霍兹的书，现正在非常仔细地重读赫兹的电力传播工作，因为我以前没能明白赫姆霍兹关于电动力学中最小作用量原理的论述。我越来越相信今天所了解的运动物体的电动力学与实际并不相符，而且可能有更简单的理解方式。（引自：Albert Einstein / Mileva Marić, *The Love Letters*, eds. Renn & Schulmann,

translated into English by S. Smith, Princeton University Press, 1992.)

他追寻此更简单的理解方式，六年以后引导出了狭义相对论。

当时许多科学家对这个科目也极感兴趣。庞加莱（L.H. Poincaré，1854—1912) 是当时两位最伟大的数学家之一，他也正在钻研同一个问题。事实上，相对性（relativity）这一名词的发明者并不是爱因斯坦，而是庞加莱。庞加莱在1905年的前一年的演讲《新世纪的物理学》(载: *Physics for a New Century*, AIP Publication on History, vol 5, 1986）中有这样一段：

> 根据相对性原则，物理现象的规律应该是同样的，无论是对于固定不动的观察者，或是对于做匀速运动的观察者。这样我们不能，也不可能，辨别我们是否正处于这样一个运动状态。

这一段不仅介绍了**相对性**这个概念，而且显示出了异常的**哲学**洞察力。然而，庞加莱没有完全理解这段话在物理上的意义：同一演讲的后几段证明他没有抓住**同时性的相对性**（relativity of simultaneity）这个关键性、革命性的思想。

爱因斯坦也不是首位写下伟大的转换公式的人：

$$x' = \gamma(x - vt),\ y' = y,\ z' = z$$

$$t' = \gamma\left(t - \frac{vx}{c^2}\right)$$

$$\gamma = \frac{1}{\sqrt{1 - v^2/c^2}}$$

之前，洛伦兹（H. A. Lorentz, 1853—1928）曾写出这个公式，

所以当时这个公式以洛伦兹命名，现在仍然是这样。可是洛伦兹也没能抓住同时性的相对性这个革命性思想。1915 年他写道：

> 我失败的主要原因是我死守一个观念：只有变量 t 才能作为真正的时间，而我的当地时间 t' 仅能作为辅助的数学量。（转引自：Abraham Pais, *Subtle is the Lord: The Science and the Life of Albert Einstein*. Oxford: Oxford University Press, 1982, p. 167）

这就是说，洛伦兹有**数学**，但没有**物理学**；庞加莱有**哲学**，但也没有**物理学**。正是 26 岁的爱因斯坦敢于质疑人类关于时间的原始观念，坚持**同时性是相对的**，才能从而打开了通向微观世界的新物理之门。

几乎今天所有的物理学家都同意是爱因斯坦创建了狭义相对论。这对庞加莱和洛伦兹是否公平？要讨论这个问题，让我们先引用怀特海（A. N. Whitehead, 1861—1947）的话：

> 科学的历史告诉我们：非常接近真理和真正懂得它的意义是两回事。每一个重要的理论都被它的发现者之前的人说过。（见：*The Organization of Thought*, Westport CT: Greenwood Press, 1974, p.127）

洛伦兹和庞加莱都没有抓住那个时代的机遇。他们致力于当时最重要的问题之一，即运动系统中的电动力学。可是他们都错失其重点，因为他们死守着旧观念，正如洛伦兹自己后来所说的一样。爱因斯坦没有错失重点是因为他对于时空有**更自由的眼光**。

要有**自由的眼光**（free perception），必须能够同时近观和**远看**同一课题。**远距离眼光**（distant perception）这一常用词就显示了保持一定距离在任何研究工作中的必要性。可是只有远距离眼光还不够，必须与近距离的探索相结合。正是这种能自由调节、评价与比较远近观察的结果的能力形成了**自由的眼光**。按照这一比喻，我们可以说洛伦兹失败了是因为他**只有**近距离眼光，而庞加莱失败了是因为他**只有**远距离眼光。

中国伟大的美学家朱光潜（1897—1986）强调过“心理距离”在艺术和文学创作上的重要性。我认为他的观念与上述的远距离眼光是一致的，只是在不同的学术领域而已。在最权威的爱因斯坦的科学传记 *Subtle is the Lord*（即前文所引 A. Pais 的著作）中，作者选择这样一个词来描写爱因斯坦的性格：**孤持**（apartness），并且在第三章开始时引述道：

> 与其他人保持距离；单独地、孤立地、独自地。（《牛津英文词典》）

的确，**孤持**、**距离**、**自由眼光**是互相联系的特征，是所有科学、艺术与文学创造活动中一个必要因素。

1905 年爱因斯坦另一个具有历史意义的成果是他于 3 月间写的论文《关于光的产生和转化的一个启发性观点》（*On A Heuristic Point of View Concerning the Generation and Conversion of Light*）。这篇文章首次提出了光是带分立能量 $h\nu$ 的量子。常数 h 由普朗克于 1900 年在其大胆的关于黑体辐射的理论研究中提出。然而，在接下来的几年里，普朗克变得胆怯，开始退缩。1905年爱因斯坦不仅没有退缩，还勇敢地提出关于光量子的“启发性观点”。这一大胆的观点当时完全没有受到人们的赞赏，从以下的几句话就可以看出这一点：八年后，当普朗克、能斯特（W. H. Nernst）、鲁本斯（Heinrich Rubens）、瓦尔堡（O. H. Warburg）提名爱因斯坦为普鲁士科学院院士时，推荐书上说：

> 总之，我们可以说几乎没有一个现代物理学的重要问题是爱因斯坦没有做过巨大贡献的。当然他有时在创新思维中会错过目标，例如，他对光—量子的假设。可是我们不应该过分批评他，因为即使在最准确的科学里，要提出真正新的观点而不冒任何风险是不可能的。（参见前引 A. Pais 的著作，p.382）

这封推荐书写于1913年，其中被嘲笑的**光—量子假设**（hypothesis of light-quanta）指的就是上述爱因斯坦于1905年大胆提出的想法。可是爱因斯坦不理这些嘲笑，继续把他的想法**向前**推进，于1916年至1917年确定了光量子的动量，进而发展为1924年对康普顿效应（Compton effect）的划时代的认识。

光量子这一革命性之观点产生的历史可以总结为：

1905年　　爱因斯坦关于 $E = h\nu$ 的论文

1916年　　爱因斯坦关于 $P= E/c$ 的论文

1924年　　康普顿效应

在那些年里，在1924年康普顿效应确立之前，爱因斯坦完全**孤立**，因为他对光量子的深邃眼光不被物理学界所接受。

二

在1905年至1924年之间，爱因斯坦的研究兴趣主要在广义相对论。作为科学革命，广义相对论在人类历史上是独一无二的。其设想宏伟、美妙、广邃，催生了令人敬畏的宇宙学，而且它是一个人独自孕育并完成的，这一切让我想起《旧约》里的**创世篇**（不知爱因斯坦本人是否曾想起这个比较）。

当然，我们很自然也会想起其他的科学革命，例如牛顿的巨著、狭义相对论、量子力学。不同之处：牛顿的工作确实是宏伟、美妙、广邃的。对。可是在他之前有伽利略（Galileo）、开普勒（Kepler），还有更早的数学家和哲学家们的成果。他也不是当时唯一在寻求万有引力定律的人。狭义相对论和量子力学也都是影响深远的革命。可是它们是当时许多人研究的热门课题，都不是由一个人所创建的。

关于广义相对论，爱因斯坦没有抓住什么机遇，而是**创造**了这个**机遇**。他独自一人通过深邃的**眼光**，宏伟的设想，经过七八年孤独的奋斗，建立起一个难以想象的美妙体系。这是一次纯粹的**创造**。

三

广义相对论代表引力场的几何化。自然而然它使爱因斯坦接着提出电磁场的几何化。从而又产生了将所有自然力几何化的想法，即**统一场论**。此发展成为他后半生的研究重点。例如，1949年至1950年在普林斯顿高等研究中心他最后的研讨会上，他尝试着把电

磁场 $F_{\mu\nu}$ 合并成不对称的度量 $g_{\mu\nu}$。他这个尝试和他先前在同一方向所做出的努力一样，都没能成功。

由于没有成功，也由于自 20 世纪 20 年代初，爱因斯坦将其注意力几乎全部放在这项研究上而忽略了像固体物理和核子物理这些新发展的领域，他经常遭受批评，甚至被嘲笑。他对于统一场论的投入被描述为**着魔**（obsession）。这种批评的一个例子是拉比（I. I. Rabi, 1898—1988）于 1979 年在普林斯顿举行的爱因斯坦百年纪念上所讲的话：

> 当你想起爱因斯坦于 1903 年或 1902 年至 1917 年的工作时，那是极其多彩的，非常有创造力，非常接近物理，有非常惊人的洞察力；然而，在他不得不学习数学，特别是各种形式的微分几何的时期以后，他就改变了。
>
> 他改变了他的想法。他的那种对物理学的伟大创意也随之改变了。

拉比是否正确呢？爱因斯坦有没有改变呢？

答案是：爱因斯坦的确改变了。改变的证据可以在他 1933 年的斯宾塞演讲 (Herbert Spencer Lecture)《关于理论物理学的方法》(*On the Method of Theoretical Physics*, New Nork: Oxford University Press, 1933) 中找到：

> ……理论物理的公理基础不可能从经验中提取，而是必须自由地创造出来……经验可能提示适当的数学观念，可是它们绝对

不能从经验中演绎而出……

但是创造源泉属于数学。因此，在某种意义上，我认为单纯的思考可以抓住现实，正如古人梦想的一样。

虽然你可以同意或反对这些非常简要的论点，但是你必须同意它们强有力地描述了爱因斯坦在1933年关于如何做基础理论物理的想法，而且此想法相对于他早年的想法有极大的变化。

爱因斯坦自己对这一变化非常清楚。在他70岁出版的《自述》（*Autobiographical Notes*）里，我们看到：

……我作为一个学生并不懂得获取物理学基本原理的深奥知识的方法是与最复杂的数学方法紧密相连的。在许多年独立的科学工作以后，我才渐渐明白了这一点。

很明显，在这一段里，**"独立的科学工作"**指的是他于1908年至1915年期间创建广义相对论的长期奋斗。长期奋斗改变了他。是否朝更好的方向改变了呢？拉比说：不是，他的新眼光变成徒劳无益的走火入魔。我们说：他的新眼光改写了基础物理日后的发展进程。

爱因斯坦逝世几十年来，他的追求已经渗透了理论物理基础研究的灵魂，这是他的勇敢、独立、倔强和深邃眼光的永久证明。

本文首发于《科学文化评论》第2卷（2005年）

第4期，10—16页

编译前言

他从未试图在任何场合取悦别人

方在庆

阿尔伯特·爱因斯坦（Albert Einstein，1879—1955），被认为是当今世界最著名的科学家。他对物质结构、空间、时间以及引力性质的研究，彻底改变了统治我们几个世纪的牛顿世界观，对人类思想进程产生了广泛而深远的影响。在科学史上，只有牛顿（Isaac Newton，1643—1727）可以和他相提并论。

1905年，26岁的爱因斯坦还是瑞士联邦专利局的一名三级职员，名不见经传，远离学术中心，挈妇将雏，过着每周6天、每天8小时的上班族的日子。尽管如此，他还是利用业余时间，进行自己钟爱的研究。正是在这一年，他的创造力得到了惊人的爆发和展现，发表了5篇论文和21篇评论。他提出了光量子假说，解释了布朗运动，提出了测定分子大小的新方法，更重要的是，他提出了我们现在称之为狭义相对论的理论。它彻底改变了人们对于时间、空间、物质和能量的传统看法，具有划时代的意义。从重要性上讲，仅这一贡献就足以让他青史留名，但他并没有躺在功劳簿上。两年之内，他就发现了这一理论的天生缺陷，进而经过8年的努力，用生动的思想实验支撑强大的物理直觉，面对无比巨大的数学困难，顽强抵抗，几乎拼尽最后气力，才从绝望和筋疲力尽中走出来，在1915年提出了广义相对论。广义相对论被认为是人类认识大自然的最伟大的成果。爱因斯坦的朋友、物理学家马克斯·玻恩[1]曾说过，广义相对论“把哲学的深奥、物理学的直观和数学的技艺令人惊叹地结合在一起”。

爱因斯坦也是量子物理学的奠基者。他因提出光子假设，成功解释了光电效应，被授予1921年度诺贝尔物理学奖。我们今天仍然在许多方面受惠于爱因斯坦，最明显的例子是全球定位系统（GPS）。如果不考虑狭义和广义相对论的三种效应，GPS就完全无法使用。

如果我们只把爱因斯坦看成是天才和伟大的科学家，那最多只看到了爱因斯坦的一个侧面。他还是一位伟大的思想家和人道主义者。他利用自己在科学界以外的非凡影响力，致力于国际的谅解与和平。他知道如何善用自己的名声，支持对人类有益的事业。像历史上的任何科学理论一样，爱因斯坦的理论终有一天会被更完善的理论所取代。但是，他对社会公正的终极关怀、他对人类创造性的关注、他对自由的渴望、他的人道主义将长存于世。

爱因斯坦视自己为和平主义者、社会主义者和犹太复国主义者，但这几个概念带有鲜明的爱因斯坦特征。在那篇广受传诵的《我的世界观》（*Mein Weltbild*, Querido Verlag, Amsterdam, 1931, 1953）中，他这样写道：

我是一个真正的“独行者”，从未全心全意地属于过我的国家、我的家乡、我的朋友，乃至我最亲近的家人。面对这些关系，我从未消除那种疏离感，以及对孤独的需求——这种感觉随着岁月的流逝与日俱增。一方面，它能让人清楚地意识到，这将使自己与他人的相互理解和支持受到限制，但我毫无遗憾。这样的人无疑要失去一些天真无邪和无忧无虑。但另一方面，这样的人才能在很大程度上独立于他人的意见、习惯和判断，避免让自己内心的平衡置于这样一些不稳固的基础之上。

这里的“独行者”，来自德文“Einspänner”，原意为“一匹马拉的车”。我们可以从多个层面来理解它。首先，可以用它来形容作为研究者的爱因斯坦的孤独；其次，也可以用它来描述爱因斯坦不受羁绊的独立人格，以及他看待问题和处理问题的独特方式。他有一句并没有引起人们太多注意的话：“我从未试图在任何场合取悦别人”，则更好地诠释了“独行者”的形象。

尽管爱因斯坦一生有不少朋友，但是作为一名研究者，他基本上是孤军奋战。这一点贯穿了他的一生。没有一个人从他那里获得博士学位，他也没有形成一个所谓的学派。他不喜欢上课，不是一位严格意义上的好老师，仅有的几次授课经历都很难说成功；至于他在日本、美国、西班牙以及阿根廷等地演讲受到空前欢迎一事，与他是否会讲课关系不大，更多是慕名而来。爱因斯坦曾多次抱怨没有几个听众能真正听懂他的演讲。

在评价一个人的学术贡献时，爱因斯坦将友谊与学术判断截然分开。学术上的独创性是爱因斯坦采用的唯一标准，尽管他的判断也会受学术偏好的影响。爱因斯坦与索末菲（Arnold Sommerfeld，1868—1951）和玻恩在学术上交往甚多，后两者还分别将他们与爱因斯坦之间的通信结集出版。这些感情真挚的通信是他们友谊的见证。正是在索末菲的提议下，爱因斯坦才成为巴伐利亚科学院通信院士。但他从没有提名索末菲和玻恩获诺贝尔物理学奖。相反，索末菲却在1922年提名爱因斯坦为诺贝尔物理学奖候选人。让人深思的是，尽管爱因斯坦并不喜欢海森伯（Werner Heisenberg，1901—1976）以及他背后的哲学，但承认他工作的有效性。1932年，爱因斯坦提名海森伯和薛定谔[2]共获诺贝尔物理学奖。

和平主义和超国家主义（世界政府）是爱因斯坦的两个基本政治理想。早在“一战”之初，爱因斯坦就公开宣扬和平理想。“一战”结束后，他支持全面裁军和建立统一的欧洲。“二战”结束后，他极力倡导“世界政府”的理想，主张和平利用，而且只能和平利用原子能。在他的晚年，“世界政府”仍然是他一次次以各种形式谈论的话题。他的建议有的也许不切实际，有的也许不太成熟，然而，可以肯定的是，它们都来自一个清晰的头脑和强烈的道德信念。

在科学与宗教的关系方面，爱因斯坦的看法非常独特。“科学没有宗教是跛足的，宗教没有科学是盲目的。”这句话常常让人产生误解，以为爱因斯坦说反了。之所以产生这种误解，是因为没有弄清科学与宗教在爱因斯坦心目中的不同地位。爱因斯坦从来不是在字面意义上谈“宗教”，他更多是指“宗教性”或“虔诚态度”。“一个宗教信仰者的虔诚，在于他从不怀疑那些既不需要也不可能有理性基础的超越个人目的和目标的意义”。爱因斯坦不是通常意义上的信仰宗教的人。他从不祷告，也不做礼拜，但生活中却始终有一个坚定的信念——一个不可能有理性基础的信念：一定存在等待被发现的自然规律。这就是斯宾诺莎式的上帝观。他信仰“斯宾诺莎的那个在存在事物的有秩序的和谐中显示出来的上帝，而不信仰那个同人类的命运和行为有牵累的上帝”。他毕生追求的，就是去发现这些规律。

爱因斯坦虽然出身犹太家庭，但不信仰犹太教。他对犹太人命运的积极关注是从1914年到柏林后才开始的。当时的柏林，有大量来自东欧的贫穷的犹太人。他发现，那些早就定居在柏林的犹太人，对于自己的同胞明显表现出冷漠的态度。尽管他鄙视犹太族群中丧失个性的同化现象，但是由于总体上犹太民族处于受压迫状态，他同社会上一切形式的反犹主义做斗争。他同意为犹太复国主义奔波，最初是为在耶路撒冷建立大学筹款；他看到大量犹太青年因各种原因受到限制，无法接受大学教育，让他非常痛心。他并不是希望在巴勒斯坦建立一个以实体存在的以色列国。在他看来，一个能与阿拉伯人和平共处的犹太人定居点是最理想的，如果在这个定居点中，犹太青年能有机会接受教育，那么就有可能实现文化的犹太复国主义，进而达成犹太人对社会公义的理想。他甚至主张，所有在巴勒斯坦的犹太儿童都应当学习阿拉伯语。他还说：“如果我们不能够找到一个与阿拉伯人和平共处并且真诚合作的方法，那说明我们从过去2000年的苦难中什么都没有学会，命运对我们的惩罚是公平的。”

移居美国后，他又指责这个收留他的国度里严重的种族隔离政策，抨击麦卡锡主义对左翼知识分子的政治迫害，揭露核战争图谋，反对军方与企业的合谋。所有这些话题在当时都是异常沉重的，爱因斯坦也知道相应的后果，但他义无反顾。为此 FBI（美国联邦调查局）曾把他视为眼中钉，欲除之而后快。

阅读爱因斯坦的著作，是了解爱因斯坦的最佳途径。早在 1923 年，在爱因斯坦访问日本之后不久，第一本《爱因斯坦科学著作集》（日文）就出版了。之后，不断有各种语言的爱因斯坦科学著作集问世。但反映爱因斯坦对科学、教育、友谊、自由、宗教、犹太人以及各种社会问题看法的著作直到 1931 年才出版。在爱因斯坦 1955 年去世前，这种包括爱因斯坦人生观和世界观在内的综合读物只有三本：《我的世界观》、《爱因斯坦晚年文集》（*Out of My Later Years*, Philosophical Library，N.Y.，1950）和《观念与见解》（*Ideas and Opinions*, Crown Publishers, Ins. N.Y., 1954）。除《爱因斯坦晚年文集》已在中国翻译出版外，其他两本文集还没有被完整地翻译过来。

最早的德文版文集，是 1931 年由荷兰阿姆斯特丹的奎里多出版社出版的《我的世界观》。编者为爱因斯坦 的女婿凯泽（Rudolf Kayser），化名为 J.H.。这本书有许多版本，其中以 1953 年瑞士苏黎世出版、由卡尔·泽利希（Carl Seelig，1894—1962）编辑的修订版影响最大。两版内容稍有不同，后者加入了几篇爱因斯坦 1934 年之后发表的文章，删掉了两篇文章。第一个英译本《我眼中的世界》（*The World as I See it*）于 1949 年问世。为了吸引更广泛的读者，该译本将德文版中第五部分“科学贡献”删掉了。到了 20 世纪 50 年代，《我的世界观》中的内容已不能满足人们对爱因斯坦思想了解之需，《爱因斯坦晚年文集》应运而生。它收录了爱因斯坦晚年发表的有关裁军、和平、教育、宗教、政治等方面的论述，目前已有中译本问世。

1954年出版的英文版《观念与见解》，除收录《我的世界观》中的绝大部分内容，以及《爱因斯坦晚年文集》中的部分文章外，还增加了爱因斯坦发表在《科学美国人》(*Scientific American*)、《原子物理学家公报》(*Bulletin of Atomic Scientists*)、《每月评论》(*Monthly Review*)、《富兰克林学会杂志》(*Journal of the Franklin Institute*)、《科学进展》(*Advancement of Science*)以及席尔普(Paul Arthur Schilpp, 1897—1993)主编的《爱因斯坦：哲学家—科学家》(*Albert Einstein: Philosopher-Scientist*, The Library of Living Philosopher, Tudor Publishing Co. N. Y., 1949)等书刊中的部分内容。在科学部分，还请爱因斯坦的合作者巴格曼(Valentine Bargmann, 1908—1989)写了导读。

爱因斯坦去世后，他的遗嘱执行人之一纳坦(Otto Nathan, 1893—1987)和作家诺登(Heinz Norden, 1905—1978)在1960年出版了《爱因斯坦论和平》(*Einstein on Peace*, Simon and Schuster, N. Y.)，收录了爱因斯坦关于和平的内容，并加入了大量说明。这本书包含了《观念与见解》中的绝大部分内容，除几篇外，许良英等人编译的《爱因斯坦文集》(第三卷)中均有收录。后来，《爱因斯坦论和平》的完整中译本也问世了。

正因如此，当两年多前中信出版社决定将《我的世界观》纳入出版计划时，在李继勇先生的引荐下，我很爽快地应诺编译此书。我之所以同意做这件事，是出于以下几点考虑：

首先是希望尽可能消除因从英译本转译而造成的语义损失。虽然爱因斯坦的几乎所有文章和信件都是用德文写成的，但自从他1933年到美国定居后，最先发表的往往是经过他的终身秘书海伦·杜卡斯（Helen Dukas，1896—1982）或别人翻译过的英译本。目前有关爱因斯坦的研究著作和论文，绝大部分也都是以英文发表的。爱因斯坦文章的英译本比德文原文有更高的引证率。与此相应，在将德文翻译成英文的过程中出现的错译或误译，也就通过英文的传播造成了更大的影响，而这是必须加以纠正的。否则，谬种流传将贻害无穷。

在以往翻译爱因斯坦著作的过程中，我就遇到过多个因错译而造成的意义损失。但想要彻底纠正这些错误，谈何容易。比如，将verraten（背叛）误认为vertreten（支持、维护）。一字之差，意义完全不同。考虑到爱因斯坦研究中"非英语语言"缺位的现状，我在编译过程中依据的蓝本是1953年德文版《我的世界观》。这本书的内容，绝大部分都有中译文。本来以为这是一件极其轻松的事，但问题比我想象的要严重得多。1953年德文版存在一些无法克服的缺陷：第一，原书的注释和解释太不均衡。有些文章有很长的说明，有些则完全没有；第二，有近20篇文章没有交代来源和出处，放在一起，显得突兀；第三，许多注释不但已经过时，而且本身就不准确；第四，同一内容的文章有两个或更多版本，而编者对此没做任何说明；第五，尽管作者分了五个部分，但每一部分的文章之间并没有有机的联系；第六，只靠这些文章并不能很好地概括爱因斯坦的人生观和世界观。为此，在采用1953年德文版《我的世界观》的基础上，我有意增加了20多篇能反映爱因斯坦人生观和世界观的文章。在第五部中，增加了爱因斯坦 1922 年在京都大学发表的著名演讲《我如何创立了相对论》和其他几篇论文。新增加的文章有一半以上内容来自 1954 年英文版《观念与见解》。

那些被认为可能有损爱因斯坦形象的文章，比如《对美国妇女的答复》和《妇女与战争》，也得到了保留。在这些文章中，爱因斯坦显露了他戏谑、爱讥讽的个性，这与我们所熟知的伟人形象不太相符，但它们更客观地勾勒出一个真实的爱因斯坦。相信读者会有自己的判断。

目前这个版本的最大不同之处，就在于尽可能详细地给出文章的出处、发表时的背景，以及与其他版本之间的异同。而这又得益于爱因斯坦研究专家罗伯特·舒尔曼（Robert Schulmann，1942— ）博士的鼎力相助。从两年前开始，我们之间电子邮件往来上百次，更多是我问他答。我们也分享发现原书错误时的兴奋。舒尔曼博士总是在第一时间对我的问题进行回答，如果碰巧在旅途中，或工作繁忙无暇顾及时，他都会马上告诉我，不让我久等。他是一位了不起的历史学家，被公认为是寻找爱因斯坦未知手稿和信件的最成功的“爱因斯坦猎人”（Einstein-Jäger）。

在这位“猎人”的帮助下，许多我原以为无解的问题迎刃而解。对于同一文章的不同版本，他不仅提供自己的见解，还附上相关的影印件、爱因斯坦的秘书杜卡斯的相关说明，以及文献在爱因斯坦档案中的编号。对舒尔曼博士的帮助，无论如何感谢都不过分。他是少有的能无私地将自己的研究心得与他人分享的真正学者。

在编译过程中，我参考了已有的一些中译文，例如《我的世界观》（叶蕴理译，文化生活丛刊，1937）、《爱因斯坦文集》（第一卷、第三卷，许良英等编译，北京：商务印书馆，2013）、《爱因斯坦自选集》（郭兆林、周念萦译，台北：麦田出版，2016）、《我眼中的世界》（杨全红译，安徽科学技术出版社，2014）、《爱因斯坦晚年文集》（方在庆、韩文博、何维国译，北京：北京大学出版社，2006）以及日文版《爱因斯坦选集》第 3 卷《爱因斯坦及其思想》[《アインシュタイン選集 3（アインシュタインとその思想）》，汤川秀树监修，中村诚太郎、井上健译，共立出版，1972］等书。同时为了准确理解原意，我也找来了相应的英译本、少量文章的法译本。我还参考了戴维 · E. 罗（David E. Rowe，1950）和舒尔曼合编的《爱因斯坦论政治》（*Einstein on Politics*, Princeton: Princeton University Press, 2007）。这本书对相关文章的出处给出了目前为止最详细的说明。

本书之所以得以完成，与众多朋友和学生的帮助是分不开的，尤其是殷歌丽（Ingrid Fischer-Schreiber）、白灵（Cathleen Paethe）、魏少兰（Sabine Weber）、施岷、霍颖楠、陈巍、冯乐、文恒和陈蜜等人；殷歌丽基本上处于在线解答状态，做到了随问随答；以色列耶路撒冷大学爱因斯坦档案馆的奥里斯 · 布拉（Orith Burla）女士总是在第一时间回答我提出的各种问题；徐志凌、朱慧涓、孙贺、雷煜、刘杭等人参与了部分初稿翻译，夏钊查找了部分文献，黄尚永和何钧通读了译稿，徐颖提出了一些中肯的修改意见；中信出版社的王强副总编以及孙宇、罗庚、钟谷婷、张宁、彭博雅和关建等人，在本书的编辑出版方面贡献甚巨，在此一并感谢。

特别值得一提的是，杨振宁先生欣然同意将其大作《爱因斯坦：

机遇与眼光》用为本书的序言，这是对编译者的极大鼓舞与鞭策。这篇文章是杨先生2005年7月24日在第22届国际科学史大会上做的报告，高屋建瓴地概括了爱因斯坦的研究风格与特点，文章敏锐深刻，富有洞见。杨先生的研究路径与爱因斯坦非常相似，即从最根本的问题出发，提出原理性的理论，解决物理学中的重大问题。由于在科学上的杰出贡献和精深造诣，杨先生能够领略到常人所难领略的科学中的美与风格，而曾与爱因斯坦在普林斯顿高等研究院共事的经历，更能让他体察到一代伟人的细微之处。除此之外，二人都有着旺盛的生命力，具有入世的精神和满满的情怀。杨先生也有大量学术之外的著作问世，如《曙光集》和《六十八年心路》等，其中对于人类命运、文化前途的思考，对于家国依恋、师友情谊的系念，与爱因斯坦《我的世界观》有异曲同工之妙，读来令人顿生敬意。就以上而言，在中国能与爱因斯坦相提并论的，也最能理解爱因斯坦精神世界的，当非杨先生莫属。他与爱因斯坦一样，是创造了历史的人物。感谢杨先生的鼓励与支持！

爱因斯坦文集翻译是一项繁重的工作，对译者提出的挑战几乎是无止境的。这个译本远非完善，还有很多工作要做。尽管已尽我所能，但由于自身局限，肯定还有这样或那样的问题存在，还望同好者不吝指正。

2018年1月7日初稿

2018年6月26日修改

2018年9月28日补充

第一部　我的世界观

我未来的计划

这是1895年16岁的爱因斯坦在阿劳上中学补习班时，用不太完美的法语写的课堂作业，题为《我未来的计划》(*Mes Projets d'Avenir*)。

除了课堂作业外，这是目前找到的爱因斯坦最早写就的文章，其中表达了少年爱因斯坦的远大志向。我们看到，爱因斯坦基本上是按照他的既定目标发展的。

此外，法语也成为他所掌握的少数几门外语中最熟练的语言。在听众不能听懂德文（他的母语）时，他一般选择用法语发表演讲或进行对话。

一个幸福的人对现在感到太满意，就不可能对未来思考太多。另外，年轻人喜欢投身于大胆的计划。而对一个严肃认真的青年来说，对自己所渴望的目标形成尽可能明晰的想法是很自然的事情。

如果运气好，能通过考试，我将前往苏黎世联邦理工学院就读。我会在那里学4年数学和物理学。我想成为自然科学分支专业的一名老师，我会选择其中的理论部分。

促使我制订这个计划的是这样一些理由：首先，是因为我个人倾向于抽象思维和数学思维，缺乏想象力和实践能力。我的愿望也启发我下了同样的决心。人们总是喜欢做他具有天赋的事情，这是十分自然的。其次，科学事业存在一定的独立性，那正是我非常喜欢的。

我从未试图在任何场合取悦别人

爱因斯坦与德国和犹太人的关系十分微妙。在“一战”结束后的1922年3月8日以及4月6日至4月10日，他曾两次出访巴黎。作为最知名的德国犹太人，他遭受了来自极右翼的攻击。在他出访巴黎差不多一年后的1923年3月，当时刚刚兴起的“国家社会主义党”正在慕尼黑举行会议，会上有人多次指责爱因斯坦在巴黎期间，“为博得法国听众的喜爱而否认了”自己的“德国血统”。为此，感到事情严重的“德意志犹太复国主义协会”委托秘书处负责人贝蒂·弗兰肯斯坦因（Betty Frankenstein，1882—1960）在爱因斯坦44岁生日当天，专门给爱因斯坦写信：“我们认为您最好能否认这个有倾向性的报道。如果您能寄一份正式辟谣声明让我们去发布的话，我们将很感激。”为此，爱因斯坦在1923年3月23日给出了如下回复。

我刚刚旅行回来，就马上回复您本月14日的来信。我授权您以下面的方式发表正式辟谣声明：

不管是在巴黎，还是在其他任何地方，我都没有否认过我出生在乌尔姆，是一对德国父母的儿子，而我是通过移居瑞士才成为瑞士公民的。另外我还保证，我从未试图在任何场合取悦别人。

我的世界观

关于本文，位于以色列耶路撒冷希伯来大学图书馆的爱因斯坦档案馆（Albert Einstein Archives）有三封内容相同的文件。其中一份为原始手稿，编号为 [29–028]，另两份为打印稿，编号分别为 [29–029] 和 [29–030]。

本文原文为德文，写于 1930 年夏天。当时，爱因斯坦身处柏林郊外卡普特（Caputh）的消夏小屋，在享受宁静的同时，总结了自己的世界观。最初的版本曾以《我所见的世界》（*Wie ich die Welt siehe*）为题发表过多次，最著名的是在《我的世界观》和《观念与见解》中；英译本首次登载于 1931 年纽约出版的《当代哲学》（*Living Philosophies*）丛书第 13 卷，3 ~ 7 页（New York: Simon Schuster）。后来又出现了众多英译本。其中较有影响的英译本为《观念与见解》一书中的译文："我眼中的世界。"

1932 年，由德国人权联盟发行的一张录音唱片中，爱因斯坦朗读了一篇名为《我的信条》（*Mein Glaubensbekenntnis*）的文章，其内容与本文相比只有细微差别。基于本文的英译文发表在《论坛与世纪》（*Forum and Century*）84 卷（1930 年 10 月出版）第 4 期，193 ~ 194 页，取名《我的信仰》（*What I Believe*），后来又收录于戴维 · E. 罗和罗伯特 · 舒尔曼合编的《爱因斯坦论政治》（226 ~ 230 页）。

正是这篇文章让爱因斯坦悲天悯人的智者形象深入人心，因而也成为爱因斯坦最常被引用的文章之一。

我们这些尘世之人真是奇怪！每个人来到世上都只是匆匆过客。目的何在，无人清楚，虽然人们有时自认为有所感悟。不用做过深的思考，仅从日常生活的角度看，有一点我们是清楚的：我们是为其他人而活着的——首先是为了那些人，他们的欢乐与安康与我们自身的幸福息息相关；其次是为了那些素昧平生的人，同情的纽带将他们的命运与我们联系在一起。我每天都会无数次意识到，我的物质生活和精神生活很大程度上建立在他人的劳动成果之上，这些人有的尚健在，有的已故去。对于我已经得到和正在得到的一切，我必须竭尽全力做出相应的回报。我渴望过简朴的生活，常常为自己过多地享用他人的劳动成果而深感不安。我不认为社会的阶级划分是合理的，归根结底是靠强制手段维系的。我还相信，简朴而平易的生活，对每个人的身心都是有益的。

我认为，在哲学意义上，人类根本没有任何自由可言。每个人的行为不仅受制于外在压力，还受限于内在需求。叔本华说过：“人虽然可以为所欲为，但却不能得偿所愿。”[1] 从青年时代起，这句话就让我深受启发。每当自己或他人经历种种磨难时，这句话总能给我带来慰藉，成为无穷无尽的宽容的源泉。幸运的是，这种认识不仅能缓解那种让人感到无能为力的责任感，也能防止我们过于严苛地对待自己和他人。这导致了一种人生观，其中，幽默尤其应该占有一席之地。

从客观的角度来看，探究一个人自身存在或一切创造物存在的意义或目的，对我来说，似乎总是愚蠢的。然而，每个人都有一定的理想，这些理想决定了他的奋斗目标和判断方向。在这个意义上，我从未将安逸和享乐视为终极目标（我把这种伦理准则称为猪群的理想）。一直以来，对真、善、美的追求照亮了我的道路，不断给我勇气，让我欣然面对人生。如果没有志同道合的友情，如果不专注于探索客观世界，那个在艺术和科学研究领域永不可及的世界的话，生命对我而言就毫无意义。从儿时起，人们所追求的那些庸俗目标——财产、外在的成功以及奢侈的享受，我都不屑一顾。

我有强烈的社会正义感和社会责任感，然而却又明显地缺乏与他人和社会的直接接触，这两者形成了奇怪的反差。我是一个不折不扣的“独行者”，从未全心全意地属于过我的国家、我的家乡、我的朋友，乃至我最亲近的家人。面对这些关系，我从未消除那种无休止的疏离感，以及对孤独的需求——这种感觉随着岁月的流逝与日俱增。一方面，它能让人清楚地意识到，这将使自己与他人的相互理解和支持受到限制，但我毫无遗憾。这样的人无疑要失去一些天真无邪和无忧无虑。但另一方面，这样的人才能在很大程度上不受他人的意见、习惯和判断的影响，避免让自己内心的平衡置于这样一些不稳固的基础之上。

民主是我的政治理想。让每个人都得到应有的尊重，任何人都不应该成为被崇拜的偶像。可是造化弄人，我自己却受到了过多的赞美和尊敬，尽管这既不是我的过错，也不是我的功劳。之所以如此，可能是因为许多人理解不了我以绵薄之力并经过艰苦努力而提出的少数观念的缘故。我很清楚，任何一个组织若想实现既定目标，都必须有一个人来思考、指挥，并承担起大部分责任。但是被领导的人不应受到胁迫，他们应该有权选择他们的领导人。我确信，专制的独裁制度很快就会衰败，因为暴力总会招致那些品德低下的人，而且在我看来，天才的暴君往往由无赖来继承，这是亘古不变的规律。正因如此，我一直强烈反对我们如今在意大利和俄国看到的那种制度。而使现今在欧洲盛行的民主形式遭到质疑的，不是民主原则本身，而是现行的制度让各国政府首脑缺乏稳定性，以及选举制度的与个人无关的特征。我认为北美洲的美国在这方面已经找到了正确的方法。他们选举出一个有合理任期的总统，并授予充分的权力，使其能真正履行职责。然而，我看重的是在我们的政治制度[2]中，当公民患有疾病或需要救济时，国家能给予个人很大程度的关怀。在我看来，驱动我们人类向前的东西中，真正有价值的不是国家，而是有创造性的、有情感的个人，是人格。只有个人才能造就高尚和尊贵，而随大流的人群在思想和感觉上都是迟钝的。

讲到这里，我想起了随大流的群体行为中最恶劣的结果，就是我厌恶的军事制度！一个人能随着军乐扬扬得意地行进在列队中，就足以让我鄙视他了。他能有大脑肯定是个错误，因为对他来说只要有脊髓就够了。这种文明的污点应该被尽快消除。命令之下的英雄主义、无谓的暴行，以及一切自称爱国主义的可憎蠢行，都让我深恶痛绝。战争对我来说，是何等的卑鄙无耻；我宁愿被撕成碎片，也不愿参与这种可恶的勾当。不过，我还是相信人性是美好的，如果不是因为商业利益和政治利益假以学校和媒体之手，系统地破坏了人们的正常理智的话，这种可怕的事情早就应该销声匿迹了。

我们可以体验到的最美好的事物是难以理解的神秘之物。这种基本情感，是真正的艺术和科学的摇篮。谁要是不了解它，谁要是不再有好奇心，谁要是不再感到惊讶，那他就如同死了一般，他的眼睛早就黯淡无光。正是因为这种掺杂了恐惧的神秘体验，宗教产生了。我们认识到有某种东西是我们无法洞察到的，只能以某种最原始的形式才能把握那最深奥的理性和最灿烂的美——正是这种认识和情感构成了真正的宗教情怀[3]。从这个意义上讲，也只有从这个意义上讲，我是一个具有深沉的宗教情怀的人。我无法想象，有这样一个造物主，他会对自己所造之物进行奖惩，并且具有我们自己所体验到的那种意志。我无法也不愿去想象一个人在肉体死后还能继续活着。让那些脆弱的灵魂，无论是出于恐惧还是可笑的利已主义，继续怀有此类想法吧。对我而言，能够察觉生命和意识的永恒奥秘，了解现实世界的神奇结构，并且能投入全身心的努力去领悟自然界中所展示出来的理性，哪怕只能得到其中极小的部分，便也心满意足了。

论生命的意义

本文来源不详。爱因斯坦档案编号：[36-797]。本文首次发表于1934年德文版《我的世界观》。

人类生命的意义是什么？或者总体而言，一切生物的生命意义是什么？要回答这个问题，意味着要有宗教情怀。你可能会问：那么，提出这个问题究竟有什么意义呢？我的回答是：凡将其自身的生命及同类的生命视作无意义的人，不仅是不幸的，而且几乎不适于生存。

一个人的真正价值

本文来源不详。爱因斯坦档案编号：[93-790]。本文首次发表于1934年德文版《我的世界观》。

一个人的真正价值首先取决于他在何种程度与何种意义上实现自我的解放。

论财富

本文是1932年12月9日爱因斯坦给维也纳《彩色周刊》（*Die Bunte Woche*）的编辑尤利乌斯·布劳恩塔尔（Julius Braunthal，1891—1972）的回信。布劳恩塔尔是奥地利出生的犹太历史学家、杂志编辑和政治活动家。爱因斯坦档案编号：[28-221.1]。

我坚信，世界上的财富无法促进人类发展，即使它掌握在那些仍想达到此目标的人手中也无济于事。唯有以伟大而纯洁的人物为榜样，才能引发高尚的思想和行为的产生。金钱只能滋生人们的自私自利，并使其不能自持地加以滥用。

谁能想象摩西、耶稣或者甘地像卡耐基[4]那样腰缠万贯呢？

共同体与个人

本文是爱因斯坦1932年写给德裔美国诗人、作家、出版家乔治·S.菲尔埃克（George S. Viereck，1884—1962）的回信。菲尔埃克出生在德国巴伐利亚，12岁时随父亲移居美国。1933年前，他因诗歌闻名，曾公开称赞过爱因斯坦与弗洛伊德，也采访过还未得势的希特勒。“二战”期间，他是美国著名的“希特勒支持者”。后因违反《外国代理人注册法》（*Foreign Agents Registration Act*）而被起诉，被判入狱（1942—1947）。出狱后，他发表了监狱生活回忆录《混在野兽中的人》（*Men Into Beasts*）。因他有争议的身份，无论德文版还是英文版的《我的世界观》，均未提及本文的来历。爱因斯坦档案编号：[28-206]。

本文的德文版标题为《共同体与个性》（*Gemeinschaft und Persönlichkeit*），英文译为《社会与个性》（*Society and Personality*）。德国社会学家斐迪南·滕尼斯（Ferdinand Tönnies，1855—1936）曾严格地将“共同体”与“社会”区分开来。按照滕尼斯的说法，“共同体”主要是建立在自然基础之上的群体，例如家庭、宗族等；它也可能在小的、历史形成的联合体（村庄、城市）或思想的联合体（友谊、师徒关系等）里实现。与此相反，“社会”产生于众多个人思想和行为的有计划协调，是一种有目的的联合体。“社会”也是一种“人的群体”，人们像在共同体里一样，以和平的方式共处，但彼此之间不是相互结合，而基本上是各自独立的。“在人类的发展史上，社会的类型晚于共同体的类型。”“在近代的资产阶级社会里，社会的类型得到了最完美的表现。”[5]

当我们开始审视自己的生活和工作时，很快就能察觉到，我们几乎所有的行动和愿望都跟他人的存在息息相关。同时也注意到，我们的生活跟群居动物十分相似。我们吃别人生产的食物，穿别人制作的衣服，住别人建造的房子。大部分知识和信念也都是通过别人创造的语言，由别人传授给我们的。如果没有语言，我们的智力水平将会贫乏不堪，跟那些高等动物没什么两样。因此我们必须承认我们胜过动物之处，在于我们生活在人类共同体中。如果一个人从出生起就离群索居，他的思想和情感的原始性和兽性将会达到何种程度，是我们难以想象的。一个人之所以成为“人”，以及他的存在之所以有意义，并不在于他是一个个体，而在于他是伟大人类共同体中的一分子，从出生到死亡，共同体都将主导他的物质生活和精神生活。

一个人对共同体的价值主要取决于他的情感、思想和行动能够在多大程度上促进共同体中其他人的生存条件。我们说他是好是坏，就是以他在这方面的态度为判断依据的。乍看之下，我们对一个人的评价似乎完全是以他的社会特征为依据的。

然而，这种观点是不正确的。显而易见，我们从社会中接受的所有物质、精神和道德方面的成就，都是由无数时代中那些富有创造性的个人取得的。有人发明了火的使用，有人发明了食用植物的栽培，有人发明了蒸汽机。

只有个人才能够思考，从而为社会创造新的价值，甚至还能为共同体生活建立应遵守的新的道德标准。没有能够独立思考和判断的具有创造性的个人，社会的更高发展是很难想象的，正如如果缺失共同体这片土壤，个人的个性发展是不可想象的一样。

因此，一个健康的社会与其内在的社会关系相关，也与个人的独立性相关。有人曾不无道理地说过，一般意义上的希腊—欧洲—美洲文化，尤其是曾结束中世纪欧洲停滞不前状况、在意大利文艺复兴时期灿烂绽放的文化，就是基于个人的解放和个人的相对孤寂。

现在，让我们来看看在我们目前所生活的这个时代，共同体进展如何，杰出人物的状况又如何。较之从前，高度文明的国家的人口太过密集了；今天欧洲容纳的人口大约是 100 年前的 3 倍。但是，杰出人物所占比例却不相称地减少了。只有为数很少的一部分人，通过个人的创造性成就被大众所熟知。在某种程度上，组织机构已取代了杰出人物从前所处的地位，尤其是在技术领域，科学领域也能明显地感觉到这种变化。

杰出人才的缺乏，在艺术领域尤为明显。绘画和音乐已经明显退化了，并且在很大程度上丧失了对公众的吸引力。在政治领域，不仅仅是缺乏领袖人物，公民在精神上的独立性以及正义感也已经在很大程度上降低了。以这种独立性为前提条件的民主议会机构在很多地方陷入了困境。由于人的尊严和个体的权利已不再得到足够重视，独裁统治迅速涌现并且得到容忍。两周之内，任何一个国家丧失判断力的民众都能被报纸煽动到群情激奋的状态，男人们准备为某些利益集团的卑鄙目的，去当兵杀人和被杀。在我看来，义务兵役制是个人缺乏尊严的耻辱症状，它折磨着我们今天已开化的人类。因此有不少预言家预测，我们的文明不久就将走下坡路。我不属于这类悲观论者，而是相信一个更好的未来。下面，我将简述我有这种信心的理由：

在我看来，目前的衰落症状基于如下事实：经济和技术的发展极大地加剧了人类的生存斗争，严重损害了个人的自由发展。而且，技术的发展意味着，为满足社会需求，要借助的个人劳动将越来越少。因此，有计划的分工越来越成为一种迫切的需要，而这样的分工将使个人在物质上得到保障。有了这种保障，再加上留给个人支配的自由时间和精力，就有助于个性的发展。在这种方式下，共同体得以恢复健康，而且我们希望，未来的历史学家能将我们这个时代的社会弊病解释为一个怀有远大抱负的人类社会所犯下的幼稚病，一切都因文明进程过快所致。

国家与个人良知

1949年9月，在美国宾夕法尼亚州的哈弗福德（Haverford），一个全新的，主要由工程师、技术人员、自然科学家和医生构成的“科学的社会责任协会”（The Society for Social Responsibility in Science）成立了。它完全按照民主原则建立，致力于构建一个和平的、人道的社会。该协会的成员大多数是贵格会教徒，他们精力充沛地从事慈善、热心致力于和平事业的行为受到爱因斯坦的高度评价。这是爱因斯坦加入“科学的社会责任协会”后，1950年7月19日写给该协会的公开信，发表于1950年12月22日出版的《科学》（*Science*）周刊第112卷第760页。德文版略去了正文前面的内容。

亲爱的科学家同行们：

这是一个亘古至今的问题：如果国家规定一个人的行为，社会期待他采取一种态度，他自己的良知却认为这些是错误的，他应该如何表现？

答案很明显：你完全依赖于你所生活的社会，因此必须让自己受其规则的支配。你不能为那些在不可抗拒的强迫下所做出的行为负责。

人们很容易就会发现，这种观点同我们的正义感矛盾到了何种程度。外在的强制在某种意义上只能减轻但不能消除个人的责任。在纽伦堡审判[6]中，这种立场几乎是不言而喻的。

我们的制度、法律和习俗中重要的道德价值，都来自无数个人的正义感的表现。除非受到个人责任感的支持与担当，否则机构在道德上无能为力。

任何为唤醒和支持个体的道德责任感所做的努力，都是对全人类的重要贡献。

在我们的时代，自然科学界的代表[7]和工程师肩负一种特别重大的道德责任，因为军事上大规模杀伤性武器的开发属于他们的研究领域。因此，我认为建立“科学的社会责任协会”符合实际需要。通过问题讨论，该协会易于让个人对他选择的道路做出独立的判断。此外，当他们因遵循良知行事而面临困难处境时，相互帮助是极其重要的。

善与恶

本文写作年代不详，很可能是发给美国辛辛那提的银行家西蒙·库恩（Simon Kuhn，1857—1919）的遗孀，社区领袖、慈善家塞提·斯沃特·库恩（Setty Swarts Kuhn，1868—1952）的一封电报。从目前保留下来的档案看，隐约可见1931字样。本文首次发表于1934年德文版《我的世界观》。爱因斯坦档案编号：[88–248]。

最受爱戴的人应该是那些对于改善人类和人类生活最有贡献的人。这在原则上讲应该是对的。但是，如果你进一步问这类人是谁，就会遇到不小的麻烦。对于政治领袖，甚至宗教领袖，他们究竟是为善多还是作恶多，向来难以定论。因此我非常真诚地相信，为社会大众提供最好服务的人，是为大众提供可以用来自我升华的工作，从而间接使人臻于完善的人。这首先适用于伟大的艺术家，其次也适用于科学家[8]。无疑，提升人的思想境界并丰富其内在本质的，并非研究成果，而是追求理解的动力，是那种创造性和感受性的脑力劳动。因此，如果以知识成果来评判《塔木德》[9]本身的价值，那将是荒诞不经的！

宗教与科学

尽管爱因斯坦经常阅读《圣经》，也谈论上帝，但他不是通常意义上的信仰宗教的人。他信仰“斯宾诺莎的那个在存在事物的有秩序的和谐中显示出来的上帝，而不信仰那个同人类的命运和行为有牵累的上帝”。毫无疑问，他也强调宗教在道德和利他主义层面的作用。“人类有各种理由将高道德标准和价值观的宣告者们置于客观真理的发现者之上。”

这篇文章最初是用德文写成，发表于 1930 年 11 月 11 日《柏林日报》(*Berliner Tageblatt*)。有趣的是，它的英文版比德文版早两天，于 1930 年 11 月 9 日发表在《纽约时报》(*The New York Times*)。

这里译自 1953 年德文版《我的世界观》，同时参考 1954 年英文版《观念与见解》。

人类所做的和所想的一切都与满足情感需求和抑制痛苦有关。如果人们试图理解精神活动及其发展，就必须牢记这一点。情感和渴望是人类一切努力和创造的动力，无论这些努力和创造可能会以多么崇高的形式呈现。那么，是怎样的情感和需求引领人们的宗教思想以及广义上的信仰呢？当我们考虑到这一点时，我们很快便发现，在宗教思想和经验的摇篮里，有许多不同的情感。在原始人那里，主要是因为恐惧，才唤起了宗教的观念。这些恐惧包括对饥饿的恐惧、对野兽的恐惧、对疾病的恐惧以及对死亡的恐惧。由于在这一生存阶段，人们对因果关系的理解通常是有限的，所以在人类的心里造出一些或多或少与自身相似的虚幻物来，并认为他们害怕的那些事情的发生取决于这些虚幻物的意志和行为。因此，人们试图通过世代相传的祭祀活动来取悦这些虚幻物，抚慰它们或者让它们对人类产生好感。在这个意义上，我称它为“恐惧宗教”（Furcht-Religion）。这类宗教，尽管不是由某个人创造的，但是一个特殊的祭司阶层已经形成，因而具有相当的稳定性。祭司阶层充当了人与人所怕之物之间沟通的调解者，并以此建立了自己至高无上的地位。在通常情况下，那些依赖于其他因素得以掌权的首领、统治者或者特权阶层，为了巩固其世俗权力，就把这种权力同祭司阶层的职能结合起来。要不就是政治权力的统治者和祭司阶层为了各自的利益而相互结盟。

宗教形成的第二个来源是社会情绪。无论父亲和母亲，还是较大的人类共同体的领袖们都不免一死和犯错。人们对指引、关爱与帮助的渴望促成了社会的或道德的上帝概念的形成。这位执掌天意的上帝，担当保护、决断、奖赏和惩罚的职责。上帝按照人类所处的不同层次，来爱护和抚育部落的生命或人类的生命，甚或生命本身。他是人在遭遇不幸和愿望未能达成时的安慰者，是死者灵魂的保护者。这就是社会的或道德的上帝概念。

从犹太民族的神圣典籍中可以很好地看到从恐惧宗教到道德宗教的发展。在《新约》中，这一发展得以延续。所有文明民族的宗教，尤其是东方民族的宗教，主要是道德宗教。从恐惧宗教到道德宗教的转变是人类生活发展历程中的一大进步。人们必须杜绝这样的偏见，即认为原始人的宗教完全是恐惧宗教，文明人的宗教就一定是道德宗教。事实上，所有时期的宗教都是混合型的，只不过在较高级的社会生活中，道德宗教占主导地位。

所有这些类型的宗教都有一个共同之处，即上帝概念拟人化特征。通常只有那些精神上非常富有的个人[10]或出身高贵的团体才能超越这一宗教体验阶段，得到实质性的提升。此外，还存在第三阶段的宗教体验，尽管鲜有完全纯粹的形式。我想将其称作宇宙宗教情怀[11]。要和没有一点儿这种情怀的人解释清楚这种感受，是很困难的，特别是这里没有任何相对应的人格化的上帝概念。

有些人感觉到人类的愿望和目的毫无意义，而自然界和思维世界却显露出崇高与奇妙的秩序。个人的存在给他的感受如同监狱一般，他想将宇宙作为一个统一的有意义的整体去体验。这种宇宙宗教情怀在人类早期的发展阶段已现端倪，比如在大卫的《诗篇》和《先知书》[12]中的一些章节中。佛教中包含的这种宇宙宗教情怀的成分更强烈，这一点可以从叔本华的美妙文章中感受得到。

各个时代的宗教天才之所以如此杰出，是因为具有这种宗教情怀。这种情怀既不知道什么是教条，也不知道以人为形象塑造出的上帝，因此也不可能有以宇宙宗教情怀为核心教义基础的教派。因此，在每一个时代的异教徒中，我们倒可以找到那些充满这种最高宗教情怀的人。许多时候，他们被同时代的人视为无神论者，有时也被视为圣人。从这个观点来看，德谟克利特、亚西西的方济各[13]

和斯宾诺莎这样的人彼此都很相近。

这种宇宙宗教情怀既提不出明确的上帝概念，也没有神学，如何实现这种信仰在人与人之间的传承呢？在我看来，唤醒能够接受它的人心中的这种情感并使其保持活力，是艺术和科学最重要的功能。

因此，关于科学与宗教的关系，我们得出了一个与以往大不相同的看法。从历史上看，人们总是倾向于将宗教和科学视为不可调和的对立物，原因很简单。对于任何一个深信因果律的普遍作用的人来说，下面的想法，即存在一个能够干预世界事件进程的存在物，是完全不可能的。当然，必须假设他对因果律假说持有真正严肃的态度。他不需要恐惧宗教，也不需要社会或道德宗教。对他而言，一个有赏有罚的上帝是难以想象的，因为人的行为活动取决于外在和内在的必然，因而在上帝眼中，他就不需要对自己的行为负责，如同一个无生命物体不能对它的行为负责一样。有人因此指责科学，称其有损于道德，但是，这样的指责是不公正的。一个人的道德举止应该有效地建立在同情心、教育和社会关系及社会需求上，不需要任何宗教基础。如果一个人仅仅因害怕受到惩罚或是希望死后得到奖赏而约束行为，那的确是太可悲了。

由此就很容易理解，教会为何一直反对科学，并迫害科学的跟随者。另外，我断定，宇宙宗教情怀是科学研究最强烈和最高尚的推动力。只有那些投入了巨大的努力，尤其是他们的献身精神——要是没有这种献身精神，就不能取得理论科学上的开创性成就——的人，才会从中理解这种情感的力量。唯有这种力量，才能驱动他们做出那些远离直接现实生活的工作。为了弄清楚天体力学的机制，开普勒和牛顿投入了多年孤独的研究，他们对世界构造的理性——只不过是理性在世界上的一点儿微弱反映——的信念是多么深信不疑，要了解它的渴望又是多么热切！那些主要从实际结果来认识科学研究的人，对于下面这些人的精神状态不能给予正确的认识：他们身处同时代人的怀疑中，却为遍布世界各地、身处各个世纪的志同道合者指明道路。只有那些也献身于相同目标的人，才能深切领会到究竟是什么在激励着这些人，给予他们力量，使他们无论遭受多少失败，都会选择矢志不渝地忠于自己的目标。给人以这种力量的正是宇宙宗教情怀。当代有人说的不无道理：在我们这个物欲横流的时代，只有严肃的科学研究者[14]才是唯一具有深厚宗教信仰的人。

科学研究的宗教情怀

本文写作时间不详。它曾发表于《纽约时报杂志》(*The New York Times Magazine*)和《犹太新闻中心》(*Jüdische Pressezentrale*)。爱因斯坦档案编号[72-459]，共有6页手稿。本文首次发表于1934年德文版《我的世界观》。

在思想深邃的科学家之列，您很难找到一个没有宗教情怀的人。但是，这种宗教情怀与常人[15]的宗教情怀不同。对于凡夫俗子而言，人们一方面希望得到上帝的关爱，另一方面又害怕受到他的惩罚；这种感觉类似于孩子对其父亲的感情升华。对于上帝，人们与他在某种程度上建立起了一种私人关系，无论这其中有多少敬畏的因素。

但是，科学研究者却痴迷于所有事件中的因果关系。对他而言，未来同过去一样，都是必然的和确定的。道德不是神圣的，而纯粹是人的事情。他的宗教情怀是以这种形式出现的：对自然规律性的和谐入神般着迷，这种和谐揭示出了一种如此深邃的理性；与此相比，人类一切有意义的思考和安排都只不过是其微乎其微的反映。只要他能够挣脱自私欲望的奴役，这种情感将是他生活和工作的指导原则。毫无疑问，这种情感与各个时代的宗教天才所怀有的情感是密切相关的。

科学与宗教

本文分两部分。第一部分选自爱因斯坦在美国全国神学院联合会东北区会议举行前，于1939年5月19日在普林斯顿神学院（Princeton Theological Seminary）的发言，收录于1950年出版的《爱因斯坦晚年文集》。第二部分选自科学、哲学和宗教与民主生活方式的关系会议（Conference on Science, Philosophy and Religion in their Relation to the Democratic Way of Life）编辑的《科学、哲学与宗教研讨会》（*Science, Philosophy and Religion, A Symposium*）一书，1941年，纽约。

整篇文章收录于1954年英文版《观念与见解》（41～49页）。

一

在20世纪，以及19世纪、18世纪，人们广泛认为知识和信仰之间存在着不可调和的矛盾。盛行于一些杰出人士中的观点认为，信仰应越来越多地被知识取代的时候已经到了；没有知识作为依托的信仰是迷信，因此必须加以反对。根据这一观念，教育的唯一功能就是打开通向思考和知识的通道，而学校作为人们进行教育的杰出机构，必须完全为这一目标服务。

一个人可能很难（如果不是根本不可能的话）找到以这种粗陋的方式表述的理性主义的观点，因为任何一个理智的人都会立即发现这个观点的陈述是多么片面。但是如果一个人想理清思绪，抓住观点的实质，这种直截了当的表述方式还是可以接受的。

的确，信念最好能得到经验和清晰的思维的支持。在这一点上，人们必须毫无保留地同意极端理性主义者 [的看法]。然而，这一观点的弱点在于，那些对于我们的行为有必要而且起决定作用的信念，并不能完全用这种僵化的科学方法来寻找。

科学方法能教给我们的只是，事实是如何相互联系，又是如何相互制约的。获得客观知识是人类所能拥有的最高抱负，你们当然不会怀疑我想贬低人类在这个领域所进行的英勇努力的成就。然而同样真切的是，有关**是**（**is**）什么的知识并不直接打开通向**应该是**（**should be**）什么之门。人们可以对是什么有最清楚完整的认识，可还是不能从中推论出我们人类渴望的目标是什么。客观知识为我们实现某些**目标**提供了强有力的工具，但是终极目标本身以及对实现它的热望必须来自另一个源泉。我们的存在和行为只有通过确立这样的目标及相应的价值才能实现其意义，对此观点，几乎不必论证。这类真理的知识本身是伟大的，但它作为指导行动的能力实在太弱，以至于它甚至不能证明对真理知识本身渴望的正当性和价值。因此，我们在此面临着关于我们的存在的纯粹理性观念的局限。

但是，绝不可以假定理智思维在形成该目的和伦理判断方面就无所作为。当某人意识到某种手段对实现一个目的有用时，该手段本身就因此成为目的。理智使我们明白手段和目的之间的相互关系，但靠思考并不能让我们弄清楚终极目的和根本目的。在我看来，廓清这些根本目标和评价，并使它们在个人感情生活中牢固地确立起来，似乎正是宗教在人类社会生活中应该行使的最重要的功能。如果有人问，既然这些根本目的不能仅仅通过理性来陈述并被证明是正当的，那么，它们的权威又从何而来？答案只能是，它们在健全的社会中作为强有力的传统存在，这些传统作用于个人的行为、抱负和判断，它们活生生地存在着，其存在的正当性不言自明。它们的成立并不是通过证明，而是通过启示，通过有影响力的伟大人物的作用而得到。人们不应该试图证明其正当性，而应该单纯而明确地感受其本质。

我们的抱负和判断的最高准则是由犹太—基督教的宗教传统给予的。这是一个很高的目标，以我们的微薄之力，远不足以完全实现这个目标，但它给我们的抱负和评价提供了坚实的根基。如果人们要把该目标从其宗教形式中提取出来，并仅仅从纯粹的人的方面看待它，就可以对它进行如下表述：个人自由而又负责地发展，从而可以在服务全人类的过程中自由而快乐地发挥自己的能力。在这里，没有给民族神圣化、阶级神圣化留有任何余地，更不要说个人的神圣化了。难道不是如宗教语言所说，我们都是同一个父亲的孩子？确实，甚至连作为一个抽象整体的人的神圣化，都不合乎该理想的精神。灵魂只被给予个人。个人的最高使命是服务，而不是统治，也不是以其他形式把自己的意愿强加给他人。

如果人们考察本质而不是考察形式，那么人们也可以把这些词句看成是表达了基本意义上的民主观点。在我们使用这个词的意义上，真正的民主主义者，就如笃信宗教的人一样，能够尽可能少地崇拜他的国家。

那么，教育和学校的功能是什么呢？它们应该帮助青年人在成长中把这些至关重要的原则看作有如他们呼吸的空气。教学本身并不能做到如此。

如果有人把这些崇高的原则清楚地放在眼前，并把它与我们这个时代的生活和精神相比较，那么有一点异常明显，即文明的人类发现自己现在正处于严重的危险之中。民族主义、不宽容以及运用经济手段对个人进行的压迫，它们威胁着要扼杀那些最宝贵的传统。

但是，对危险的严重性的认识正在有识之士当中传播，许多人在寻找化解这个危险的手段——在国内政治和国际政治领域里的手段，以及一般而言，在立法或组织领域的手段。毫无疑问，这些努力极有必要。先人们知道一些我们似乎已经遗忘的东西。如果没有活生生的精神作为依托，所有手段都只不过是迟钝的工具。但是如果实现这一目标的渴望有力地存在于我们的内心，我们将不会缺乏力量以找到实现该目标并使之成为现实的手段。

二

要我们就何为科学取得共识并不困难。科学就是一种长达数个世纪的努力，通过系统的思想把这个世界中可以感知的现象尽可能完全地联系起来。大胆地说，它是通过概念化这一过程对存在进行后验重建的企图。但当我问自己宗教是什么时，就不能如此轻易地回答了。即使当我已找到在这一特定时刻可能让我满意的答案后，我仍然坚信，在任何条件下，我都绝不可能、哪怕在很小的范围内，把所有那些曾经对这个问题进行过严肃思考的人的意见统一起来。

那么，首先我将不问宗教是什么，而宁愿问，用什么可以刻画一个使我认为他笃信宗教的人的抱负：在我看来，一个受宗教启发的人已经在最大程度上把自己从自私欲望的桎梏中解放出来，而全神贯注于那些具有超个人的价值而为他所坚持的思想、感情和抱负之中。我认为重要的在于这个超越个人的内容的力量，以及对它超越一切深远意义的信念的深度，而不在于是否曾试图把该内容与一个神圣的存在联系在一起，否则，就不可能把佛陀和斯宾诺莎算作宗教人物了。与此相应，一个宗教信徒只要不怀疑那些既不需要也不可能拥有理性基础的超个人的内容和目标的重要性与崇高性，就可谓虔诚了。它们的存在就跟他自己的存在一样必然、一样真实。在这个意义上，宗教是人类长久的努力，它要使人们清楚、完整地认识这些价值和目标，并且经常强化它们，扩大其影响。如果人们根据这些定义来想象宗教和科学，那么这两者之间的冲突就显然不可能发生了。一方面，科学只能断定是什么，而不能断定应该是什么，各种各样的价值判断在其领域之外仍然是必然的；另一方面，宗教只涉及对人的思想和行为的评价：它不能正当地揭示事实和事实之间的联系。根据这一诠释，过去在科学和宗教之间广为人知的冲突都必须归因于对上述情形的误解。

例如，当宗教团体坚持认为《圣经》中的所有论述都绝对正确时，冲突就产生了。一方面，这意味着宗教这一部分对科学领域的干预，教会与伽利略和达尔文的学说之间的斗争就属于此列；另一方面，科学的代表人物经常试图在科学方法的基础上就价值和目标做出根本性的判断，从而使他们自己与宗教对立。这些矛盾都源于重大的错误。

那么，即使在宗教和科学之间清楚地划分出各自的领域，这两者之间仍然存在密切的相互联系和强烈的相互依赖关系。虽然宗教可以决定目标，但是，在最广泛的意义上，它已从科学那里学到使用何种手段会促进它所建立的目标的实现。但是科学只能由那些满怀追求真理和知识热望的人创造出来，而这种感情又源于宗教领域。同样属于这个来源的是如下信念：相信那些在现存世界中有效的规律是理性的，即能用理性来理解的。我不能想象哪个真正的科学家会没有这种深沉的信念。可以用一个比喻来表示这一情形：科学没有宗教是跛足的，宗教没有科学是盲目的。

尽管我已在上文断言宗教与科学之间实在不可能存在合理的冲突，但我必须在历史上宗教的实际内容方面，再次就一个基本观点对这一断言加以限定。它与上帝这一概念有关。在人类精神进化的幼年时期，人们根据自己的形象创造了神，这些神被认为通过其意愿的作用能够决定，至少能够影响现象世界。人类试图通过魔法和祈祷来改变这些神的行为，以有利于自己。在现在所有宗教教义中，上帝的概念都是这些神的古老概念的升华。这种把上帝拟人化的特点可见诸人们向上帝祈祷以请求实现自己的愿望这一事实中。

当然，谁都不会否认存在一个全能的、公正的、仁慈的人格化上帝，能给人以安慰、帮助和引导；而且，由于这一观念的简单性这一优点，使它能被最不开化的头脑所使用。但是，这一观念本身又具有一些有史以来就被人们痛苦地认识到的致命缺点。也就是说，如果这个上帝是全能的，那么所发生的一切，包括人们所有的行动、思想、感情和抱负也都是上帝的成果；怎么可能想到让人在这样全然的上帝面前对自己的行为和思想负责呢？在某种程度上，上帝给予奖惩的行为也是对他自己进行的审判。这一点怎么能与归因于上帝的仁慈、公正结合起来呢？

现在，宗教领域和科学领域冲突的主要来源在于人格化的上帝这一概念。科学的目标是确立决定空间和时间坐标中物体和事件相互联系的普遍规律。这些规律，或者说得更确切一些，自然规律被要求——而不是被证明——具有绝对的普遍有效性。这主要是一个纲领，对其原则上成功的可能性的信心只建立在部分成功之上。但是几乎不可能发现有谁能否认这些部分成功，并把它们归因于人类的自我欺骗。我们能够在这些规律的基础上很精确、很肯定地预言某些领域的现象随时间变化的行为这一事实深深地根植于现代人的意识之中，即使他对那些规律的内容可能掌握得很少。他只需要考虑如下事实：太阳系中行星的轨迹能够在少数几条简单规律的基础上被很精确地预测出来。而且，尽管不具备同样的精确性，也可能预先计算出电动机、输电系统或无线电设备的运行模式，甚至在处理一个新的装置时也是这样。

毫无疑问，当在一个现象综合体中起作用的因素太多时，绝大多数情况下，科学方法是不起作用的。人们只要想想天气就知道了，哪怕只是对几天之后的天气进行预报也不可能。然而没有人怀疑我们正面临一种因果联系，其中构成原因的成分大体上已为我们所知。人们不能对这个领域发生的事情进行精确的预测，是因为起作用的因素具有多样性，而不是因为自然界中缺乏秩序。

我们对在生物领域中的规律性的研究远不够深入，但足以使我们至少感觉到那不变的必然性的规则。人们只要想一想遗传中的有规则的秩序以及毒物（比如酒精）对生物行为的影响，就能清楚了。这里所缺少的是对广泛普遍性的联系的掌握，而不是对秩序本身的了解。

一个人越是深信所有事件的安排好的规律性（ordered regularity），就越是坚信：除了这种安排好的规律性，再没有余地让那些本性不同的原因存在。对他来说，无论是人类的统治还是神的统治，都不会作为自然事件的独立原因存在。毫无疑问，主张存在一个干涉自然事件的人格化的上帝的学说绝不可能在真正意义上被科学驳倒，因为这一学说总是能在科学知识尚未涉足的领域找到避难所。

但我确信，一部分宗教代表的这种行为不但是毫无价值的，而且后果也是极其严重的。因为一种只能在暗中而不能公开地维护自己的学说，由于对人类进步带来不可估量的害处，必然会失去它对人类的影响。在为合乎道德的善进行斗争的过程中，宗教导师们必须有气量放弃人格化上帝的学说，也就是说，放弃过去把这么巨大的权力交给牧师手中的那个恐惧和希望的源泉。在努力过程中，他们必须利用那些能够在人性本身培养真、善、美的力量。毫无疑问，这是个比较困难，但其价值也大得不可比拟的任务[16]。宗教导师们完成上面提及的净化过程之后，当然会高兴地承认科学知识已经使真正的宗教更高贵，并使其意义更深远。

如果宗教的目标之一是尽可能把人类从自我中心的愿望、欲望和恐惧的束缚中解放出来，那么科学推理可以在另一个意义上帮助宗教。尽管揭示使事物之间的联系及对事物的预测成为可能的规则是科学的目标，但并不是其唯一的目标。它也致力于用尽可能少的相互独立的概念元素来概括表达这些已经被发现的联系。而科学也正是在纷繁复杂里面追求理性统一的不懈努力中获得了它最大的成功——尽管这种努力也让科学面临陷入幻象的巨大风险。但是所有对经历过这一领域里的成功进展有深刻体验的人，都会被在存在中所显示出来的合理性表示极大的尊重。通过理解的方式，他从个人希望和欲望的束缚中完全解放出来，从而对体现于存在之中的理性的庄严抱着谦卑的态度。由于这种态度极为深奥，人类不可能达到。但就“宗教”这个词的最高意义而言，这个态度在我看来是宗教的。所以我觉得，科学不仅除去了宗教冲动中拟人化的杂质，而且有助于我们理解生活中的宗教精神化。

人类进步的精神进化越是深入，我就越是坚信通向真正宗教之路不存在于对生命和死亡的恐惧之中，也不存在于盲目信仰之中，而存在于对理性知识的努力追求之中。在这个意义上，我相信，如果牧师希望能公平对待他崇高的教育使命，就必须成为一个教师。

宗教与科学势不两立吗？

本文是爱因斯坦给“纽约市自由牧师俱乐部”（The Liberal Ministers' Club of New York City）的回信，1948 年 6 月发表于《基督徒记录周报》（*The Christian Register*）。《基督徒记录周报》是由位于波士顿的“美国一神论联盟”（American Unitarian Association）出版的周刊，创刊于 1821 年，到 1957 年，由于该报越来越少地关注基督教，所以刊名改为《一神论者记录报》（*The Unitarian Register*）。

本文收录于 1954 年出版的英文版《观念与见解》（49～52 页）。

宗教与科学之间是否真的存在不可调和的矛盾？宗教可以被科学取代吗？几个世纪以来对这些问题的回答曾引起相当大的争议，甚至是激烈的斗争。然而在我心中，如果冷静思考这两个问题，无疑只能导致否定的答案。然而，让答案变得复杂化的是，尽管大多数人很容易就“科学”的意义达成共识，但在“宗教”的意义上，却可能有不同的看法。

就我们的目的而言，可以把科学定义为“以系统思维寻求我们的感觉经验之间的规律性关系”。科学直接产生知识，间接产生行动的手段。如果提前设定了明确的目标，科学就能导致有条理的行动。至于创建目标和做出价值陈述，则超出了科学的功能范围。虽然就其对因果联系的掌握程度这一点来说，科学可以就各种目标和价值兼容与否做出重要结论，但是关于目标和价值的独立的基本定义，仍然超出了科学的范围。

至于宗教，人们普遍认为它涉及的是目标和价值，一般也涉及人类思维与行动的情感基础，只要这些基础不是由人类的不可改变的遗传本性预先决定。宗教关乎人对大自然整体的态度，关乎个人生活和公共生活理想的建立，也关乎人的相互关系。宗教为了达到这些理想，试图通过对传统施以教育的影响，并且发展和传播某些容易理解的思想和叙事故事（史诗和神话）。这些思想和叙事故事易于按照公认的理想来影响价值和行动。

正是宗教传统这种神秘的——或更确切地说——象征性的内容，可能会同科学发生冲突。只要宗教的整套观念中包含对属于科学领域的论题所做的教条式的一成不变的陈述，这种冲突就会发生。因此若想保存真正的宗教，至关重要的是，应当避免在与宗教目的无关紧要的问题上引发冲突。

当剥去神话的外衣，考察现存的各种宗教的本质属性时，我觉得它们之间并不像“相对的”或者传统理论的支持者希望我们相信的那样，存在根本的区别。这用不着惊奇，因为一个民族的道德态度是受到宗教支持的，它总是以保护和促进集体及其个人的健全和活力为目的，否则，这个集体必将灭亡。事实上，一个以虚伪、诽谤、欺诈和谋杀为荣的民族，不可能存在很长时间。

然而，在面对一个具体案例时，要清楚地确定什么是可取的，什么应该避而远之，并不是一件容易的事情，正如我们很难确定究竟是什么造就了优美的绘画或好的音乐一样。或许这些东西用直觉去感受比用理性去理解更容易一些。同样，人类伟大的道德导师在某种程度上也是生活艺术中的艺术天才。除了那些直接出自保护生命和免除不必要痛苦的动机而提出的最基本的箴言，还有一些箴言，虽然显然与基本箴言不相称，我们对之还是相当重视。例如，是否应该毫无保留地追求真理，即使在获得真理并让所有人都有途径获得真理的过程中需要在劳动和幸福方面做出重大牺牲，也在所不辞。有许多这样的问题，从理性的角度来看，是不容易回答或根本不能回答的。然而，我并不认为所谓的“相对主义的”观点是正确的，即使是在处理更加微妙的道德决定时，也是如此。

即使是从这些最基本的宗教教规来衡量今天文明人类的实际生活状况，人们也必然会对现状深感痛苦和失望。虽然宗教规定在个人与团体之间应充满兄弟般的友爱，但实际景象更像是一个战场，而不是一个管弦乐队。无论在经济上和政治上，任何地方的指导原则都是以牺牲自己的同胞为代价的无情争夺。这种竞争精神甚至在中小学中也盛行，它摧毁了人类友爱和合作的一切感受，不是把成就看作源于对生产性和思想性工作的热爱，而是出于个人野心和对被排斥的恐惧。

有些悲观主义者认为，这种状况必然是人性中固有的；提出这种观点的人才是宗教的真正敌人，因为他们暗示宗教教义是乌托邦理想，不适合给人类事务提供指导。然而，对某些所谓的原始文化中的社会模式的研究似乎足以证明这种失败主义的观点是毫无根据的。谁要是关心这个在宗教本身的研究中都具有重要意义的问题，不妨去读一下鲁思·本尼迪克特的《文化的模式》[17]一书中关于普韦布洛印第安人的描述。在最艰苦的生活条件下，这个部落显然完成了艰难的任务，把人民从竞争精神的灾难中解救出来，并在其中培育出了一种适度的、合作的生活方式，不仅免受外部压力，而且没有减少任何幸福感。

这里提出的对宗教的解释，暗示了科学对宗教态度的依赖。在我们这个物质主义占主导地位的时代，这种关系太容易被忽视了。诚然，科学结果完全与宗教或道德考虑无关，但是那些在科学上做出巨大创造性成就的人，大都浸淫了真正虔诚的宗教信念，即相信我们这个宇宙是完美的，适宜于理性地追求知识。如果这种信念不是一种很强烈的情感，如果那些追求知识的人没有受到斯宾诺莎那种“对神的理智的爱”（*Amor Dei Intellectualis*）的启发，就不可能有这种不懈的献身精神，而正是这种精神使得人们能够达到其最高的成就。

对宗教问题的回答

在德国外长瓦尔特·拉特瑙（Walther Rathenau，1867—1922）1922年6月24日被德国极右分子暗杀后，作为当时全德最著名的犹太人，爱因斯坦也受到了极右分子的威胁，被列入“暗杀名单”。为了躲避德国国内日益高涨的反犹主义的迫害，爱因斯坦接受了来自日本的访问邀请。

1922年11月17日至12月29日，爱因斯坦访问日本。旅日期间，一名基督教青年会的成员向他提出了几个问题。爱因斯坦在1922年12月14日给出的回答最初以日文译文和德文原文在1923年2月出版的日文杂志《改造》(*Kaizo* No. 5，1922，194~195页，197页)上同时发表。后收入《柏林犹太书友宗西诺协会敬献1929年3月14日爱因斯坦50大寿》(*Gelegentliches: zum funfzigsten Geburtstag14. Marz1929dargebracht von der Soncino-Gesellschaft der Freunde des Jüdischen Buches zu Berlin.* Berlin: Soncino-Gesellschaft der Freunde des Judischen Buches zu Berlin, 1929)。

1953年德文版《我的世界观》以《论科学真理》(*Über wissenschaftliche Wahrheit*)为题收录了此篇文章文章，但将前面的提问去掉，只保留了爱因斯坦的回答。

有人向爱因斯坦教授请教他关于宗教的观点：

1. 您认为“科学真理”与“宗教真理”的出发点截然不同吗?
2. 两者是互相推动的关系吗?也就是说,科学发现能够改善宗教信仰、排除迷信,是因为宗教情感可以给科学发现以推动作用吗?
3. 教授先生持有何种“上帝”观?
4. 教授先生如何看待“救世主”?

爱因斯坦针对以上问题给出了回答:

1. 给“科学真理”这一概念赋予一个清晰的定义,不是一件容易的事。因为,“真理”一词具有不同的含义,这要看它是涉及一个经验事实、一个数学定理,还是一个自然科学理论。而就“宗教真理”这一概念而言,我根本无法想象出任何清晰的内涵来。
2. 科学研究可以通过鼓励因果思维和提供全局视野而削弱迷信的影响。我深信,所有细致的科学研究工作都基于一种类似于宗教情感的、对理性或世界本身可认知性的热诚信念。
3. 那种根深蒂固的信念、认为可认知的世界是超级理性的表现,就是我对上帝的理解。用通俗的方式来表述,可以称之为“泛神论”(斯宾诺莎)。
4. 我只能从历史学和心理学的角度看待宗教传统,除此之外,我与之毫无关系。

失去的天堂

按照1953年版《我的世界观》的编辑泽利希（Carl Seelig，1894—1962）的说法，爱因斯坦早在国际联盟于1920年1月在日内瓦建立不久，就用法语写了这篇讽刺性的短文。从中可以看出，爱因斯坦那时就已对代表各国利益的科学家违背国际主义精神的行动感到深深失望。这篇文章的英文版发表于1930年9月14日《纽约时报》。利夫（Alfred Lief）编辑、1933年出版的《反对战争》（*The Fight Against the War*）一书收有本文，注明是爱因斯坦写给美籍匈牙利作家埃米尔·伦杰尔（Emil Lengyel，1895—1985）的信。1954年英文版《观念与见解》将这篇文章置于文集之首，可见对本文的重视。

直到17世纪，整个欧洲的科学家和艺术家还是由共同的理想紧密团结在一起，他们之间的合作几乎不曾受到政治事件的影响。拉丁语的普遍使用进一步巩固了这种共同体。今天我们再来回顾这种情况，如同看到一个失去的天堂。民族主义的激情已经破坏了这个精神共同体，曾一度使将全世界联合起来的拉丁语已经消亡。科学家变成了极端的民族传统的代表，并失去了对知识共同体的感觉。

现在，我们不得不面临这一令人沮丧的事实：务实的政客成了国际主义理念的代表。正是他们创立了国际联盟[18]。

伦理文化的必要性

本文是爱因斯坦于 1951 年 1 月写给在纽约举行的“伦理文化学会”（Ethical Culture Society）成立 75 周年纪念日的贺信，首次发表于 1951 年 1 月 6 日《纽约时报》。

“伦理文化学会”1876 年由从德国移民美国的费利克斯·阿德勒（Felix Adler，1851—1933）在纽约创立。这个学会致力于伦理学、社会公正和教育，认为宗教是基于伦理的，而不是基于信仰和神学。要让生活有意义，过得充实，并在此基础上创造一个对所有人都有利的世界，最重要的就是尊重和遵守伦理原则。伦理文化从业者在从事对世界有益的事业上要相互支持。所有人都具有内在价值，都应该得到尊重和尊严，每个人对所有其他人都有不可估量的影响。按照学会当时的主席布莱克（Algernon D. Black，1900—1993）的说法，这个不守成规的学会提倡每个宗教都有义务让民众满意，友善地接受民众。其最高原则包括对个人的尊重、相信人的善良。

在“伦理文化学会”纪念日之际，我愿意表达我对你们幸运而成功的祝福。当然，现在并不是我们对 75 年间在道德领域真诚的努力所取得的成就感到满意的时候，因为人们很难断定如今人类生活的道德风貌总体上比 1876 年更让人满意。

那时流行的观点认为，从科学上可探知的事实中获得启示，与偏见和迷信做斗争，就能得到我们希望得到的一切。这一切的确很重要，值得最出色的人为此做出最大的努力。在这一点上，过去的 75 年里已经取得了很多成就，并通过文学和戏剧舞台得以传播。

但是，清除障碍本身并不能导致社会和个人生存变得更好。因为除了这种消极的结果外，至关重要的是还有一种积极的要使人类的共同生活合乎伦理—道德结构的追求。在这里，任何科学都帮不上我们的忙。我甚至认为，在我们的教育中，往往只是出于实际和实用的目的，过分强调纯粹智力教育的作用，这已经直接损害了伦理的价值。我思考更多的不是技术进步致使人类将直接面临的危害，而是这种将会凝固人类之间体谅之情的“务实”的思维习惯，将如同严霜一般压在人类的关系之上。

实现道德和审美层面这一目标，在艺术上要比在科学上更接近一些。当然，了解你的邻人是重要的，但这种了解只有在同喜与分忧作为支撑时才会有好结果。当宗教去除迷信的成分后，培养道德行为就成为最重要的推动力。从这个意义上讲，宗教构成了教育的一个重要组成部分，但宗教在教育中所受到的关注太少了，就连仅有的那一点儿也相当不系统。

如今政治世界所处的可怕困境，与我们文明中对这部分的忽视有很大关系。要是没有“伦理文化”，人类将难以获救。

法西斯主义与科学——给罗马的罗科部长的一封信

阿尔弗雷多·罗科（Alfredo Rocco，1875—1935），意大利政治家和法学家，出生于那不勒斯。罗科曾在乌尔比诺大学（1899—1902）和马切拉塔大学（1902—1905）任商法学教授，在帕尔马任民事诉讼教授，在帕维亚任商业法教授，在罗马大学任经济法教授，1932—1935年任罗马大学校长。罗科最初信奉马克思主义，最终转向了民族主义。他认为，意大利的物质和经济力量之所以薄弱，是因为意大利过分依赖法国、德国和英国这些欧洲列强。他谴责欧洲列强将外国文化强加给意大利，并批评它们过于支持个人主义。他后来加入了法西斯国家党，并通过立法程序赋予法西斯主义以合法基础。1921年，他当选为众议院议员，1924—1932年任众议院议长，1925—1932年任司法部部长。罗科还出版了《法西斯主义学说及其在政治思想史上的地位》（*La dottrina del Fascismo e il suo posto nella storia del pensiero politico*）以及《从自由国家到法西斯国家》（*Dallo Stato liberale allo Stato fascista*）等书。

这封信是爱因斯坦从自己位于柏林附近卡普特的消夏小屋寄出的，具体时间不明，但应该是在罗科任司法部部长期间。本文首次发表于1934年德文版《我的世界观》。

非常尊敬的同行先生：

意大利科学界两位最重要的、最受尊敬的科学家，为他们良心上的困境而求助于我，请求我给您写信，希望有可能阻止那种威胁着意大利学者的残忍折磨，这与向法西斯体制宣誓以示忠诚的事情有关。我要请求您的是，希望您能给墨索里尼先生以忠告，让意大利知识界的优秀人物免受这种耻辱。

不管我们在政治信念上存在多大差异，我知道，我与您在一个基本观点上是一致的：我们二人都注意到并珍爱我们的最高成就，即欧洲思想发展方面的繁荣昌盛。所有这一切的得来都是基于思想自由和教学自由，基于对真理的追求必须优先于其他一切追求这一原则。只有在此基础上，我们的文明才得以在希腊产生，我们才能在文艺复兴时期的意大利庆祝其重获新生。这一最宝贵的财产，是那些最纯粹、最高尚的殉道者用鲜血换来的，这也是意大利如今仍受人爱慕和尊崇的缘故。

我一点儿也不想与您争论，国家以何种理由来干预人民的自由是被认为正当的。但是对科学真理的追求——摆脱日常实际利益的事业——理应被每一个行政当局视为神圣的；而且让那些真诚追求真理的人平静地生活，应该是所有人的最高利益。这当然也符合意大利的利益以及它在世界上的声誉。

论自由

本文选自美国哲学家、作家和出版家安申（Ruth Nanda Anshen，1900—2003）编辑的《自由及其意义》（*Freedom, Its Meaning*）一书。爱因斯坦用德文撰稿，古特曼（James Gutmann）将其译成英文。这里译自1954年英文版《观念与见解》（40～42页）。《爱因斯坦晚年文集》也收录了本文。

我知道，就基本价值判断进行争论是一件毫无希望的工作。举例来说，如果某人同意将人类从地球上灭绝作为目标，人们就不能在理性的基础上对此观点加以反驳。但是如果就某些目标和价值达成共识，人们可以就实现这些目标的方式进行理性的争论。那么，让我们指出两个目标，所有读到这篇文章的人大概都会同意。

1. 那些用来维持人类生命和健康的物质，应该用最少的劳动力来生产。
2. 对物质需要的满足的确是美好生活必不可少的前提条件，但仅此还不够。为了获得满足，人们还必须有条件地根据个人的特点和能力，发展他们的智力和艺术才能。

上述两个目标中的第一个，要求促进一切与自然规律和社会过程规律有关的知识，也就是说，促进一切科学上的努力。科学上的努力是一种自然的整体，它们各部分之间以一种确实还没有人能预见的方式相互支持着。但是，科学的进步却预先假定了所有结果和论断间享有自由流通的可能性，即在所有知识研究的领域内，享有言论自由和教学自由。我所理解的自由是指在这样的社会条件下，一个人不会因为就知识的一般和特殊方面表达意见和论断，而招致危险或严重的后果。这种交流的自由对于发展和推广科学知识不可或缺，有重大的实际意义。首先它必须得到法律的保证。但仅仅靠法律并不能保护言论自由。要是每个人都能不受惩罚地表达他的观点，还需要全民有一种宽容的精神。这种理想的外在自由永远不可能完全实现，但如果科学思想以及一般意义上的哲学思维和创造性思维要获得尽可能长远地发展，这种理想的外在自由就应该成为坚持不懈地追求的目标。

如果要确保第二个目标，即所有个人的精神发展都得到保障，就必须有第二种外部的自由。人类不应该为了取得必要的生活资料，而不得不工作到既无时间也无体力从事个人活动的程度。没有第二种外部的自由，言论自由对于一个人就毫无用处。如果能合理解决劳动分工的问题，技术的进步将为这种自由的实现提供可能。

科学的发展，以及一般意义上的精神的创造性活动还要求另一种自由，它可以被概括为内在的自由。正是这种精神上的自由存在于独立的思想中，后者不受权力和社会偏见的限制，也不受一般的未经审视的常规和习惯的羁绊。这种内在的自由是大自然不可多得的恩赐，是个人值得为之努力的目标。社会也能为推进这一目标的实现做很多工作，至少可以不干涉其发展。例如，学校可以通过权威的影响或是把过多的精神负担强加给年轻人，来干涉内在的自由的发展；学校也可以通过鼓励独立思考来表达对这种自由的赞成。只有不断有意识地追求外在的自由和内在的自由，精神生活的发展和完善才有可能实现，人类的外在生命和内在生命才有可能得到改善。

在“罗德与泰勒奖”颁奖礼上的致辞

“罗德与泰德”（Lord & Taylor）是一家美国奢侈品连锁百货公司，总部位于纽约市曼哈顿，其业务主要集中在美国东部。该公司由英格兰移民塞缪尔·罗德（Samuel Lord，1803—1889）与他妻子的堂弟乔治·华盛顿·泰勒（George Washington Taylor）在1826年创立于曼哈顿凯瑟琳街（Catherine Street）。“罗德与泰勒奖”（Lord & Taylor Prize）是该公司设立的奖项，以表彰“创造性的，与众不同的思想”。1953年5月4日，爱因斯坦收到该奖，奖金一千美元，他随即将这笔钱捐给“美国救助流亡学者委员会”（American Committee for Emigré Scholars）。颁奖仪式在一个午餐会上举行，获奖证书由“罗德与泰勒百货公司”总裁多萝西·谢弗（Dorothy Shaver）亲自颁发，爱因斯坦的致辞是先用磁带录好后，在现场播放的。

当时美国麦卡锡主义甚嚣尘上，十分猖獗。由麦卡锡（Joseph McCarthy，1908—1957）参议员领导的美国国会众议院非美活动调查委员会（House Un-American Activities Committee, HUAC）疯狂地搜寻共产主义的同情者。麦卡锡声称有大量共产党员、苏联间谍和同情者藏在美国联邦政府和其他地方。由胡佛（J. Edgar Hoover，1895—1972）领导的FBI监督公民的活动，寻找“颠覆性”的行为。被调查者中既有著名的科学家和学者，也有一般的老百姓。他们被要求出席委员会会议，回答有关其政治派别的问题。

爱因斯坦反对麦卡锡主义，勇敢地站出来为受害者讲话。即使在接受这个与政治无关的奖项时，他也顺便嘲讽了麦卡锡主义。文中所谓的“冷僻的领域”，指的是爱因斯坦从事的理论物理学。

我很乐意接受这一奖项，于我而言，它代表了友好的态度。因为看到一个无药可救的逾矩者因其顽固而受到热情赞扬，确实令我非常开心。不过，我们这里所说的“逾矩”发生在一个冷僻的领域，“参议院委员会”尚未感到有采取行动的必要，以防这一领域出现危险，威胁到那些迷信权威或胆小怕事的公民的内在安全。

至于那些热情赞美我的话，我会小心翼翼地不置可否。现在谁还相信存在真正的谦虚这种东西呢？鉴于这种做法，也许有人会把我看作一个老朽的伪君子，这是我需要承担的风险。你们一定可以理解，我还没有足够的勇气来抵抗这一风险。

最后未竟之言，唯有我的感激之情。

人权

本文是爱因斯坦1953年12月5日写给芝加哥律师“十戒会”(Chicago Decalogue Society of Lawyers)的信。因对人权的贡献，爱因斯坦被该会授予1954年“年度荣誉奖”(Annual Award of Merit)。1954年2月20日，这封信在“十戒会”的集会上被宣读。本文首次发表于《十戒会刊》(*Decalogue Journal*, Chicago, March, 1954)。

1954年英文版《观念与见解》有收录。本文参照1975年德文版《爱因斯坦论和平》(595~596页)译出。

今天你们聚集在这里，是为了关注人权问题。你们决定在此场合为我颁发一个奖项。当我知道这件事时，我为你们的决定感到几分沮丧。因为如果一个团体发现它内部找不到一个更合适的人选来授予这样的荣誉时，它该是处于一个多么令人遗憾的状态。

在漫长的一生中，我用了很长时间将全部能力投入对物理现实结构的研究中，以求获得在某种程度上更加深入的理解。我从未做过任何系统性的工作来改善人们的命运，去和不公与压迫做斗争，或是改进人类关系的传统形式。我唯一做的就是：在很长一段时间里，每当遇到让我觉得非常糟糕、非常不幸的公共问题时，都会就其发表看法，因为沉默会使我有罪恶感，觉得自己犯了共谋罪。

人权的存在和有效性不是命中注定的。关于人类对待彼此行为的理念以及令人满意的社会构架是由历史上进步的个人构想出来并传授给大众的。那些理念和信念来自历史经验，来自对美与和谐的渴望，它们已经在理论上被人们接受——但同样的人受其动物性本能的驱使，又始终在践踏这些理念和信念。因此，历史的很大一部分都充满为那些人权做斗争的情节。这是一场永无止境的斗争，永远不会取得最终的胜利。但是，厌倦那种斗争将意味着社会的毁灭。

今天在谈到人权时，我们所指的主要是如下需求：保护个人免遭他人或政府的任何侵犯；有工作的权利并能从工作中获得足够的报酬；能够自由地讨论和教学；个人能充分参与组织政府的权利。

这些人权目前在理论上得到了认可，但由于大量运用形式上的法律技巧，它们受侵犯的程度甚至比二三十年之前更严重。然而，还有另外一项人权很少被提及，但是注定非常重要，即个人有权利或义务不参与他认为是错误或有害的活动。在这方面，排第一位的就是拒绝服兵役。我知道一些例子，其中就有正直并具有非凡道德感的个人因为这样的原因和国家机关发生了冲突。对德国战犯的纽伦堡审判按惯例就基于对这一原则的承认：刑事罪行不能因为是政府命令而免于惩罚，个人良知应该超越国家法律的权威之上。

我们这个时代进行的斗争主要是为了政治信仰自由、言论自由，以及研究与教学自由。对共产主义的恐惧导致了很多令文明世界的其他人不能理解的行为，并让我们的国家遭到嘲笑。那些渴望权力的政客试图用这样的方式赢取政治优势，我们还要忍受他们多久？这些人似乎已丧失了幽默感，以至于法国谚语“嘲笑杀死人”[19]也失效了。

论学术自由——关于“贡贝耳事件”

本文写于1931年4月。埃米尔·尤利乌斯·贡贝耳（Emil Julius Gumbel，1891—1966）是德国海德堡大学哲学系教授，一个坦率的和平主义者。他在第一次世界大战后积极反对反动的复仇运动，曾写过几本书和小册子揭露德国秘密进行重新武装的活动，以及暗杀许多和平民主人士的罪行，因此大大激怒了极右分子。

1925年，海德堡大学哲学系通过决议，对他进行谴责，并且长期不给他晋升教职。1931年，魏玛共和国当局介入此事，给他一次小的升迁，但引起了大学教职员和学生中的法西斯分子的强烈反对。他们举行示威游行，声称政府侵犯了学术自治，并且要将贡贝耳驱除出校。这一事件引起了国际社会的广泛关注。1931年4月，德国保卫人权同盟在柏林召开群众抗议大会，声援贡贝耳。爱因斯坦出席了这次大会，并且事先准备了这篇讲稿，但当时他没有得到发表这个讲话的机会。

大学里的教职席位有很多，但睿智、高尚的老师却很少；宽敞的报告厅有很多，但真心渴求真理和正义的年轻人却很少；大自然批量生产的产品无以计数，但精品却少之又少。

我们明知这一点，为何还抱怨呢？难道不是一直都这样而且将会继续这样下去吗？的确，人应该接受大自然赐予的原样东西。但是还有一种时代精神，标志着一代人特有的心态，在人与人之间传递着，并赋予某个群体独特的个性。每个人都必须努力为改变这种时代精神贡献出一点点力量。

比较一下100年前大学里年轻人活跃的精神与现在占主导的精神！那时人们相信人类社会能够得到改善，尊重每个诚恳的观点，并且具有伟大人物曾为之献身奋斗的宽容精神。在那些日子里，人们为被称作“德国”的更大政治实体的统一而努力。当时赋予这些理想以活力的正是大学里的学生和老师。

如今我们仍旧对于社会进步、对于宽容和思想自由、对于现在被称作“欧洲”的更大政治实体有迫切的要求。然而，现今大学里的学生和老师都已不再是人们的希望和理想的承载者了。任何一个能清醒冷静地去观察我们这个时代的人都不得不承认这一点。

今天，我们聚集在这里审视自己。召开这场会议的外在原因是贡贝耳事件。这位正义的使者凭借极度的勤勉、巨大的勇气和堪称典范的公正态度揭露了许多尚未得到惩治的政治罪行，他通过他的书对整个社会做出了卓越贡献。而就是这样一个人，如今却遭到他所在大学里的学生和不少老师的竭力驱逐。

绝不能容忍政治激情发展到如此程度。我坚信，任何虚心拜读过贡贝耳先生的书的人，都会与我有同样的感受。若要建立一个政治结构健全的社会，我们需要像他这样的人。

让每个人都能根据他自己所读到的东西独立地做出判断，而不是听信于他人！

如果能这样，那么贡贝耳事件还是能在一个不太光彩的开始之后，带来一些正面影响的。

现代宗教裁判法

本文是爱因斯坦1953年5月16日写给纽约布鲁克林的一位教师威廉·弗劳恩格拉斯（William Frauenglass）的信。在麦卡锡主义猖獗时，弗劳恩格拉斯拒绝在国会委员会前作证。这封信首次发表于1953年6月12日《纽约时报》。爱因斯坦的回信引发了相当大的公众争论。在给瑞士的传记作家卡尔·泽利希（Carl Seelig）的信中，爱因斯坦提到，“所有重要的报纸都或多或少礼貌地用负面的语气对这一声明进行了评价”。与媒体的负面评价相对照的是，爱因斯坦收到了潮水般的邮件，多数对他表示支持。

本文译自1953年德文版《我的世界观》（26～27页），部分内容参考1954年英文版《观念与见解》（43～44页）。

亲爱的弗劳恩格拉斯先生：

我们国家的知识分子所面临的问题是非常严峻的。反动的政客设法通过提供虚假的外部危险来误导公众，让他们怀疑所有智力上的努力。到目前为止，这帮人得逞了，如今他们开始压制教学自由，剥夺所有不顺从者的职位，也就是说，要饿死他们。

只占少数的知识分子应该怎么反对这种罪恶呢？坦率地讲，我只看到了甘地所主张的那种不合作的革命道路。每一个被委员会传唤的知识分子都应当拒绝做证，也就是说，他必须做好坐牢和经济破产的准备，总之，为了国家的利益牺牲个人的利益。

然而，这种拒绝做证不能是基于众所周知的托词，即援引《第五修正案》反对自证其罪，而是要基于这样一种主张，即让无辜公民服从这种审讯是可耻的，而且这种类型的审讯违背宪法精神。如果有足够多的人准备好跨出这艰难的一步，那么他们将会成功。否则，这个国家的知识分子所得到的，绝不会比那个为他们准备的奴隶制好多少。

顺便说一句，这封信不必被看成是“保密的”。

培养独立思考的教育

本文是爱因斯坦应《纽约时报》教育版编辑请求，就教育问题而接受的采访，发表于1952年10月5日《纽约时报》。本文据1953年德文版《我的世界观》（27～28页）翻译，参考1954年英文版《观念与见解》（73～74页）。

只教人专业知识是不够的。这种教育培养出来的人可以成为一个有用的机器，却成不了一个人格完整的人。重要的是，要让学生对“价值”有所理解并获得切身的感受。学生必须对何为美以及何为道德上的善有敏锐的辨识力，否则只是靠那点儿专业知识，更像一只训练有素的狗，而不是一个均衡发展的人。学生必须学会理解人们的动机、幻想以及他们所遭受的苦难，以便获得正确的态度与他的同胞及其共同体相处。

这些宝贵的东西是通过与教育者亲身接触，而不是——至少主要不是——通过教科书传授给年轻一代的。这就是文化本身和文化的主要内容，也是我在提倡“人文学科”同等重要时心中所想的东西，而不是历史和哲学领域里那些干巴巴的专业知识。

过分强调竞争体系，以及为了立竿见影的用途而过早地专门化，将会扼杀包括专业知识在内的一切文化赖以生存的那种精神。

对于有价值的教育而言，发展年轻人的批判思维也是至关重要的，而过于繁重的课业压力（学分制）则会大大危及这种批判思维的发展。负担过重必然导致肤浅和粗俗[20]。教学应该是让学生在受教中觉得像收到了一份宝贵的礼物，而不是一份沉重的责任。

教育与教育工作者

本文是爱因斯坦1932年10月20日写给美国女青年艾琳·弗罗伊德尔（Irene Freuder）小姐的回信，首次发表于1934年德文版《我的世界观》。爱因斯坦档案编号：[28–221]。

非常尊敬的小姐：

我看了您的手稿大约16页后，怡然而笑。这些手稿挺不错的，有见地而且坦诚；同时在每一点上都是独立自主的，但是却带有很典型的女性气息，我指的是发端于个人怨恨的，而且沉浸其中，不能自拔。我也曾从我的老师那里遭受过类似的待遇。由于我的独立性，他们不喜欢我，当他们需要助手时也对我置之不理（然而我必须承认，与您相比，我那时可放肆多了）。但我是不会费力去写任何关于我学校生活的事情的，这样做不值得，更不愿意为了有人出版它或真的去看它而负责。而且，如果一个人老是抱怨那些以自己的方式在世间争得一席之地的人[21]，他看上去总是很糟糕。

所以，控制住您的情绪吧，把手稿留给您的子女，使其能从中得到安慰——可以不用理会他们老师所教的东西或者对他们的看法。

顺便说一下，我来到普林斯顿只是做研究而不是教书。总的来说有太多教学了，尤其是在美国的学校里。唯一有意义的教育方式就是以身作则——如果没有别的办法，那就罚一劝百。

教育与世界和平

本文是爱因斯坦1934年11月23日致“进步教育协会”（Progressive Education Association）的贺词。爱因斯坦档案编号：[29–075]。德文标题为《和平问题与学校》（*Friedensproblem und Schule*）。

由于地理位置的关系，美国非常幸运地能够在学校教导健全的和平主义，因为它没有严重的外来侵略的危险，没有必要向青年人灌输军国主义。但是，如果对于和平教育的问题，仅从情感而不是现实的角度来处理，恐怕就有危险了。如果没有深入了解问题的根本困难，就会一无所获。

美国青年首先应该了解，即使美国领土被真正入侵的可能性不大，它也随时都有可能卷入国际纠纷中。仅以美国参加世界大战为例，就可以证明这种理解的必要性。

与其他国家一样，美国的安全还是要建立在世界和平的基础上。不能让青年相信，通过政治孤立可以获得安全。恰恰相反，应该唤起大家对**广泛的**和平问题的严重关切。尤其应该让年轻人明白，由于美国政客在世界大战结束后没有支持威尔逊总统的自由计划，从而阻碍了国际联盟在解决这个问题上的努力，他们应该承担多大的责任。

应该指出的是，只要强权国家不愿意放弃使用军事手段来获得更有利的世界地位，仅仅要求裁军，不可能取得任何进展。此外，应向年轻人说明，像法国支持的通过建立国际机构来维护各国安全的建议是有道理的。为了获得这种安全，需要签订国际条约来共同防御侵略者。这些条约是必要的，但本身并不够，应该采取进一步行动，让军事防御手段国际化，进行大规模军队整编和轮防调换，以免驻扎在任何一个国家的军队不会被该国单独留用。为了准备这些步骤，青少年必须了解问题的重要性。

国际声援的精神也应该巩固加强，阻碍世界和平的沙文主义应该加以打击。在学校里，历史教育应该被用作解释文明进步的手段，而不是用来灌输帝国主义权力和军事成就的思想。在我看来，为了了解这方面的观点，可推荐学生看威尔斯的《世界史纲》。最后，地理和历史一样，至少具有间接的重要性，可以激发大家对各民族，包括那些通常被称为“原始”或“落后”的民族在内的特点都抱有同情与理解。

论教育

本文是 1936 年 10 月 15 日爱因斯坦为庆祝美国高等教育 300 周年纪念会，在纽约奥尔巴尼市政府教育大厦校长厅举行的庆祝会暨纽约州立大学第 72 届毕业典礼上的发言。原文为德文，由林娜・阿罗内特（Lina Arronet）译成英文，首次发表于 1950 年英文版《爱因斯坦晚年文集》（31 ~ 37 页），后收录于 1954 年英文版《观念与见解》（66 ~ 72 页）。本文参考 1952 年德文版《爱因斯坦晚年文集》（35 ~ 42 页）译出。

像今天这样的周年纪念会，主要是用来回顾往事，特别是用来纪念那些为国家文化生活的发展做出特殊贡献的人。这种对先辈的缅怀确实不容忽视，尤其是对往日盛事的回忆，有助于鼓舞今天善良的人去勇敢地奋斗。但这件事必须由一个从小就与纽约州有联系，并且熟悉其过去的人来完成，而不是由我，一个像吉卜赛人一样四处流浪，并在各个不同的国家积累经验的人来做。

因此，当我接受您的友好和荣耀的邀请时，我别无选择，只能谈论一些不受时空限制、始终与学校事务相关的问题。在这一努力的过程中，我丝毫不能以权威自居，因为从古到今，明智的有才之士已经讨论过教育问题，并且就这些问题反复明白地表达了他们的观点。作为教育领域的半个门外汉 [22]，除了个人经验和个人信念之外，什么也没有，谈论教育问题的勇气从何而来？

如果这真是一个学术探讨的问题，人们可能会对这些考虑三缄其口。但是对于人类的生活和行动来说，情况就不一样了。在此，仅仅有真理的知识就不够了；相反，如果不想失去这种知识，就必须不断努力持续更新。它就像竖立在沙漠里的一座大理石雕像，随时承受着被流沙埋藏的威胁。必须不停地伸手拂拭，才能使大理石在阳光之下永远熠熠发光。为此，我也应尽绵薄之力。

学校一直是将传统财富从一代转移到下一代的最重要手段：相较过去，这个道理更适宜于今天。现代经济发展削弱了家庭作为传统和教育承载者的角色。因此，人类社会的生存和健康更加依赖于学校。

有时候，人们把学校看成仅仅是一种工具，靠它将一定数量的知识传递给成长中的下一代。事实并不是这样的。知识是死的，而学校却是在为活人服务。它旨在培养年轻人对社会繁荣有价值的品质和能力。但这并不意味着剥夺个人的独特性，以使他成为社区中不情愿的工具，就像蜜蜂或蚂蚁那样。因为一个由没有个人独特性和个人目标的标准化的个人所组成的社会，将是毫无发展可能的、可怜的社会。相反，学校的目标必须是培养能独立行为和思考的个人，而这些个人又把为社会服务视为他们最高的生活任务。据我所知，英国学校最接近实现这一理想。

但是，人们怎样才能更接近这个理想呢？我们是否能通过道德说教达到这一目标？绝对不能！言辞现在是，今后仍将是空洞的声音，通往毁灭之路从来都与关于理想的浮华之辞相伴。但是人格并不是由他们所听到和说出的，而是通过工作和行动形成的。

因此，最重要的教育手段一直是鼓励学生采取行动。这适用于学生最初学写字，也适用于大学毕业生写博士论文，或者是记一首诗，写一篇论文，口译或笔译一篇文章，解决一道数学题目，或是进行体育运动。

但是在每项成就背后都是这种成就所依赖的情感动机，它反过来又被事业上取得的成功所强化和滋养。这里存在的最大差别是，它们同学校的教育价值关系密切。同一工作，其起源可能归因于恐惧和强制、追求权势和声名的雄心勃勃的需求，或是对研究对象的诚挚兴趣以及对真理和理解的渴望，因此也可以是每个健康的孩子都有的神圣的好奇心，只不过这种好奇心很早就衰退了。完成同样一件工作对学生产生的教育方面的影响可能有很大不同，这取决于使他完成这件工作的内因究竟是害怕受伤害、利己主义的情感，还是获得喜悦和满足感。没有人会坚持认为学校的制度和教师的行为对学生的心理发展毫无影响。

在我看来，最糟糕的事情是学校主要以恐惧、胁迫和人为权威的方式来进行教育。这种做法摧毁了学生健康的生活态度、正直和自信。它产生了顺从的子民。这种学校在德国和俄国司空见惯，不足为奇。我知道这个国家[23]的学校里不会产生这种最坏的邪恶；在瑞士，也许在所有民主统治的国家中都是如此。使学校脱离这种所有邪恶中最坏的邪恶，相对来说比较简单。给予教师尽可能少的使用强制措施的权力，这样学生对教师的尊敬的唯一来源就是后者自身的人性和智力水准。

提到的第二个动机——雄心，说得委婉点儿，就是以被承认和获得尊敬为目标，牢固地存在于人的本性之中。缺乏这类情感的驱动，人类的互动将是完全不可能的；争取同类的同意当然是社会最重要的约束力之一。在这种复杂的情感中，建设性和破坏性的力量紧密地联系在一起。争取赞同和被认可是一种健康的动机。但是，要被承认比伙伴或者同学更优秀、更强大、更聪明，就很容易导致过分的自我为中心的心理态度，这种心态可能对个人和共同体都造成伤害。因此，学校和老师必须小心，为了激发学生努力奋斗，不要使用唤起个人抱负的简单方法。

有些人提到了达尔文关于生存斗争的理论以及与之相关的选择理论，以证明复兴竞争精神的正当性。经济竞争中的无政府体系也可能以这种方式伪科学式地得到证明。但这是荒谬的，因为人类在生存竞争中的力量，就在于他是一个过社会生活的动物。正如蚁冢中单个蚂蚁之间的战争对于生存没有什么根本意义一样，人类社会中个体成员之间的斗争也是如此。

因此，人们应该小心，不要向青年人灌输下面的思想，即生活的目标就是获得习惯意义上的成功。因为在大多数情况下，成功者从他的伙伴那里获得的东西，都远远超过他对他们所做的贡献。但是，人的价值应该体现于他能给予什么，而不在于他能获得什么。

在学校里和生活中，工作最重要的动机是工作中的乐趣、工作所得到的成果的乐趣，以及对该成果的社会价值的感知。我认为学校教育最重要的任务是唤醒和加强年轻人的这些精神力量。只有这样的心理基础才会导致对人类最高品质的快乐追求，即从事知识和艺术的创造活动。

激发这些潜在的创造性的心理力量，当然比采取强制手法或唤醒个人野心更不容易，但它更有价值。重要的是培养孩子的游戏本能以及追求知识的动力，并将其引导到对社会很重要的领域——这种教育主要建立在培养的学生今后有能力承担任务不辱使命的基础上。如果学校成功地从这种观点出发进行工作，它将得到成长中的一代的高度尊重，学校给予的任务也被当作一种礼物来接受。我认识一些喜欢在校时光甚于喜欢假期的孩子。

这样的学校对教师提出了要求。在教师的工作领域，他应该像位艺术家。我们如何做才能使这种精神在学校里盛行？对此没有万能的补救措施，正如不存在让个人永葆健康的万能药一样，但是有一些必要条件是可以满足的。首先，教师本身应该在这样的学校中成长。其次，教师在教学资料和教学方法的选择方面应该拥有广泛的自主权，因为他的工作乐趣同样会被强力和外在压力所扼杀。如果你们一直关注我的考虑，可能会对一件事情感到惊讶：我已经详细讲述了我认为应该在学校里以何种精神来教育年轻人。但是关于课程内容和教学方法的选择，我却什么都没有说。究竟应该是以语言教育为主，还是以自然科学教育为主？

对此，我的回答是这样的：在我看来，这些都处于次要地位。如果一个年轻人已经通过体操和跑步训练了肌肉和耐力，今后他将适应任何体力工作。头脑训练及脑力和手工技巧的训练也是类似的。因此，当爱开玩笑的人[24]将教育定义为“如果人们已经忘记了他们在学校里所学的一切，那么所留下的就是教育”，他的说法大致不错。正因如此，我一点儿也不急于在古典的语言—历史教育和更注重自然科学教育这两种理念的追随者们的斗争中表态。

我想反对这样一种观念，即学校应该教那些在今后生活中能直接用到的特定知识和技能。生活中的需求太多样化了，在学校里进行这种专门训练毫无可能。除此之外，我认为更应该反对把个人像无生命的工具一样对待。学校应该永远以此为目标：学生离开学校时是一个有和谐个性的人，而不是一个专家。我认为在某种意义上，这对于那些培养将来从事较为确定职业的技术学校也适用。被放在首要位置的永远应该是独立思考和判断的总体能力的培养，而不是获取特定的知识。如果一个人掌握了他的学科的基本原理，并学会了如何独立地思考和工作，他肯定会找到属于他的道路。除此之外，与那些接受的训练主要只包括获取详细知识的人相比，他更加能够使自己适应进步和变化。

最后，我想再次强调，在此以一种多少有点儿绝对的形式所谈的内容，代表的只不过是我的个人观点，其基础仅仅是自己作为学生和教师积累的个人经验。谢谢你们给我这个机会，能在如此有意义的会议上发表这些意见。

论古典文学

本文是 1952 年 2 月 29 日爱因斯坦为瑞士商人协会年轻商人分会主办的月刊《年轻商人》(*Jungkaufmann*)而写。这里选自 1954 年英文版《观念与见解》(第 72 页)。

一个只读报纸，最多读一些当代作家作品的人，在我看来，就像一个高度近视而又蔑视眼镜的人。他完全依赖时代的偏见与时尚，因为他从来没有看到或听到任何其他的东西。当一个人仅凭自己独自的思考，不受别人思想和经验的激发，即使是最好的情况，也是微不足道、单调无味的。

一个世纪以内，只有少数开明的人具有清醒的头脑和风格，以及良好的品位。他们被保存下来的作品是人类最宝贵的财产。我们应该感谢几位古代作家，正因为他们，中世纪的人们才可以慢慢从超过 500 年的迷信和无知中摆脱出来。

没有什么比克服现代主义者的势利更紧迫的了。

给日本小学生的信

1922 年 11 月 17 日至 12 月 29 日，爱因斯坦访问了日本，在日本前后停留 43 天。除了讲学、向公众讲演外，他还浏览了诸多名胜古迹和美丽河山，还曾与日本皇后用法语进行简短交谈。爱因斯坦在这封给日本小学生的回信中，还不忘表达他内心的强烈愿望：希望各国人民能相互谅解，友好相处。本文译自 1953 年德文版《我的世界观》。

我之所以向你们日本小学生送去祝福，是有特殊原因的，因为我曾经访问过你们美丽的国家，领略过你们的城市、房屋、山川、森林，也见证了日本男孩儿出于美丽风光而从中萌生的对自己祖国的热爱。我的桌子上总是摆放着一本厚厚的绘画书，就是出自你们日本小朋友之手。

倘若你们能收到我这份来自远方的祝福，请记住，在历史上，只有我们这个时代实现了不同民族间的友好而充分谅解的交往。在此之前，各个民族对彼此一无所知，并由此造成了民族之间的恐惧或仇恨。但愿各民族之间这种兄弟般的情谊越来越深厚。基于这样的愿望，我这个老人在千里之外向你们这些日本小朋友送去问候，希望有一天你们这一代人会为我们这一代感到羞愧。

教师与学生——对一群儿童的讲话

本文首次发表于1932年德文版《我的世界观》。

对于教师来说，如何唤醒学生身上潜在的喜爱创造和认知的乐趣，是门最伟大的艺术。

亲爱的孩子们：

今天很高兴见到你们这群生活在明媚阳光和幸运之地上的快乐青少年。

请记住这一点：你们在学校里学到的那些美好的东西，是由世界上所有国家世世代代的人经过热忱的努力和无尽的辛劳才创造出的成果。所有这一切都作为遗产交到你们手中，希望你们能接受它，尊重它，增进它，并且有朝一日能将它忠实地传递给你们的孩子。这样，我们这些终有一死的凡人便能在我们共同创造出的永恒事物中获得永生。

如果始终铭记这一点，你们将会寻得生活和工作的意义，并能对其他民族和其他时代的人和事持有正确的态度。

达沃斯的大学课程

瑞士东南部靠近奥地利的小城达沃斯（Davos）现在作为一年一度“世界经济论坛”的举办地而闻名于世。其实，它更是一座“知识之城”（Wissensstadt）。早在1921年，德国雕塑家莫德罗（Philipp Modrow, 1882—1925）就提议在达沃斯创办一所用“世界语”教学的女子大学，以增加各国人民之间的理解，但当时他的提议没有获得多少支持。5年后，他的提议得到重视，不断有呼声要在达沃斯开办国际高校或举办国际学者会议。第一届国际学者会议于1928年3月18日至4月14日在达沃斯召开。来自4个国家的49位教师和250名听众参与了这一盛事。教师当中包括法国社会学家、哲学家、民族学家列维-布留尔（Lucien Lévy-Bruhl，1857—1939）、德国生物学家、哲学家德里施（Hans Driesch，1867—1941）和爱因斯坦等人。爱因斯坦发表了题为《物理学的基本概念及其发展》（*Grundbegriffe der Physik und ihre Entwicklung*）的演讲。本文是这篇演讲的开场白，首次发表于1953年德文版《我的世界观》。

元老院议员大都衣冠楚楚，元老院却是无恶不作（*Senatores boni viri senatus autem bestia*）。我有一位在瑞士当教授的朋友。有一次，他所在的大学的学院惹恼了他，他便以幽默的方式回应了这句话。比起个人，集体受到的良心和责任感上的指引往往比较小。这给人类造成了多大的苦难啊！这是战争与各种压迫的根源，让世界充满了痛苦、叹息和苦涩。

然而，真正有价值的东西，唯有通过许多个人的无私合作才能实现。因此，对于有善良意愿的人，当他以推动生活和文化为唯一目标，付出了巨大牺牲，一项集体事业得以开始时，他再也没有比这个时候更感到高兴的了。

当得知在达沃斯设有大学课程时，我就有这样纯粹的喜悦。这里正以一种明智的和高明的中庸之道，展开一项救助事业。它是基于迫切的需求，尽管并不是每个人能立即清楚这种需求。许多年轻人寄希望于这个山谷里充满阳光的群山所具备的疗效，来到这里并且恢复了健康。但是，当他们与磨炼意志的正常工作脱离太久，沉溺于对自身健康状态的思虑之中而无力自拔时，就容易丧失心理承受力，即丧失在生存斗争中能够坚持自我价值的意识。他们变成了温室里的植物，往往当身体痊愈了，却发觉难以回归正常生活。这对于大学生来说尤其如此。在青年性格形成的决定性阶段，智力训练的中断很容易留下一个以后难以弥补的缺口。

然而，一般而言，适度的脑力劳动不仅不会妨碍治疗，反而会像适度的体力劳动一样，更有间接的帮助。正是基于这种认识，设置大学课程不仅可为这些年轻人今后在职业上做准备，也激励他们从事智力活动。这些课程可以说在精神层面上提供了脑力劳动、职业训练和卫生保健的功能。

让我们不要忘记，这项事业对于不同国家人民之间建立联系非常适合，这种联系有助于牢固树立一个欧洲共同体的意识。如果新机构在创立之时就排除各种政治目的，那么所达到的效果可能会更佳。推动与促进国际相互谅解的最佳方式，就是共同合作从事对人生有意义的事业。

基于所有这些理由，让我感到高兴的是，凭借创始人的能力和智慧，达沃斯的大学课程已经克服了初期阶段的困难，获得了相当的成功。愿它蓬勃发展，使许多宝贵的人的精神生活丰富起来，并把一些人从疗养院生活的贫瘠中解救出来！

在H.A.洛伦兹墓前的讲话

洛伦兹（Hendrik A. lorentz, 1853—1928），荷兰物理学家。作为电子理论的奠基人，他最感兴趣的是用电磁理论来解释电、磁和光的关系。他在力学、热力学、流体力学、动力学理论、固体理论领域贡献良多。他的电磁辐射理论经塞曼（Pieter Zeemann，1865—1943）的各种发现得到证明，也促进了爱因斯坦的狭义相对论的诞生。1902 年，洛伦兹与同胞塞曼共同获得诺贝尔物理学奖。他在 24 岁时就被任命为新成立的莱顿大学理论物理学教授，直到去世。由于受到各国学者的广泛尊重，1925 年，他继柏格森（Henri Bergson，1859—1941）之后，被选为 1922 年成立的国际智力合作委员会（Commission de Coopération intellectuelle）主席，直至去世。他倡导各国知识分子平等相处，通力合作。基于对这一原则的认同，爱因斯坦也加入了该委员会，但后来出于对该委员会的有些做法不满，曾一度退出。在居里夫人、洛伦兹等人的劝说下，爱因斯坦又重新加入。对此，泽利希在《阿尔伯特·爱因斯坦和瑞士》（*Albert Einstein und die Schweiz*）一书中进行了很详细的说明。

爱因斯坦对洛伦兹非常敬重。在他的心中，洛伦兹是一位慈父般的人物，是遇到烦心事能向其吐露心声的长辈。除本文外，还有两篇关于洛伦兹的文章，可见洛伦兹在爱因斯坦心目中的地位。

本文首次发表于 1953 年德文版《我的世界观》。

今天我作为学术界德语区的学者代表，具体来讲，是作为普鲁士科学院的代表，但最重要的，是以一个学生、一个满怀深情的仰慕者的身份站在我们这个时代最伟大、最高尚的人的墓前。他的杰出才能引领我们从麦克斯韦的学说走向当代物理学的创立，并为我们提供了重要的材料和方法。

他严肃对待人生，如同雕刻一件艺术品，最小的细节都精雕细琢。他宅心仁厚、慷慨大方，极富正义感，再加上对人世的洞明，足以使他成为任何一个他涉猎过的领域的领导者。人人乐意跟随他，因为他从不颐指气使，总是以服务大家为己任。他的事迹将永远鼓舞和启迪世世代代的后人。

H.A. 洛伦兹在国际合作事业中的活动

本文写于1927年，首次发表于1934年德文版《我的世界观》。

19世纪以来，科学研究越来越专业化，已很少看见一个在科学专业领域出类拔萃的人，同时还能在国际组织和国际政治方面提供可贵的服务。这类服务不仅需要有力量和洞见，以及基于成就所取得的声望，同时还要有摆脱民族偏见、献身于所有国家的共同目标，而这正是我们这个时代非常罕见的品德。我还没有遇到任何一个像H. A. 洛伦兹这样以完美的方式集所有这些品质于一身的人，其独特的人格魅力产生了如下影响：有自己见解和独特意愿的学者，尤其不愿屈服于外来的意志，最多只会不情愿地接受领导。但是当洛伦兹坐在主席台上时，总是能建构一种欢乐的互动氛围。尽管坐在那里的人意见不同，思想各异。如此成功的秘诀不仅仅是因为他对人和物明察秋毫，有通晓各种语言的高超本领，更在于如下这一点：人们觉得洛伦兹心无杂念，全神贯注于手中的事情，一定要圆满地完成任务。没有什么比这样更能让人解除心理障碍和不服从的念头了。

在“一战”之前，洛伦兹在国际关系中的任务主要是主持物理学会议，特别值得一提的是索尔维会议[25]。前两届分别于1909年和1911年在布鲁塞尔召开[26]。接着欧洲战争到来了，这对所有致力于人类关系进步的人来说，都是一个沉重的打击。在战争时期，尤其是战后，洛伦兹就已经竭尽全力致力于国际和解工作，特别是在恢复国际学者之间和学术团体之间富有成效的友好合作。这项事业究竟有多困难，没有参与其中的人是很难想象的。战争聚集下来的仇恨还在发挥作用，许多有影响的人还在持一种不和解的态度，任由自己跟随大环境一起沉沦。洛伦兹的处境有点儿像一个医生，他面对的是一个倔强的患者，尽管医生精心地为患者调好了治疗用的药品，但他不情愿服用。

但是，当洛伦兹认识到那是一条正确的道路时，他是绝不会轻易退却的。“一战”结束后，他就参加了由战胜国学者创立的研究委员会（Conseil de recherche）的活动。这个委员会将同盟国[27]的学者和学术团体排除在外。为此，洛伦兹受到了“同盟国”的学者的指责，其实他的目的是试图施加影响来改进这个机构，使它扩大后变为真正的国际组织。他和其他一些好心人，经过努力将“委员会”中臭名昭著的排除条款去掉。他追求的目标是恢复学术团体之间正常和富有成效的合作。然而这一点没有达到，因为恼怒于被排除在几乎所有国际科学活动之外近10年之久，“同盟国”的学者已经习惯采取消极态度。但是我们完全有理由相信，经过洛伦兹纯粹献身美好事业且机智能干的努力后，一切误会终将雪融冰消。

H. A. 洛伦兹通过担任国际联盟国际智力合作委员会主席一职，以另一种方式为国际智力合作的目标服务。这一职位最初是大约5年前由柏格森担任的。洛伦兹主持这一工作已有一年时间，在委员会下属的巴黎学会的积极支持下，他致力于不同文化的学术和艺术工作之间的调停活动。由于其机智、人道和质朴的人格魅力的有益影响，这一活动走上了正轨。他从未表白但却常常实施的格言是："不要控制，而要服务（Nicht herrschen, sondern dienen）。"

希望他的模范作用能促进这种精神的传播！

创造者 H.A. 洛伦兹及其为人

1953 年 7 月 18 日，为纪念荷兰著名物理学家洛伦兹诞辰 100 周年，在莱顿举办了专门纪念会，同时在荷兰皇家自然科学史博物馆（Rijkmuseum voor de Geschiedenis der Natuurwetenschappen）举办了有关洛伦兹及其同事，超导现象的发现者、低温物理学的奠基人海克·卡末林·昂内斯（Heike Kamerlingh Onnes，1853—1926）的生平和工作展览。在这次展览中，博物馆收到了一份厚礼——洛伦兹写给爱因斯坦的大量信件手稿。洛伦兹的其他通信均保留在海牙的国立档案馆。本文是爱因斯坦为洛伦兹诞辰 100 周年纪念会写的祝词。原文发表于 1953 年德文版《我的世界观》。

文中提到的“迈克尔逊实验”或“迈克尔逊—莫雷实验”首先是由美国物理学家迈克尔逊（Albert A. Michelson，1852—1931）做出来的。因发明精密光学仪器和借助这些仪器在光谱学和度量学的研究工作中所做出的贡献，他于 1907 年获得了诺贝尔物理学奖。

在世纪之交时，所有国家的理论物理学家都认为 H. A. 洛伦兹是他们的领导者。这样说是有完全正当的理由的。我们这个时代的物理学家大多数都没有充分意识到 H. A. 洛伦兹在理论物理学基本概念形成时所起到的决定性作用。造成这个奇特事实的原因是，洛伦兹的基本想法已经如此深刻地变成了他们自己的观点，以至于他们无法充分认识到这些想法是多么大胆，它们又是在多大程度上简化了物理学基础。

当H. A. 洛伦兹开始他那富有创造性的科学工作时，麦克斯韦的电磁理论已经获得了成功。但是这个理论的基本原理却出奇复杂，以至于它的本质特征无法被清楚地表现出来。尽管场的概念的确已经取代了超距作用的概念，但是电场和磁场还不被看作是基本的实体，而只是被设想为一种可以当作连续体的有重物质的状态。结果，电场被分解为电场强度和电介质位移。在最简单的情况下，电场强度和电介质位移通过介电常数联系在一起，但原则上它们被视为两种独立的实体。对磁场的处理也是类似的。根据这种基本观点，将空的空间视为有重物质的一种特殊情况来处理，在这种情况下，场强和电位移之间的关系就变得尤为简单。尤其是，这种解释致使我们不能认为电场和磁场与物质的运动状态无关，因为物质被看作是场的载体。

通过对H. 赫兹关于动体电动力学的研究，可以清楚地了解当时流行的麦克斯韦电动力学的解释。

然后出现了H. A. 洛伦兹的拯救行动。他将研究始终一致地建立在如下假说上：

电磁场位于空的空间。在那里只有一个电场矢量和一个磁场矢量。这个场是由原子性的电荷产生的，而它反过来又以有质动力作用在电荷上。电磁场同有重物质之间的唯一联系是因为基元电荷固着在组成原子的物质粒子上。对于后者，牛顿运动定律是适用的。

根据这个简化了的基础，洛伦兹建立起一个包括动体的电动力学在内的关于当时已知的一切电磁现象的完备理论。这样自洽、明晰和美丽的工作，在经验科学里是极少达到的。在这个基础上，不加其他假设就不能得到完全解释的唯一现象，就是著名的迈克尔逊—莫雷实验。如果不是把电磁场定位在空的空间里，这个实验就不会令人信服地推导出狭义相对论。最重要的步骤就是（将电磁现象）还原到空的空间里——或者像当时人们所说的那样——以太里的麦克斯韦方程组。

洛伦兹甚至发现了后来以他名字命名的“洛伦兹变换”，尽管他没有认识到它的群特征。对他来说，空的空间中的麦克斯韦方程组只适于一个特殊的坐标系，这个坐标系因其静止的状态而与其他一切坐标系区分开来。这是一种矛盾的状况，因为这个理论对惯性系的限制似乎比经典力学还要强。这种情况从经验的观点来看是完全没有理由的，**必然**会导致狭义相对论。

感谢莱顿大学的慷慨，使得我能经常到那里与我亲爱的挚友保罗·埃伦费斯特（Paul Ehrenfest）共度一段时光。因此我常常有机会参加洛伦兹的演讲，这些演讲是他退休以后定期为少数年轻同事所做的。凡是这位卓越人物讲的东西，都如同精美的艺术品一样明澈美丽，并表现得那么轻松灵巧，这是我从未在其他人身上感受过的。

我们这些年轻人只要认识到了 H. A. 洛伦兹的开明精神，便会特别钦佩和尊敬他。但是当我想起 H. A. 洛伦兹时，我所感觉到的远远不止于此。对我个人而言，他比我一生中遇到的所有其他人都更重要。

正如他对物理学和数学驾驭自如一样，他毫不费力、冷静沉着地支配自己。令人难以置信的是，他没有平常人的弱点，可是这一点也从来没有令他人感到压抑。每个人都感受到了他的卓越，但是从没有人觉得有压迫感。尽管他从不对人类和人类事务心存幻想，但他对每个人、每件事都满怀善念。他总是尽力服务和帮助他人，从未给人留下盛气凌人的印象。他极其认真负责，从不赋予任何事情以过分的重要性；在这一点上，一种微妙的幽默感守护着他，这从他的眼神和微笑里便可觉知。与此相应的是，尽管他全身心地献身科学，但他确信我们的理解不可能太深入探究事物的本质。直到晚年，我才能够充分欣赏这种半是怀疑、半是谦卑的态度。

尽管做了真诚的努力，语言——至少是我的语言——并不足以公正地讨论这篇文章的主题。因此，我希望在此引用洛伦兹的两句对我产生特别强烈的影响的话：

“我很高兴自己属于这样一个国家，它太小了，无法做出什么大的愚蠢行为来。”

第一次世界大战期间，有人在谈话中试图使他相信，在人类领域里，命运是由武力和强权决定的。对此，他这样回答：“或许您是对的，但我不愿生活在这样一个世界里。”

提名尼尔斯·玻尔为物理学通讯院士的信

爱因斯坦和玻尔（Niels Bohr，1885—1962）是20世纪最伟大的两位科学家。他们的名字永远联系在一起，部分原因在于20世纪20年代中期后他们就量子力学基础进行的热情而友好的辩论。可以说，量子力学的哥本哈根解释在某种程度上就是玻尔与爱因斯坦辩论的结果。爱因斯坦与玻尔性格迥异，但一点也不影响两人之间的友谊。1920年4月，当爱因斯坦第一次见到玻尔时，就立即被吸引了："在我的一生中，还没有人像您一样，仅仅因为您的存在就给予我如此多的快乐"。玻尔的谦逊充分表现在1922年11月10日当他得知他们俩人分别获得1921年度和1922年度诺贝尔物理学奖后给爱因斯坦写的信上。爱因斯坦说："和我敬佩和爱戴的玻尔一起获奖，这使我特别快乐。""在我离开日本前不久的时候，收到您真挚的来信。我可以毫不夸张地说，它给我带来的愉快不亚于诺贝尔奖。您担心在我之前获奖，我觉得这特别可爱——这真是典型的玻尔风格。"

这封信是1922年2月2日至2月16日期间，爱因斯坦在普鲁士科学院数学物理组的一次会议上提交的。在最后的打印稿上，除了爱因斯坦，还有劳厄[28]、能斯特[29]、普朗克[30]和鲁本斯[31]的签名。爱因斯坦档案编号：[8 062]。

当未来世代的人们描述我们时代的物理学进展史时，一定会把我们对于原子性质的认知方面最重要的进展和尼尔斯·玻尔的名字联系起来。人们过去已经知道，经典力学无法描述组成物质的基本单元，以及原子的结构是相对松散的外层物质环绕带正电的核心。但是经验得到的几乎已经是完整的已知光谱结构与旧有理论设想的差距如此之大，以至于人们不敢想象会有一个令人信服的理论，能够解释观察到的经验规律。然而1913年，玻尔发现了最简单光谱的量子理论解释，在很短时间内为大量定量结果证实，使得其大胆假设的理论基础很快成为原子物理的一个稳固基石。尽管距离最初的发现还不到10年，他提出并在很大程度上发展的思想体系主导了原子物理和原子化学，使得之前的诠释工作都好像是过去很遥远的事情。伦琴光谱、可见光谱以及元素周期表的理论，都是基于玻尔的思想。作为一个研究者，玻尔身上最令人惊叹的是一种少见的大胆勇敢和细心权衡的结合；极少有研究者具有这样高超的能力，同时包括对隐藏事物的直觉理解和尖锐批评。虽然具有很多细节知识，他的洞察力总是毫不动摇地指向根本性的问题。毫无疑问，他是我们这个时代科学领域最伟大的创新者之一。

尼尔斯·玻尔是哥本哈根大学理论物理教授。签名人推荐他作为我们科学院的通讯院士。

评沃尔夫冈·泡利的《相对论》

这是爱因斯坦对泡利（Wolfgang Pauli，1900—1958）为克莱因（Felix Klein，1849—1925）主编的《数学科学百科全书》写的《相对论》条目单行本（Pauli, W., jun., Relativitätstheorie. Sonderabdruck aus der *Enzyklopädie der mathematischen Wissenschaften.*, Leipzig, B. G. Teubner, 1921. IV, S. 539 bis 775）的评价，1922 年 2 月 24 日发表于德文期刊《自然科学》[*Die Naturwissenschaften,* 10（1922): 184～185]。

出生于 1900 年 4 月 25 日的泡利，1920 年 12 月完成这篇文章初稿时还是慕尼黑大学的一名研究生。1921 年 7 月 25 日参加博士考试之前不久，他在文章的校样阶段又参考克莱因的批评做了一些修改。文章于 1921 年 9 月 15 日发表于《数学百科全书》，之后又发行了由他的博士导师索末菲作序的单行本。早在 1921 年 12 月 30 日，爱因斯坦在给玻恩夫妇的信中就说："泡利是一个不错的小伙子，毕竟他才 21 岁，可以为自己在《百科全书》上的那篇文章感到自豪。"（《爱因斯坦全集》第 12 卷，文件 345）。

无论是谁研读这一成熟而构思宏大的作品，都不会相信它的作者是一位只有 21 岁的年轻人。该作品精彩纷呈，处处令人赞叹：对思想发展进程的心理理解，精确的数学推导，深刻的物理洞察力，系统性的清晰表述，渊博的文献知识，完备而信实的论证，以及有力的批评。

这部大约 230 页的相对论的详尽阐述，构架如下：

1. 狭义相对论的产生，特别详细地描述了作为其基础的关键实验事实。
2. 狭义相对论和广义相对论的数学工具。特别值得向专业读者推荐的是仿射张量和无穷小变换部分。
3. 狭义相对论的进一步发展。从形式化以及物理学的观点对其进行了详细的讨论。
4. 对广义相对论思想发展的论述（75 页）堪称典范，对解决具体问题的数学方法的表述可谓完整。特别有价值的是关于能量方程的讨论以及对外尔理论的批判。

泡利的书值得推荐给所有在相对论领域进行创造性研究的人，以及所有想要准确了解相对论的根本问题的人。

推荐保罗·赫兹

这封推荐信写于1922年5月18日。保罗·赫兹（Paul Hertz，1881—1940），德国理论物理学家。曾在海德堡大学、哥廷根大学和莱比锡大学学习物理学，1904年获得博士学位，1909年获大学任教资格。1912年，他到哥廷根大学任教，1921年任编外教授。早在1910年8月，他就与爱因斯坦有过交往。他对爱因斯坦1903年发表的文章《热力学的理论基础》中的某些观点进行了批评，爱因斯坦发现赫兹的批评是对的。不打不相识。1910年9月，两人在瑞士自然研究者协会（Schweizerische Naturforschende Gesellschaft）巴塞尔会议上见面。爱因斯坦向出生于奥匈帝国的布拉格，但长期在挪威奥斯陆工作的化学家戈尔德施密特（Heinrich J. Goldschmidt，1857—1937）推荐赫兹做翻译工作。

爱因斯坦档案编号：[12-220]。

通过阅读其科学论文和个人交往，我认识保罗·赫兹先生已有多年。他无疑是德国最有见识的理论物理学家之一，具有丰富的专业知识和卓越的创造力。尤其需要指出的是，他高度的综合文化素养非常适合内容范围广泛的文字工作。我对他的人品和智力同样看重，相信他能够以令人满意的方式完成任何自己有信心担负起的任务。

约瑟夫·波普尔-林克尤斯

约瑟夫·波普尔-林克尤斯（Joseph Popper-Lynkaeus，1838—1921），奥地利社会哲学家、发明家和作家，原名约瑟夫·波普尔（Joseph Popper），林克尤斯是他的笔名。他是著名科学哲学家卡尔·波普尔（Karl R. Popper，1902—1994）的伯父。

约瑟夫·波普尔-林克尤斯出生于犹太家庭，是家中的第五个男孩。作家弗里德里希·诺克（Friedrich Nork，1803—1850）是他的舅舅。波普尔-林克尤斯在布拉格工学院学习数学、物理学和技术。尽管他才华横溢，记忆力超群，但由于当时社会对犹太人的限制，他不能在科学领域工作。他曾在铁路部门服务过，但不成功，也曾任私人辅导、报纸编辑，在维也纳大学学习过国民经济学、文化史和美学。

波普尔-林克尤斯的思想非常活跃，往往超前于世。早在1862年，他想到电力传输的可能性，将瀑布和涨潮的机械动能转化为电力。他还有多项极具创造性的发明专利，构建了一个用于防止蒸汽锅炉内壁积累鳞屑的衬垫系统。他更重要的成就是在一系列著作中设计了一套社会体系，能保障所有个人得到主要的生活所需。在他看来，社会有义务给予其成员生活的必需品——食物、衣服和住房，以及必需的服务——公共医疗、养育及教育。

波普尔–林克尤斯非常欣赏中国哲人孔子，认为他是影响世界历史的最重要的人物。从他广受欢迎的《一个现实主义者的幻想》(*Phantasien eines Realisten*)中，可以清楚地看到孔子思想对他的影响。此外，他还写了一些反战的、具有和平主义倾向的短篇故事。所有这些故事都是他为了调试他的发明，在奥地利境内旅行时写的。他往往住在超便宜、极简朴、冰冷如霜的旅馆房间里写作。正是这些短篇故事让他闻名世界。但是，奥匈当局却将他的著作列为禁书，理由是有伤风化。

波普尔–林克尤斯的思想影响了许多思想家，爱因斯坦是其中之一。爱因斯坦这篇文章大概是在1921年为悼念他逝世而写的，首次发表于1934年德文版《我的世界观》。

波普尔–林克尤斯不仅是一位出色的工程师、才华横溢的作家，还是少数体现了一代人良知的杰出人物之一。他向我们灌输了这样的观点：社会要对每个人的命运负责，同时为我们指出了一条实现社会责任的道路。对于他来说，社会或国家无须崇拜；只有履行让个人及其人格有可能得到和谐发展的义务的基础上，社会或国家才有权力要求个人做出牺牲。

祝贺阿诺尔德·柏林内尔70岁生日

阿诺尔德·柏林内尔（Arnold Berliner，1862—1942），犹太裔德国物理学家，1886年毕业于布雷斯劳大学，后在通用电器公司（Allgemeine Elektrizitäts-Gesellschaft，AEG）研发实验室工作。1912年，他被施普林格出版社（Springer Verlag）任命为新创立的德文周刊《自然科学》（创刊号于1913年1月出版）的主编。纳粹上台后，担任了22年主编的柏林内尔被解职；1942年3月22日，他在得知将被纳粹送进集中营后自杀。《自然科学》现在仍在发行，其诞生受到1869年创刊的英文杂志《自然》（*Nature*）的启发，最初为周刊，现为月刊。

本文首次发表于1932年德文期刊《自然科学》第20卷913页，后收录于1934年德文版《我的世界观》。本文的英译本最后多了几句话："我们都该认识到柏林内尔帮了我们什么。亲爱的柏林内尔，不要为我这轻率的言行感到恼怒。一个不苟言笑的人偶尔享受一次欢笑吧。"

我想借此机会向我的朋友柏林内尔和他创办的杂志《自然科学》的读者，说明为何我对他本人以及他的工作的评价如此之高。我必须趁这个机会讲，否则就没有机会讲类似的话了。基于客观性的训练，我们往往将涉及个人的事情视为一种禁忌。而凡人如我，只有在像今天这样极其特殊的情况下，才稍敢触犯这一禁忌。

闲扯几句之后，还是回到客观性上来。科学确定的事实范围已经大大扩展，每门学科的理论知识已不可思议地变得高深了，但人类在才智上的融会贯通能力仍极为有限。因此，研究人员的活动领域不可避免地会局限在越来越小的人类知识领域。更糟糕的是，这种专门化让人难以对科学全貌有一个哪怕是大致粗略的了解。而缺乏这种了解，势必会损害真正的研究精神。情况的发展类似于《圣经》中通天塔的故事象征的那样。每位严肃的科学工作者都痛苦地意识到，自己不情愿地被驱逐到不断缩小的知识领域，本来拥有广阔视野的研究者有可能降级成为杂役人员。

我们都已遭受了这种痛苦，却没有采取任何行动去缓解它。但是，柏林内尔以令人钦佩的方式为讲德语的国家提供了补救措施：他意识到，现有的通俗期刊已足以用来指导和激励外行人；他还意识到，需要有一份内容广泛、精心编辑的期刊，专门给科学工作者提供科学问题、方法以及结果的发展的信息，以便使他们能够形成自己的判断。通过多年的艰苦工作，凭借伟大的智慧和巨大的决心，他一直致力于这个目标，为我们大家服务，为科学服务。对此，我们怎样感激都不为过。

他必须得到有成就的科学家的合作，并引导他们尽量以能够让非专业人士也能理解的方式来讲述他们应当讲述的东西。他经常告诉我，为了达到这个目标，他必须克服众多挑战。他曾用一个谜语向我描述过他的困难。问：什么是科学作者？答：是一种介于含羞草和豪猪之间的综合体。柏林内尔之所以取得如此成就，是因为他始终保持着强烈的热望，即让一个尽可能大的科学领域拥有一个明晰全面的表达。这种感情同样驱使他历经多年艰辛写出了一本物理学教科书。前几天，医学院的一名学生告诉我：“如果没有这本书，我真不知道该如何在有限的时间里对现代物理学的原理形成一个清晰的概念。”

柏林内尔为了科学的明晰性和广博性所做的努力，使科学的问题、方法和结果在许多人的头脑中扎下了根。如果没有他的这份期刊，我们这个时代的科学生活简直不能想象。让知识活起来并使之保持生命力，与解决专门问题是同等重要的。

祝贺萧伯纳

爱因斯坦第一次与爱尔兰剧作家、辩论家、文化批评家、政治活动人士萧伯纳（George Bernard Shaw，1856—1950）见面，是在1921年春天他第一次访问英国时。那时，爱因斯坦刚从美国回来不久。他与妻子爱尔莎在美国逗留了8个星期，回到柏林后应财大气粗的英国政治家、律师、无神论者霍尔丹（Richard Burdon Haldane，1856—1928）子爵的邀请，爱因斯坦在伦敦待了一周。霍尔丹讲一口流利的德语，曾在1905—1912年任英国陆军大臣，1912—1915年任大法官，当时因被错误地指控为"同情德国"而被迫辞职。他总是热心于寻求英德两国之间的和解。正当在英国被经常提起的爱因斯坦在"一战"结束后首次与英国学术界和文化界接触时，霍尔丹出版了《相对论的统治》（*The Reign of Relativity*）一书。这本书表达了霍尔丹对德国文化的无限崇敬之情。霍尔丹钦佩德国人"受过服从的训练"这一事实，对歌德及其作品非常热爱，并与人合作将叔本华和黑格尔的著作译成英文。霍尔丹称自己的客人为"20世纪的牛顿"。

爱因斯坦与萧伯纳的第二次见面是在他1930年10月访问英国时。在欢迎爱因斯坦的晚宴上，萧伯纳做了一个非常严肃而又十分风趣、极具萧式风格的欢迎词。他对一般的科学家充满讽刺之能事，认为历史上只有8位真正伟大的科学家，即毕达哥拉斯、亚里士多德、托勒密、哥白尼、伽利略、开普勒、牛顿和爱因斯坦。在这8位伟大的科学家中，只有3位提出了自己的宇宙观：托勒密、牛顿和爱因斯坦。托勒密的宇宙观统治了1000多年，牛顿的宇宙观统治了300年，那么爱因斯坦的宇宙观能统治多少年呢？萧伯纳充满幽默的发言让爱因斯坦忍俊不禁。

爱因斯坦的这篇文章是他在这次访英期间写的，首次发表于1934年德文版《我的世界观》。

极少有人能超然物外，看到当代人的弱点和愚蠢，自身又不受其影响。面对人类顽固的天性，这些孤独的人往往会失去改变社会的勇气。只有极少数人，能够利用他们微妙的幽默和优雅，并以不受个人感情影响的艺术为媒介，让这一代人看清自己的面目。今天我向艺术大师致以最诚挚的敬意，他曾给我们带来幸福，并让我们受到教育。

在哥白尼逝世410周年纪念会上的讲话

本文是爱因斯坦在1953年12月纽约哥伦比亚大学举行的哥白尼逝世410周年纪念会上的讲话，首次发表于1954年英文版《观念与见解》。

我们今天以一种兴奋和感激的心情来纪念这样一个人，他比任何人对于西方摆脱教会和经院哲学统治的枷锁所做出的贡献都要大。

诚然，希腊古典时期就有一些学者确信地球不是世界的自然中心，但是这种对宇宙的认知不能在古代得到真正的承认。亚里士多德和希腊天文学家依旧坚守地球中心的概念，当时很少有人提出质疑。

要想令人信服地阐述太阳中心概念的优越性，必须具有难得的独立思考能力和直觉，也要掌握当时不易获得的天文事实。哥白尼的伟大成就不仅为现代天文学铺平了道路，也让人们的宇宙观产生了关键性的改变。一旦认识到地球并非世界的中心，而只是其中一颗较小的行星，那么以人类为中心的错觉也就如过眼云烟了。可以说，哥白尼以其工作和伟大的人格，教导人们要谦逊。

没有一个民族可为他们中间出了这样一个人而骄傲起来。民族自豪感是一种无聊的癖好，在一个像哥白尼这样一个内心独立的人面前，是很难站得住脚的。

悼念瓦尔特·拉特瑙

瓦尔特·拉特瑙（Walther Rathenau，1897—1922），德国犹太实业家、作家、政治家，曾任魏玛共和国外长，德国民主党（DDP）领袖、德国通用电气总公司经理和董事。“一战”时期，他任普鲁士政府战时资源局局长。“一战”结束后，他成为德国民主党领袖。1921 年，他任魏玛共和国复兴部长；1922 年，任魏玛共和国外长。1922 年 4 月，他出席热那亚会议，为打破当时德国在欧洲的孤立局面，同苏联签订《拉巴洛条约》。同年 6 月回国后，24 日被右翼民族主义分子暗杀。

爱因斯坦的这篇纪念文章，1922 年 8 月发表于《新评论》[*Neue Rundschau,* 33（1922）：815～816]。本文最后一句来自《圣经·新约》中的《马太福音》（7:16）：“凭着他们的果子，就可以认出他们来。”

对于拉特瑙，无论在过去还是现在，我都怀着欣然的敬重和感激之情，因为他在目前欧洲的阴暗局势中，带给我希望和安慰；也因为他的高瞻远瞩和古道热肠，同我一道度过难忘时光。他对宏观经济关系的概括，对各民族特点和各色人等心理的理解，以及对个别人物的了解，都令人钦佩。他有着积极的人生观，虽然洞察人性，仍然博爱众生。与朋友共桌闲谈之际，他既认真又带着地道的柏林式的幽默；这种可贵的结合，使他的谈吐别有风趣。一个耽于幻想的人不难成为一个理想主义者，而他却是一个入世的理想主义者，世事洞明，远超常人。

我对他就任外长一事感到惋惜。鉴于德国受过教育的阶层中大多数人对犹太人的态度，我认为，在公共生活中，犹太人应当采取一种自尊而谦虚的姿态。我绝没有想到，仇恨、盲目和忘恩负义会达到这样极端的程度。但是对那些在最近 50 年来主导德国人民道德教育的人们，我要大声疾呼：凭着他们的果子，就可以认出他们来。

悼念玛丽·居里

20世纪50年代早期，在一次采访中，当爱因斯坦被问道谁是他尊敬的科学家时，他只提了两个人：洛伦兹和居里夫人（Marie Skłodowska-Curie，1867—1934）。居里夫人比爱因斯坦大12岁，两人1909年初次相识，但印象不深。当时居里夫人已名满天下，而爱因斯坦才刚登上世界科学舞台。1911年第一次索尔维会议让两人真正相识。当时居里夫人与朗之万之间的绯闻正闹得沸沸扬扬，爱因斯坦写信支持给居里夫人，让她不要惧怕流言。会后不久，爱因斯坦请求居里夫人为自己给布拉格德语大学写封推荐信，居里夫人毫不犹豫，对爱因斯坦的科学成就和个人品质给出了高度评价。两人之间开始了愉快的交往，这种友谊甚至扩展到了家庭成员之间的互访。"一战"后，俩人都致力于科学界的国际合解，特别是通过国际联盟智力合作委员会。该委员会常常违反爱因斯坦珍视的国际精神，对此爱因斯坦非常不满，曾两次退出该委员会。在居里夫人的劝说下，他又两次重新加入。爱因斯坦最初评价居里夫人，"非常聪明，但像鱼一样冷，也就是说，她缺少所有的喜怒哀乐。"随着岁月的流逝，爱因斯坦认识到了居里夫人身上的高贵品质。本文是爱因斯坦在居里夫人逝世一年后，1935年11月23日在纽约罗里奇博物馆（Roerich Museum）举行的居里夫人悼念会（Marie Curie

Memorial Celebration）上的发言，译自1950年英文版《爱因斯坦晚年文集》，参考了1975年德文版《爱因斯坦晚年文集》。

当一位像居里夫人这样杰出的人物走到了生命的尽头，我们不应仅仅满足于回顾她的工作成就为人类做出的贡献。杰出人物的道德品质可能比纯粹理智的成果对一个时代以及整个历史进程的意义还要大。不仅如此，甚至后者的取得也要在极大程度上依赖于道德境界，而且这种依赖程度比通常认为的要大得多。

我很幸运能与居里夫人保持20年高尚而纯洁的友谊。她那伟大的人性使我的崇拜之情与日俱增。她的力量、她的意志的纯洁、她对自己的严格要求、她的客观公正、她坚定不移的判断力——所有这些不易被发现的品格都集中在她一人身上。她在任何时候都认为自己是一名社会公仆，她那极度的谦逊从未给自满留下任何空间，她始终感觉到社会的残酷与不平等并因此备受压抑，这使她的外表带有严肃的一面。而这一点很容易被不熟悉她的人误解——这是一种罕见的、不能为任何艺术气质减轻的严肃。一旦她认为某条道路是正确的，就会毫不妥协、持之以恒地追求到底。

她一生中最伟大的科学成就——证明放射性元素的存在并把它们分离出来——并不仅仅因为她超凡的直觉，还因为她在无法想象的极端困境中仍然保持的专注与执着，而这在实验科学的历史上是不常见的。

假使居里夫人的品格与献身精神所具有的力量仅有一小部分还活在欧洲知识分子的心中，那么欧洲就会拥有一个更加光明的未来。

悼念马克斯·普朗克

无论从个性，还是政治观点来看，普朗克和爱因斯坦都是两个截然相反的人。爱因斯坦不仅是科学上的“反叛者”，也反对世俗意义上的任何权威。在政治态度上，他更是一个坚定的民主主义者；而普朗克的个性深深植根于威廉时代民族威权主义国家的传统之中，不但在社会问题上非常保守，在科学方面也是如此。他被称之为一位“不情愿的革命者”。所有这些差距并不妨碍两人之间建立非凡的信任和友好关系。他们所共享的，“首先是对一个研究机构的归属感，该机构致力于实现少数知识分子精英的理想”。纳粹上台后，爱因斯坦从普鲁士科学院辞职。这件事有可能给两人的关系留下了阴影。从爱因斯坦对普朗克的高度评价可以看出，这种担心是多余的。他有站在历史的高度看待人和事的胸襟和眼光。

本文是爱因斯坦在 1948 年 4 月举行的马克斯·普朗克纪念会（Max Planck Memorial Service）上的发言，译自 1950 年英文版《爱因斯坦晚年文集》。

对于一个用伟大的创造性思想造福世界的人来说，后代的褒奖并无什么必要，他自身的成就已给予他更高的奖赏。

然而，今天所有追求真理与知识的代表从地球的各个角落来到这里相聚，的确是一件好事，而且是很有必要的。他们到这里来是为了证明，即使在我们这个时代，政治狂热与残酷的武力像利剑一样悬挂在饱经痛苦、惊恐万状的人的头上，我们追求真理的理想标准仍然高高在上、光芒不减。这一理想是一条将各个时代、各个地方的科学家永远联结在一起的纽带，它以一种罕见的完美体现在马克斯·普朗克身上。

尽管希腊人已经想象到物质的原子本性，并且19世纪的科学家进一步使原子概念的提出具有了高度的可能性，然而却是普朗克的辐射定律第一次在不依赖其他假说的情况下精确地测定出原子的绝对大小。不仅如此，他还令人信服地说明，除了物质的原子结构外，还有一种受普适常数“*h*”支配的能量的原子结构，这个常数是由普朗克引入的。

这一发现成为20世纪所有物理学研究的基础，并从那时起几乎完全决定了物理学的发展。没有这一发现，就不可能建立分子与原子理论以及决定二者能量转化过程的有用理论。不仅如此，它还粉碎了经典力学与电动力学的整个框架，同时也为科学确立了一项新使命：为整个物理学寻找一个新的概念基础。尽管至今为止已取得了一部分令人瞩目的成果，但这个问题仍未得到满意的解决。

为了向这位伟人致敬，美国国家科学院表达了自己的希望：出于纯粹的知识目的而进行的自由研究，应该不受任何阻挠与破坏。

向莫里斯·拉斐尔·科恩致敬

本文是1949年11月15日爱因斯坦在莫里斯·拉斐尔·科恩学生纪念基金会（Morris Raphael Cohen Student Memorial Fund）上的致辞。

莫里斯·拉斐尔·科恩（1880—1947），美国哲学家、律师和法学家。他出生在白俄罗斯首都明斯克的一个犹太家庭，12岁移居美国纽约，26岁获得哈佛大学哲学博士学位，后在纽约城市学院、芝加哥大学、社会研究新学院、哥伦比亚大学、康奈尔大学、哈佛大学、斯坦福大学和耶鲁大学等校教授哲学和法学。他被认为是一位传奇的教师，将实用主义与逻辑实证主义和语言学分析结合起来。英国哲学家伯特兰·罗素（Bertrand Russell，1872—1970）认为他是当代美国哲学家中最具有创造性思想的人。

欧内斯特·内格尔（Ernest Nagel，1901—1985），美国科学哲学家，代表作为《科学的结构》（*The Structure of Science*）。他与卡尔纳普（Rudolf Carnap，1891—1970）、莱欣巴哈（Hans Reichenbach，1891—1953）和亨普尔（Carl Hempel，1905—1997）并称为逻辑实证主义运动的领军人物。

本文译自1954年英文版《观念与见解》。

女士们、先生们：

在这个动荡不安的大都市里，很高兴知道有人并没有完全受到当前世事纷扰的影响。你们的研讨会见证了那些勤于思想的人们之间的关系既不受浮华现世的威胁，也不惧生死隔绝的威胁。与我们特别亲近的人，大多已不在人世，最近莫里斯·科恩也离开了我们。

我深知他是一个乐于助人、性格独立的有良知的人，我有幸经常与他讨论共同感兴趣的问题。但是当我偶尔想说出一些关于他的精神个性的东西时，我痛苦地意识到，自己对他的想法还不够熟悉。

为了填补这个空白——至少为了略知一二——我开始阅读他与欧内斯特·内格尔合著的《逻辑与科学方法》一书。然而，我没有轻松地做到这一点，由于时间太少，难免有些紧张。但是一旦开始阅读，我就变得欲罢不能，以至于忘掉了让我产生阅读的外在动机。

几个小时后，我回过神来，自问到底是什么让我如此着迷。答案很简单：书中并没有给出现成的答案，而是先呈现对事情的各种思考方法，进而激发科学的好奇心，之后才试图通过完整的论证来清楚说明问题。作者在思想上的诚实，使我们分享了他内心的思考过程。这是天才教师的标志。知识以两种形式存在：一种是没有生命的，存储在书本中；一种是有机地存在于人的意识中。第二种存在形式才是核心的；第一种也许不可或缺，但处于次要位置。

悼念保罗·朗之万

本文选自1947年巴黎出版的《思想》(*La Pensee*)杂志，2—3月号。

保罗·朗之万(Paul Langevin，1872—1946)，法国著名物理学家，以对次级X射线、气体中离子的性质、气体动理论、磁性理论以及相对论等方面的工作而著称。他在法国学术界传播了爱因斯坦的相对论，并提出了“双生子悖论”。

朗之万是知识分子反法西斯警戒委员会(Comité de vigilance des intellectuels antifascistes)的创始人之一，这是在1934年2月6日发生极右派骚乱之后创立的一个反法西斯组织。1931年，朗之万受国际联盟的指派，到中国考察教育事业，并直接促成了1932年中国物理学会的成立。“九一八事变”爆发后，他在国际社会声援过中国的抗日战争。1944—1946年，朗之万任法国人权联盟[Ligue des droits de l' homme(et du citoyen)，LDH]主席。在此之前，他刚刚加入法国共产党。他因直言不讳地反对纳粹而被捕。他在维希政权的大部分时间里遭到软禁。

朗之万是皮埃尔·居里的博士生。居里因车祸去世后，朗之万与居里夫人传出绯闻，承受了巨大的社会压力。后来，两人被迫分开。多年后，朗之万的孙子米歇尔(Michel Langevin)与居里夫人的外孙女埃莱娜(Hélène Langevin-Joliot)结为连理。

朗之万死后享有哀荣，被葬在先贤祠。

在爱因斯坦所有的法国同事中，他与朗之万最为亲近，政治理想非常契合。在20世纪20年代早期，爱因斯坦和朗之万为增进法德关系共同做出的努力，进一步加深了他们的友谊。和爱因斯坦一样，朗之万也直觉地认识到，欧洲和平的关键在于法国与德国的和谐关系。在和平最终恢复后不久，朗之万就离世了，这给爱因斯坦带来了悲痛的回忆。爱因斯坦在自1939年创办之时起就一直由朗之万担任编辑的杂志上，与法国民众分享了他对朗之万的悼念之情。

相对于发生在这些不幸且充满失望的岁月中的大多数事件而言，保罗·朗之万逝世的消息对我的打击更沉重。为什么会这样呢？难道他长寿的、充满丰硕的创造性成果的一生不是很和谐地体现在他身上吗？难道他不是因为对知识问题敏锐的洞察力而受到广泛尊敬，因献身于一切正义事业并对一切生灵表现出宽容、仁慈而获得普遍的爱戴吗？自然界为生命确定了界限，以使它在结束时仿佛一件艺术品一样被表现出来，这一事实难道还不能使我们感到一定的满足吗？

保罗·朗之万的逝世带来的悲痛之所以如此刻骨铭心，是因为它使我体验到一种被抛弃后极端孤独凄凉的感觉。任何一个时代，都极少有人不仅对事物的本质有清晰的洞察力，而且对真正人性面临的挑战具有强烈的感觉，并有采取斗争行动的能力。这样的人物离开人世，他所留下的空隙是仍然活着的人无法承受的。

朗之万具有极为清晰的科学思维，同时又不固守成规，并且对本质要点有准确无误的直觉洞察。正是由于这些特点，他的讲座对不止一代的法国理论物理学家产生了决定性的影响。朗之万关于实验技术的知识同样非常丰富。他提出的批评以及具有建设性的建议总能产生实际效果，然而他自己的那些颇富创造性的研究对科学的发展也产生了决定性影响，特别是在磁学和离子理论领域。然而，他一贯乐于承担责任的做法限制了他的研究工作。因此，他的劳动成果体现在其他科学家出版物中的要比在他自己出版物中的多得多。

在我看来，似乎有一点是毋庸置疑的：要不是其他人先提出了狭义相对论，朗之万本来是能够完成这项工作的，因为他已经清楚地觉察到了这一理论的本质方面。另一件令人钦佩不已的事则是他充分体会到德布罗意[32]思想的意义——薛定谔后来从这些思想中发展出波动力学的方法——甚至在它们尚未结合成为一个连贯的理论之前。我还能清楚地记得他告诉我这件事时的那种兴奋与热情——我也记得我是带着犹豫与怀疑接受他这些话的。

朗之万在一生中始终对我们社会与经济制度的缺陷与不平等有清醒的认识，并为此感到痛苦。然而，他坚定地相信理性与知识的力量。他的心灵是如此纯洁，以至于他相信，一旦人们认识到了何为正确，何为合理，所有人都应该愿意放弃任何个人得失。理性就是他的信念——一种不仅要带来光明而且要带来拯救的信念。他想要促使所有人生活得幸福的愿望甚至比他对纯粹理智启蒙的渴望更加强烈，这使得他将大量时间与精力投人到政治启蒙活动中。从未有一个求助于他的社会良心的人会从他那里空手而归。正因为如此，他那高尚的道德品质使许多无聊透顶的知识分子对他怀有刻骨的仇恨。反过来，他却对他们都表示理解，他那仁慈之心从未对任何人怀有怨恨。

我只能为认识这样一位纯洁并启发人思考的人表达我的感激之情。

悼念瓦尔特·能斯特

爱因斯坦与能斯特是完全不同类型的人。能斯特是一个狂热的爱国者，他的二个儿子都在“一战”中牺牲，他也在臭名昭著的《致文明世界书》(“93人”宣言)上签过字，“一战”后被列为战犯。后来他有所反省，直言不讳地批评希特勒和纳粹主义。他的三个女儿中有两个与犹太人结婚。希特勒上台后，她们被迫移民。纳粹分子终止了能斯特作为科学家的职业生涯。1939年他罹患严重的心脏病，1941年去世。

能斯特精力充沛，社会活动能力超强。他利用自己与德皇威廉二世的良好关系，促成了威廉皇帝学会的成立。通过他与普朗克的积极斡旋，柏林为爱因斯坦提供了优渥的科研条件。

本文发表于1942年2月在华盛顿特区出版的《科学月刊》(*The Scientific Monthly*)第54卷，1950年英文版《爱因斯坦晚年文集》有收录。参考1979年德文版《爱因斯坦晚年文集》译出。

我愿意接受本刊编辑的请求，为最近去世的科学巨匠瓦尔特·能斯特写点东西。他是我一生中一直保持密切交往的、最有个性、最有趣的学者之一。在柏林，他从不错过任何一次物理学会议。他简洁的发言不仅显示了一种惊人的科学直觉，而且表现出他总是掌握并深刻地了解数量巨大的事实材料。他对自己擅长的实验方法与实验技巧有罕见的驾驭能力。虽然有时我们会善意地笑对他那孩子般的虚荣与自满，但我们对他却有着由衷的赞赏与私人情谊。只要不犯以自我为中心的毛病，他就会显示出一种非常少见的客观公正性、一种对关键问题精确的感知能力以及发自内心的探索自然界深层次相互关系的热情。要是没有这种热情，他那具有非凡多产的创造以及在20世纪最初的三分之一时间对科学生活产生的重大影响将是不可能的。

作为一个以热力学、渗透压以及离子理论为研究基础的那个时代的最后一名成员，他从阿伦尼乌斯[33]、奥斯特瓦尔德[34]、范特霍夫[35]当中脱颖而出。直至1905年，他的工作基本限于这些概念范围。他的理论武器有点初等，但他却以一种罕见的聪明才智掌握了它。我指的是，比如说，“浓度局部可变液体中的电动力理论”，也就是关于加入溶解物质导致以溶解度降低的理论。在这一时期，他还发明了利用惠斯通电桥（以电话机作为指示器，交流电在比较电桥支路中补偿电容）测定导电体介电常数的巧妙的零点法（null-method)。

这个最初的多产时期，是与能斯特改进方法论并完成对一个领域的探索工作联系在一起的，这个领域的基本原则在他之前已为人所知。这项工作逐渐把他引导到一个具有普遍意义的难题，可表述 如下：由一个系统在各种状态中的已知能量，能否计算出该系统从一种状态转变为另一种状态时能获得的有用功。能斯特认识到，仅凭热力学方程无法利用能量差U从理论上确定过渡功A。从热力学方程可以推出，在绝对零度，A与U必然是相等的，但对于任意的温度，即使U的能量值或能量差在任何条件下都已知，也无法利用U求出A。除非引入一个关于这些增量在低温条件下发生的反应的假设（这个假设非常简单，因此是显而易见的），这个计算是不可能的，简单地讲，这个假设就是：在低温下 A 变得与温度无关。把这个假设作为一种假说（热力学的第三条主要原理）引入是能斯特对理论科学最伟大的贡献。普朗克后来发现了理论上更令人满意的解决方案，即熵在绝对零度时消失。

从有关热的较老的观点来看，第三条主要原理所要求的物体在低温条件下发生的变化很异常。为了确保这一原理的正确性，必须对低温条件下的量热学方法做重大改进。高温条件下的量热学也因能斯特而取得了相当大的进步。所有这些研究，以及他那不知疲倦的天赋，为这个领域的实验者提供了许多具有鼓舞作用的建议，他最富成效地推进了他那一代的研究工作。量子理论一开始就得益于这些量热学研究所获得的重要结论，特别是在玻尔的原子理论使光谱学成为最重要的实验领域之前，情况更是如此。他在理论化学方面的著作，不仅为学生，而且为学者提供了大量启发性的思想。从理论上讲，它们只是基础性的，却富有机智、生动形象，而且充满关于各种各样相互联系的提示，这的确反映了他的理智的特点。

能斯特不是一个眼界狭窄的学者，凭借良好的常识，他成功地参与实际生活的所有领域，与他进行的每一次谈话都会使一些有趣的事情真相大白。他与几乎所有同胞的不同之处在于他令人瞩目地从偏见中摆脱了出来。他既不是民族主义者，也不是军国主义者。他几乎完全凭借结果的成败与否而非某种社会或道德理想对人或事做出评判。这是他摆脱偏见的结果。同时他对文学很感兴趣，并且具备像他这样担负如此繁重工作的人少有的幽默感。他是一个富有创造精神的人，我从未遇到过一个在任何本质方面与他相似的人。

悼念保罗·埃伦费斯特

本文选自1934年荷兰莱顿S. C. Doesburg出版社出版的《莱顿大学生联合会年鉴》(Almanak van het Leidsche Studentencorps)。

保罗·埃伦费斯特(Paul Ehrenfest，1880—1933)，理论物理学家，出生于奥地利维也纳，逝世于荷兰阿姆斯特丹。1904年，他在玻尔兹曼的指导下获物理学博士学位。在有关统计力学的著作中，他表现出了卓越的批评才能。

从他去世前两年与朋友的通信中可以看出，他患有严重的抑郁症。1933年9月25日，他在安排好他的其他子女后，射杀了患有唐氏综合征的小儿子，接着自杀身亡。

在如今这个时代，具有高尚品质的人因自己的自由意志而弃世的事情如此频繁地发生，我们甚至已经不再觉得这样的结局有什么不同寻常之处。然而，逃避的决定一般来说都是源于不能——或至少不愿意——把自己交付给新的更加困难的外部生活环境。只是因为不能忍受内在的冲突就拒绝生存下去的情况，即使在今天具有健全头脑的人当中也是极为罕见的，大概只有在最高贵、具有最高尚的道德品质的人中间才会发生。我们的朋友保罗·埃伦费斯特就陷入了这样一种悲剧色彩的内心冲突中。那些熟悉他的人，很荣幸其中包括我，知道他最终成了良心冲突的牺牲品。这种良心冲突是绝不放过任何年逾五旬的大学教师的，只是表现的形式不同。

我是在22年前认识他的。那时他刚从俄国回来，便径直到布拉格来拜访我。在俄国，他因为是犹太人而被禁止在高级研究机构中执教。当时他正希望在中欧或西欧寻找新的工作环境，但我们几乎未谈及此事，因为当时的科学状况差不多吸引了我们全部的兴趣。我们两人都意识到，经典力学与电场理论面对热辐射现象与分子过程（热的理论统计），已经显得力不从心，然而似乎又没有一种可行的办法来摆脱这一困境。普朗克的辐射理论的逻辑缺陷——当然我们两人对辐射理论本身都非常崇拜——对我们来讲是显而易见的，我们还讨论了相对论。他对相对论带有一定程度的怀疑，但是这种怀疑带有他特有的富有批判精神的判断力。仅仅几个小时，我们便成了真正的朋友——仿佛我们的梦想与渴望彼此都心领神会。我们一直保持着亲密的友谊，直至他离开人世。

他的价值体现在他异常优秀的天赋中：他能够领会一个理论观念的实质，能够剥去一个理论的数学外衣直至简单的基本观点清晰地凸显出来。这一能力使他成为举世无双的教师，也因此被邀请参加了许多科学大会。他总是能将清晰与精确注入任何讨论中。他激烈地反对模棱两可与拖沓迂回。必要时，他会进行尖刻的讽刺，甚至明显表现出失礼之举。他的一些发言几乎可以被认为是傲慢的。然而他的悲剧却是由于他近乎病态的缺乏自信。他在批评方面的天赋超出了他的建设能力，因此他总是感到痛苦。可以说，他的批评精神剥夺了他对自己思想成果的热爱，甚至在它们产生之前。

在我们第一次见面之后不久，埃伦费斯特的尘世生涯发生了重大转折。我们尊敬的老前辈洛伦兹希望结束在大学的日常执教活动，他认为埃伦费斯特同自己一样属于富有灵感的教师，并推荐他为自己的继任者。一个神奇的活动领域向这个稚气未脱的年轻人敞开了大门，他不仅是我们这一领域我所认识的最优秀的教师，还热情地关注别人，特别是他的学生的发展和命运。理解他人，赢得他们的友谊与信任，帮助任何陷入外部或内心斗争中的人，激励年轻的天才——所有这些都构成他生活的组成部分，甚至比沉浸于解决科学问题更加重要。他的学生和同事都热爱他，尊敬他。他们知道他全身心地为别人服务，帮助别人，知道这样做完全符合他的本性。难道他不应该是个幸福的人吗？

事实上，他比任何一个跟我关系密切的人都感到不幸福。因为他觉得自己无法与所面对的高尚使命相提并论，即便每个人都尊敬他，又有什么用呢？他这种毫无来由的不完美感无休止地、经常地使他丧失进行研究所必需的平和心境。他受到的折磨是如此严重，以至于他被迫通过分散注意力来寻找慰藉。他频繁地毫无目的地旅行，对收音机的沉迷以及他躁动不安的生活的许多其他特征都不是源于对安静与无害的调情的需求，而是源于一种奇怪的冲动，逃避我已经暗示过的心理冲突。

在最近几年里，这一状况因为理论物理学经历的异常动荡的发展而更加恶化。让一个人学习并讲授那些自己内心都无法接受的东西永远是一件难事。而对于一个具有近乎狂热的诚实并对任何事情都要求明确的人来说，更是难上加难。尤其雪上加霜的是，这位年逾五旬的人越来越难以适应他永远无法摆脱的新思想。我不知道有多少读到这段文字的人可以完全体会这一悲剧。然而，这正是他逃避人世的主要原因。

在我看来，过分自我批评的倾向似乎与童年的经历有关。无知而自私的教师所带来的羞辱与精神压力，在年轻的心灵中酿成的严重恶果永远无法消除，而且在未来的生活中会经常产生有害的影响。埃伦费斯特对这种经历的强烈感受，可以从他拒绝把深爱着的孩子们托付给任何学校这一事实中看出来。

与大多数人相比，他与朋友的关系扮演着更重要的作用。他完全受同情心以及建立在道德判断基础上的憎恶所左右。他一生中最强烈的关系是他与妻子同时也是同事的关系[36]。她是一位具有异乎寻常的坚强与执着，而且在理智方面与他不相上下的人。或许她的思想不如他那样敏捷、丰富与敏感，但是她的泰然自若，不依靠他人的独立精神，在困难面前的坚定执着，在思想、感情以及行动方面的正直——所有这些对他来讲都是一种恩赐。他也用尊敬与爱情回报她。我一生中亲历这样的情形并不多。同她的分离，对他来说是致命的，那是一种可怕的体验，一种他那已经受伤的灵魂无法承受的体验。

我们这些活着的人的生活由于他的精神力量与刚正不阿，由于他那博大的胸怀所具有的仁慈与热情，特别是他那不可抑制的幽默与机智而受益匪浅——我们深知他的离去将使我们损失惨重。他将继续活在他的学生心中，活在所有为他的人格力量所引导，树立起雄心壮志的人心中。

圣雄甘地

本文是爱因斯坦1939年在圣雄甘地70岁生日时发表的讲话，译自1950年英文版《爱因斯坦晚年文集》。

甘地（Mohandas Karamchand Maharma Gandhi，1869—1948），印度哲学家、政治家和社会思想家，长期主张非暴力抵抗运动，使印度终于获得了独立。1948年1月30日，他被印度教狂热分子暗杀。

一个不受外在权威的扶持而成为其民族领袖的人；一位其成功不是依靠投机取巧，也不是凭借掌握的技术装备，而纯粹地建立在令人信服的人格力量基础上的政治家；一位一贯轻视使用武力的胜利的斗士；一个具有智慧与谦逊，用果敢与不可动摇的坚定信念武装起来的人；一个将所有力量都用来推动自己民族的崛起与命运改善的人；一个用纯粹的人性尊严对抗欧洲的残暴，并在任何时候都不屈服的人。

在未来的时代，可能极少有人相信，有这样一副血肉之躯曾经在地球上匆匆而过。

悼念卡尔·冯·奥西茨基

本文是爱因斯坦1946年12月10日在诺贝尔基金会晚宴上的讲话。卡尔·冯·奥西茨基（Karl von Ossietzky，1889—1938），德国记者，和平主义者，1889年月10月3日生于汉堡。1912年，他参加了德国和平协会（Deutsche Friedensgesellschaft），1920年任该协会秘书，他相信“和平与民主制度的最大灾难，莫过于将军拥有无限的权力”。1922年，他积极参与“永不再战”（Nie Wieder Krieg）运动。1927年，他任政治周刊《世界舞台》（*Weltbühne*）副主编，在一系列文章中，揭露国防军领导者秘密重整军备的准备工作，后被控叛国罪，判刑18个月，但在1932年12月大赦中获释。法西斯独裁建立后，他被关进集中营（1933—1936），并遭受酷刑。1936年，挪威议会授予他1935年度诺贝尔和平奖，纳粹当局禁止他前往挪威首都奥斯陆领奖。当年5月，因患肺结核，在盖世太保的监视下被送往医院治疗。两年后的1938年5月4日，因在集中营遭受的严重虐待，经受不住肺结核的袭击，病逝于柏林潘可夫的一家医院。

本文译自1950年英文版《爱因斯坦晚年文集》。

只有在第一次世界大战后的德国生活过的人，才能充分理解像奥西茨基这样的人的斗争有多么艰难。他深知，自己的同胞醉心于暴力与战争的传统还没有失去影响力。他知道向他的同胞宣扬理智与正义，是一个多么艰难、危险并且吃力不讨好的任务，他们因苦难的命运而变得麻木不仁，因漫长的战争而丧失了信心。由于盲目无知，他们用憎恨、迫害和缓慢的摧残来回报他；德国人如果能听他的话并采取相应的行动，本可以得到救赎，全世界也能得到真正的解脱。

将崇高的荣誉授予这位谦逊的烈士，并使得关于他和他工作的回忆长存，将使诺贝尔奖基金会千古流芳。它对今天的人们也是有益的，因为他所反对的那种致命的幻觉并没有因上一场战争的结果而消除。放弃用暴力的手段解决人类存在的问题，是那时的任务，也是现今的任务。

放在时间胶囊中的一封信

1933 年，为了逃避纳粹德国的迫害，爱因斯坦来到美国。1938 年 8 月，他接到一项任务，给 5000 年后的人们写封信，作为即将在第二年开幕的纽约世界博览会（New York World' Fair）的礼物。

1938 年的世界战云密布，德国兼并了奥地利，同时也在积极酝酿侵占捷克，战争之箭已在弦上。最新的技术被用于毁灭性的战争之中，全世界笼罩在一片忧虑之中。正是在这种情形下，爱因斯坦写了下面这封信。在 1939 年的世博会上，这封信被埋在一个由西屋公司（Westinghouse）制造的“时间胶囊”（Time Capsules）中。

本文译自 1954 年英文版《观念与见解》。

我们的时代不乏天才人物，他们的发明能够在相当大的程度上促进我们的生活。我们利用机械动力横跨海洋，并且利用机械力量将人类从繁重的体力劳动中解放出来。我们已学会飞行，我们用电波毫无困难地在整个地球上发送信息和新闻。

但是，商品的生产和分配却完全是无序的，因而每个人都生活在恐惧之中，生怕被经济周期淘汰，陷入什么都没有的境地。而且，生活在不同国家的人民之间还不时互相残杀。由于这些原因，每一个想到未来的人，都必然生活在恐惧和痛苦中。所有这一切都是基于如下事实：庸众的智慧与品格，跟那些对社会产生真正价值的少数人的智慧与性格相比，要低很多。

我相信，我们的后人将怀着一种自豪的心情和理所当然的优越感来读这封信。

伯特兰·罗素与哲学思考

本文是爱因斯坦专门为保罗·亚瑟·席尔普编辑的《在世哲学家丛书》(*Library of Living Philosophers*)第五卷《伯特兰·罗素的哲学》(*The Philosophy of Bertrand Russell*)所写，1946年首次出版。文中所引罗素的著作《意义与真理的探究》(*An Inquiry into Meaning and Truth*)于1940年出版。必须指出的是，本文虽是用德文所写，但德文版的出版时间却晚于英文版。两者之间并不完全一致，例如第一段的结尾部分。本文译自1953年德文版《我的世界观》。

伯特兰·罗素，英国哲学家、数学家、社会主义者、和平主义者、自由撰稿人和自由演讲者。

凡勃伦(Thorstein B. Veblen，1857—1929)，美国社会批评家，以对资本主义的辛辣讽刺著称。凡勃伦出生于美国威斯康星州农业社区的一个挪威移民家庭，从小讲挪威语，直到十几岁才开始讲英语。由于他不修边幅、放荡不羁、极不合群，再加上他对宗教的怀疑，他与学术界似乎格格不入。大学毕业后，没有机构愿意聘他。直到34岁，他才在康奈尔大学谋到一个职位。1899年，42岁的凡勃伦出版了他第一部也是最著名的作品《有闲阶级论：关于制度的经济研究》(*Theory of the Leisure Class: An Economic Study of Institutions*)。按照瑞士历史学家希尔伯施密特(Max

Silberschmidt，1899—1989）的看法，他可以被称为美国的“卡尔·马克思”。他和康芒斯（John R. Commons，1862—1945）创立了“制度经济学”。在他看来，现代人只是未十分开化的野蛮人，这表现在有闲阶级喜爱炫耀财富、穷奢极欲上。这与野蛮人为获得部族认同而展示体力和武艺一样。

贝克莱（George Berkeley，1685—1753），著名爱尔兰哲学家，与洛克（John Locke，1632—1704）和休谟（David Hume，1711—1776）一起被认为是英国近代经验主义哲学的三大代表人物，其代表作为《人类知识原理》（*A Treatise Concerning the Principles of Human Knowledge*）。出于认识论的需要，他否认物理世界的实在性。

当编辑要我写篇关于伯特兰·罗素的文章时，出于对这位作者的钦佩和尊重，我不假思索地答应了。阅读罗素的作品给我带来了无数的愉悦时光。除了凡勃伦之外，对任何其他当代作家，我都不能做这样的评价。但很快我就意识到，做出这样的承诺要比实现它容易得多。我曾承诺对身为哲学家和认识论者的罗素说两句。当我满怀信心开始这项工作之后，很快我便认识到，自己已经冒险进入了一个多么不可靠的领域；由于缺乏经验，迄今为止我一直将自己谨慎地限定在物理学领域。所以，对于高手来说，我能说的大部分内容听起来可能是很天真的。我这样安慰自己：一个在另一领域有过思考实践的人，仍比那些从来不思考，或者说极少思考的人更可取。

在几个世纪的哲学思想发展过程中，下面这个问题发挥了重要作用：纯粹思维在不依赖感官印象的情况下，能够提供什么知识？

有这样的知识存在吗？如果没有，那么我们的知识同感官印象所提供的素材之间存在着什么样的关系？与这些问题以及与它们密切联系的其他一些问题相对应的哲学观点几乎是无比混乱。然而，在这个相对而言没有什么成果却勇往直前的过程中，可以见到一个系统的发展趋势，即对任何用纯粹思考去认识"客观世界"，去认识那个同"概念与观念"世界相对的"事物"世界的任何企图，人们都越来越怀疑。顺便说一句，正如一个真正的哲学家所做的那样，我在这里对不正统的概念都加了引号。我请求读者暂时容忍这一点，尽管这些概念在"哲学警察"眼里是可疑的。

在哲学的童年时期，人们普遍相信，仅仅通过纯粹的反思就可知任何事物。任何人只要忽视后来从哲学和自然科学中学到的东西，便不难理解这是一种幻想；当他发现柏拉图把"理念"看成是一种高于经验事物的现实时，也不会感到惊讶。甚至在斯宾诺莎和后来的黑格尔那里，这种偏见似乎也扮演了一种充满活力的角色。甚至有人提出，若是没有这种幻想，哲学思维的领域里就可能创造不出什么伟大的成就。但是，我们不想问这样的问题。

与这种更具贵族气质的幻想——主张思维具有无限穿透力——相对的是一种平民化的幻想，即质朴的实在论。而根据后一种幻想，事物"就是"我们通过感官所感知的那个样子。这种幻想主宰着人和动物的日常生活；它成为所有科学，尤其是自然科学的出发点。

克服这两种幻想的努力，并不是彼此无关的。克服质朴的实在论要相对简单些。罗素在其著作《意义与真理的探究》一书的引言里，已经以一种非常简洁的方式表述了这个过程的特征：

我们全部从“质朴的实在论”出发，即事物都是它们看起来的那样这一信条。我们认为草是绿的，雪是冷的，石头是硬的。但是，物理学却使我们确信，草的绿、雪的冷、石头的硬，并不是我们自己经验中所知道的那种绿、那种冷、那种硬，而是一些非常不同的东西。当一位观察者认为他在观察一块石头时，如果我们相信物理学的话，他实际上是在观察那块石头对他施加的影响。这样一来，科学似乎与自己相冲突：当科学认为自己是非常客观的时候，却发现自己陷入了违背自己想法的主观性之中。质朴的实在论导致了物理学，而物理学反过来表明，如果与这种质朴的实在论保持一致，那它就是错的。逻辑错了，所以［结论］就都错了。

除了精湛的表达方式，上述这段话说出了一些我之前从未想到的事情。从表面上看，贝克莱和休谟的思维方式似乎与自然科学的思维方式是对立的。但是上面引用罗素的这段话揭示出一种联系：如果贝克莱根据的是这样的事实，即我们不能通过感官直接把握外部世界的“事物”，而仅仅是与“事物”的存在有因果联系的事件才能被我们的感官所接收，那么，正是因为我们对物理思维方式有信心，所以这种思考才具有说服力。如果人们甚至怀疑物理思维方式的基本特征，那么就没有必要在客体与视觉行为之间插入任何使客体和主体分离，并使“客体的存在”成为问题的东西。

然而，恰恰是这种物理的思维方式及其实际上的成功动摇了人们对于通过纯粹思辨性的思维就能理解事物及其关系的可能性的信心。渐渐地，人们认为，关于所有事物的知识，不过是对感觉所提供的素材的一种加工。这一信念以这种一般化的（并且刻意模糊的）形式表达出来，目前被广泛接受了。但是这种信念的依据，并不在于是否有人确实证明，通过纯粹思辨方法无法获得实在的知识，而是基于这样的事实：在上述意义上，仅仅经验过程自身就足以成为知识的来源。伽利略和休谟最先十分明确而又果断地支持这个原则。

休谟发现，那些我们视为最基本的概念，例如因果关系，是不能从感官所给予我们的材料中获得的。这种洞察力使他对任何一种知识都持怀疑态度。凡是阅读过休谟著作的人，都会惊讶地发现，在他之后，居然还有许多备受尊敬的哲学家，竟然写出那么多晦涩难懂的东西，甚至还能找到心存感激的读者。休谟给他之后的最杰出的哲学家的成长带来了持久的影响。人们在阅读罗素的哲学分析时，能感受到这种影响。罗素的敏锐与表达的简洁，常常让我想起休谟。

人们对确定的知识有强烈的渴望。这就是为何休谟所传达的明确主张会让人感到沮丧。他表示，作为我们的知识唯一来源的感官素材，通过习惯可能会把我们引向信仰与期望，而不是引向知识，更不是对合乎规律的关系的认识。然后，康德带着这样一种观念登上了舞台，尽管他的表达形式无疑是站不住脚的，却意味着向休谟的两难困境的解决迈进了一步。这个困境就是，凡是源于经验的知识永远无法确定（休谟）。所以，如果我们想拥有明确的知识，它必须是以理性本身为基础。例如，在几何命题与因果关系中，就被认为是如此。可以说，这些和其他某些知识是思想工具的一部分，没必要先从感觉资料中获得（也就是说，它们是**先验的**知识）。当然，现在大家都知道，这些概念并不具备康德所说的确定性与内在必然性。不过，康德对这个问题的陈述有一点是正确的：我们利用某种“理由”在思考这样的概念，而如果从逻辑的观点看，则无法找到一条从感觉经验到达这些概念的通道。

在我看来，人们甚至可以这样断言：产生于我们的思想中并且存在于我们的语言表达中的概念，从逻辑上看，都是思想的自由创造，它们不可能从感觉经验中归纳地获得。这一点并不容易被察觉到，只是因为我们习惯于将某些概念以及某些概念关系（陈述）与某些感觉经验如此确定地结合起来，以至于我们没有意识到，在感觉经验的世界与概念以及命题的世界之间存在着一条逻辑上无法逾越的鸿沟。

例如，整数系列显然是人类思维发明的产物，是一种自创的用来简化某种感觉经验的序列的工具，但没有办法可以使这种概念直接从感觉经验中产生。在这里，我故意选择数的概念，是因为它属于前科学的思维，并且其构造特征仍然容易辨认。但是，当我们越是更多地转向日常生活中最原始的概念，就越是在大量根深蒂固的习惯中，把这种概念视为思维的一项独立创造。因此，对理解这一情况来说，会产生一种致命的想法：概念是通过“抽象”，即通过省略部分内容，从经验中产生的。我现在将说明，为什么这个观点在我看来如此致命。

一旦人们熟悉了休谟的批判，就容易相信所有那些无法从感官材料中推论而来的概念和命题，都会因其“形而上学”的特征而从思维中被剔除。因为所有的思维只有通过它与感觉素材的联系，才能获得实质的内容。我认为后一个命题是完全正确的，但是基于这个命题对思维开出的处方却是错误的。因为这种主张——如果它能彻底地被实行的话——会将任何思维都当成“形而上学”而排除。

为了不使思维退化为“形而上学”或者空谈，只要概念体系中有足够的陈述与感觉经验有足够牢固的联系即可，而且，从有利于整理与考察感觉经验的任务出发，概念体系应尽可能表现出统一性与简约性。然而，除此之外，这种“体系”（逻辑上而言）不过是根据（逻辑上）任意给定的游戏规则，而与符号进行的一场自由游戏。这一切适用于日常生活中的思想，也以同样的方式适用于科学中更加有意识地、更加系统地构建出来的思想。

现在，当我做出下面的说明，人们就会清楚我的想法：休谟通过他所做的清晰的批判，不仅以决定性的方式推进了哲学，而且对哲学造成了一种危险。虽然这并非他的错误，但在他提出批判之后，一种致命的“对形而上学的恐惧”便产生了，并成为当代经验主义哲学思维的一个痼疾；这个痼疾是早期那种虚无缥缈的哲学思维的对应物，而后者认为，感官所给予的东西是可以被忽略和抛弃的。

无论我们多么钦佩罗素在他的《意义与真理的探究》一书中的敏锐分析，在我看来，对形而上学的恐惧这一幽灵仍然造成了一定伤害。例如，在我看来，由于这种恐惧，导致将“事物”设想为“一组性质”（Bündel der Qualitäten），而这样的“性质”就会从感觉的原材料中取得。于是，如果两个事物在全部性质上都是一致的，那我们就说它们是同一个事物，这迫使我们把事物之间的几何关系也看作它们的性质。(否则，罗素就会被迫把巴黎的埃菲尔铁塔与纽约由埃菲尔设计的建筑看作“同一个事物”了。)然而，如果将事物(物理意义上的物体)看成一个独立的概念，与相关的时空结构一起放进体系中，我看不出有什么“形而上学”的危险。

考虑到这些努力，我特别满意地注意到，在本书的最后一章，终于得出人们毕竟不能没有“形而上学”的观点。我唯一感到不满的是，其字里行间流露一种理智上的内疚。

罗素《政治理想》德文版序

1916年6月5日，罗素因撰写批评英国当局虐待拒服兵役者的传单而受审定罪。结果，他不但未能得到去美国哈佛大学讲学的护照，而且失去了自1899年起就在剑桥大学三一学院担任的教职。1918年2月9日，罗素由于为宣扬和平主义的《特别法庭》(*The Tribunal*)周报所写的一篇编者按再次受审，他被指控说过“可能损害英王陛下与美国的关系”的话，被判在布里克斯顿(Brixton)监狱服刑6个月。1920年5月，罗素加入一个英国工人代表团访问苏联。他自认为是一个“社会调查者”，着手“研究那些”布尔什维克的“经济和政治事实”。随后，他于1920年7月连续发表4篇文章讲述自己对苏联的印象。

文中提到的卡普政变(Kapp-Putsch)是一场企图推翻魏玛共和国的政变，导火线是魏玛政府签署了凡尔赛条约。按照该条约规定，德国军队人数最多为10万人，而在1919年初，德国国防军约有35万人，当中25万为各类自由军团。因此，政府需要遣散自由军团。1920年3月，政府下令解散“埃尔哈特旅”(Marinebrigade Ehrhardt)。其领导人拒绝从命，国防军司令吕特维兹(Walther von Lüttwitz，1859—1942)将军请求艾伯特(Friedrich Ebert，1871—1925)总统停止裁军，在遭到拒绝后，吕特维兹下令这支军队进驻柏林。因工人罢工，政变很快失败。政变的名义领袖是卡普（Wolfgang Kapp，1858—1922），一位来自东普鲁士的公务员和狂热的民族主义者。

爱因斯坦这篇为罗素的著作《政治理想》德译本（*Politische Ideale*，Deutsche Verlagsgesellschaft für Politik und Geschichte, Berlin, 1922）写的序言，载于该书第5页。

可以让德国大众读到这位英国伟大数学家的清晰论述是非常值得欢迎的。他不像有些摇摆不定的教授那样，对我们讲话时在“一方面和另一方面”间犹豫不决；他属于那类果断而直截了当的人，他们的存在与他们碰巧出生时所属的时代是无关的。坚定的毅力与温暖的人性预定了他的人生轨迹，他泰然自若地遵此前行，无惧坚持立场的后果。在被剥夺教授身份和因为宣传反军国主义而身陷囹圄时，他并没有摆出烈士的姿态，以此来获得大家的钦佩。

他希望彻底去除武力，建议持续训练民众以有组织的消极抵抗作为对抗外部武装侵略的手段。对于那些在德国经历了卡普政变的人来说，这个解决方案将不再是乌托邦式的。

罗素还涉及社会政治问题。出于对人类组织进步的强烈兴趣，他游历布尔什维克的苏联，以吸取它的经验教训。他的理想是在一种社会秩序中展现个体的自由创造力，使个体免于对生计的恐惧，而又不陷人过度增长的官僚主义之中。官僚主义是社会主义事业最可怕的敌人。

对于罗素观点的细节，人们也许同意也许不同意。但是能够了解我们这个时代思维敏锐、真正高尚的人士对一些问题的思考，无疑是美好的。这些问题是当前所有严肃认真的人士都关心的。

愿每个人都来理解这位伟大的英国人。

数学家的推理过程

本文译自法国数学家阿达马（Jacques S. Hadamard）所著的《数学领域的发明心理学》（*An Essay on the Psychology of Invention in the Mathematical Field*），普林斯顿大学出版社，1945 年版。爱因斯坦档案馆存有一份手稿，但却标明是为西班牙语版《观念与见解》（1979 年版）所用。爱因斯坦档案编号：[1–147.1]。

法国数学家阿达马对数学家做了一项调查，以确定他们工作时的思考过程。下面是其中的两个问题以及爱因斯坦的回答：

对于心理研究，了解数学家利用哪种内心或者头脑图像、哪种“内心词语”是很有用处的。根据研究对象的不同，它们可能是运动的、听觉的、视觉的，或者混合性质的。

尤其是在研究思考中，这些精神图像或者内在词语是以完全意识（full consciousness）还是边缘意识（fringe-consciousness）呈现的？

我亲爱的同事：

下面我试着尽我所能简要回答您的问题。我自己对这些回答并不满意，如果能够有助于您所从事的这一非常有意义但又非常艰难的工作，我愿意回答更多的问题。

1. 在我的思考机制中，书写和口头的词语或者语言，似乎并未起到任何作用。思考之轴中起作用的心理元素似乎包括符号和多少比较具体的图像，它们可以“自发地”重复生成并组合起来。

当然，这些元素和相关的逻辑概念之间存在一定的联系。同样清楚的是，这样相当模糊地利用上述元素，目的是要最终建立概念之间的逻辑联系。但是从心理学的角度来看，这种组合性的运作似乎是创造性思维的本质特征——在没有能够用来交流的任何语言或符号的逻辑建构之前，都是如此。

2. 在我看来，上述元素是视觉型的，一些还是肌肉型的。只是在第二阶段，当上述联系作用已经充分确立，并且可以随意再生的时候，才去努力寻找传统的文字或其他符号。

3. 按照上面所述，上述元素的利用，是为了与正在寻找的某些逻辑联系形成类比。

4. 视觉的和运动的。在涉及文字的阶段，就我而言，它们纯粹是听觉的，但如前所述，它们只是在第二阶段才会被涉及。

5. 在我看来，你所谓的完全意识是一个永远无法达成的极限案例。在我看来，这与所谓的意识的狭隘（*Enge des Bewusstseins*）有关。

备注：马克斯·韦特海默（Max Wertheimer）教授试图研究可再生元素之间的单纯联想和单纯组合与理解（organisches Begreifen）之间的区别，但我不能判断他的心理分析在多大程度上捕捉到了关键点。

采访者

1921 年 8 月 10 日，爱因斯坦在写给美国罗切斯特大学物理学教授西尔伯斯坦（Ludwik Silberstein，1872—1948）的信中，谈到了新闻媒体为了达到轰动效应，不惜采取手段歪曲对采访者的观点的现象。事实上，无论被采访者如何回答，媒体都能引起轰动。这应该是“标题党”的前身。

事情的起因是这样的：1921 年春天，爱因斯坦开始他为期两个月的赴美访问，其间接受了不少媒体的采访。他返回柏林后，于 6 月 29 日接受了荷兰语报纸《新鹿特丹报》（*Nieuwe Rotterdamsche Courant*）记者的采访。在 7 月 4 日发表的这次采访中，有爱因斯坦对美国生活发表的一些贬义的评论。1921 年 7 月 7 日，《柏林日报》（晨版）发表了该采访的德文版。两天后，英译文在美国多家报纸上转载，引起“芝加哥妇女的愤慨抗议”。这篇文章的内容还“引起了强烈的厌恶感”，芝加哥大学的许多科学家都对这篇文章的内容深感震惊，而像罗伯特·A. 密立根（Robert A. Millikan，1868—1953）这样的人深信，这篇文章是记者的虚构。当时正在芝加哥大学开设夏季课程的西尔伯斯坦，请求爱因斯坦做出努力，因为“你的美国朋友想纠正这个问题”。为此，爱因斯坦在《柏林日报》（晨版）中刊登说明，声称这次访谈有“严重的歪曲”（grobe Entstellungen）。为了平息风波，他安排了另一次采访。1921 年 7 月 10 日，第二次采访在《福斯报》（*Vossische Zeitung*）（晨版）上刊出；两天后，美国报纸也转载了，风波似乎因此平息了。西尔伯斯坦向爱因斯坦保证，会将这份文件的内容在科学界广泛分发。爱因斯坦同意这样做，但同时又指出，通过不断回到这一话题，这种“不愉快的事情”可能会被赋予太多的分量。

本文译自 1953 年德文版《我的世界观》。

如果被要求公开解释自己说过的所有话，即使是开玩笑、情绪高涨或者是一时愤怒时说的话，可能会令人觉得尴尬，但在某种程度上还是合情合理的。但如果是被要求以你的名义解释别人说过的话，你又无法辩驳时，这才是真正糟糕的窘境。你可能会问：这种事情会发生在谁身上呢？嗯，任何一个足以引起公众兴趣的人，在面对媒体采访时都会遇到这种情况。你笑着说不相信，但这样的事情我见得多了，就让我向你娓娓道来。

设想这样一个场景：有天早上来了一名记者，很友好地希望你告诉他一些关于你的朋友 N 的事情。起初，这样一个唐突的提议肯定令你感到愤怒。但是很快你就发现，你无法推托。如果你拒绝谈论，记者便会这样报道：“我向一位据称是 N 的好朋友询问关于 N 的事情，但他的这位朋友却小心回避问题。这件事本身应该能让读者自己得出结论了。”在无法推却的情况下，你做出了如下回答：“N 先生为人热情坦率，广受朋友喜爱。凡事他都能正面看待。他孜孜不倦，将全部精力都投入了工作中。他热爱他的家庭，并将赚到的每一分钱都交给了他的妻子……”对此，记者的版本则是：“N 先生对任何事都不是很较真儿，并具有讨人喜欢的天赋，尤其是他精心培养出的热情而又迷人的形象。他是自己职业的奴隶，无力动脑去想与自己不相干的事情，也没有时间在工作以外的事情上花心思。他宠爱他的妻子到了难以置信的地步，对她唯命是从……”

事实上，记者往往更会添油加醋，但是我想这恐怕对于你和你的朋友 N 来说已绰绰有余。第二天早上，当你的朋友 N 读到这些内容以及其他类似的报道时，无论他原本的天性是多么开朗和善良，他对你的愤怒都是无法遏制的。对他的这种伤害行为也给你带来了莫名的痛苦，尤其是因为你真的很喜欢他。

那么我的朋友，接下来该怎么做？如果你有答案的话，麻烦你马上告诉我，我会立即照办。

恭贺某评论家

本文的德文标题为 Glückwunsch an einen Kritiker，其中的 Kritiker（相当于英文的 critic）常被翻译为“批评家”。考虑到“批评家”一词在中文语境中的特有含义，这里采用比较中性的“评论家”。本文译自 1953 年德文版《我的世界观》，最后一句按英文版译出。

用自己的眼睛去感受、去判断，不受时尚左右，能用简洁扼要的句子甚至是巧妙修饰过的措辞来表达自己看到和感受到的东西——这不是很美妙吗？这难道不是值得人们庆贺的正当理由吗？

我对美国的第一印象

本文是爱因斯坦于1921年接受荷兰《新鹿特丹报》的一次采访。该谈话内容首次发表于1921年7月7日《柏林日报》。

这篇采访内容庞大、牵涉面广，有些看法可谓入木三分，至今仍有警示作用，但同时也引起了相当大的误会。参见《采访者》一文中的说明。

本文译自1953年德文版《我的世界观》。

我必须履行诺言，谈谈我对美国的印象。对我来说，这并不容易，因为当一个人像我这样在美国受到大众如此厚爱和盛情款待时，很难保持一种客观的观察者的态度。

首先说几句这方面的事情：

在我眼里，个人崇拜从来都是没有道理的。的确，大自然并没有平等地将赐物分发给它的孩子们。但是感谢上帝，虽然得到优厚天赋的人有很多，但我确信，他们中的大多数人都过着安静低调的生活。若从中选出少数几个人加以无尽的赞美，在精神和品格上赋予他们超凡的力量，我觉得这是不公平的，甚至是毫无品位的。而这正是我所经历的命运，公众赋予我的能力和成就，与我真实情况之间的落差之大，简直到了荒诞的程度。一想到这一奇怪的状况，就让人难以忍受，但有一点却令人略感欣慰：在这个通常被指责为物质主义的时代，人们将把人生的目标完全用于追求精神和道德领域的人奉为英雄，是让人感到欣慰的征兆。这表明，在大部分人心中，知识与正义是高于财富与权力的。根据我的经验，这种理想主义似乎在美国占主导地位，而美国又被诋毁为物质主义当道的国家。说了这番题外话后，言归正传，我希望大家对我这些微不足道的话不要过于重视。

首先，让访问者感到震惊的，是美国在技术和组织方面的优越性。美国的日常用品比欧洲的更加坚固，房屋设计也无比实用，一切都以节省人力为出发点。这个国家自然资源丰富、地广人稀，因而劳动力昂贵。劳动力的高昂刺激了技术辅助设备和工作方法奇妙的发展。人口稠密的中国或印度，情况正好相反，在那里，廉价劳动力阻碍了机器辅助设备的发展。欧洲处于两者中间。机器一旦高度发达，最终要比廉价劳动力还要便宜。欧洲的法西斯主义者可能会考虑这一点。出于狭隘的政治原因，他们主张在自己的国家增加人口密度。然而这种印象与美国通过禁止性关税阻止商品进入的焦虑心态形成了鲜明对比……但是不能指望一位和善的访客绞尽脑汁，再说，也不能完全确定每个问题都有一个合理的答案。

其次，让访问者感到喜欢的第二个印象是快乐、积极的生活态度。照片中人们脸上的笑容是美国人最重要的象征之一。他们友善、自信、乐观，并且没有嫉妒心。欧洲人发现同美国人交往起来轻松愉快。

同美国人相反，欧洲人更挑剔，更具自我意识，不那么热心和乐于助人，在消遣娱乐和阅读方面品位更高。一般来说，欧洲人或多或少有点儿悲观主义者的倾向。

物质生活的便利和舒适在美国扮演着重要的角色，为此将不惜牺牲安宁、闲适和安全。跟欧洲人相比，美国人更多的是为自己的目标，为未来而生活。生活对于美国人而言总是变化着的，从不是一成不变的。就这一点而言，美国人比起欧洲人，与苏联人相对亚洲人之间的差距相去更远。

但是在另一点上，美国人比欧洲人更接近亚洲人，即美国人的个人主义比欧洲人少。这是从心理层面来看，而不是从经济角度来看的。

“我们”，而不是“我”被得到更多的强调。这与如下事实有关：风俗和习惯的力量非常强大，个人的生活态度、道德观和审美观都比欧洲人更加统一。正因为如此，美国在经济上要优于欧洲。在美国，无论是在工厂、大学还是私人慈善机构，顺利的劳动合作和分工都比在欧洲容易。这种社会意识，部分可能归功于英国的传统。

与这点显然矛盾的是，相比欧洲的情形，在美国，政府的活动范围相对较小。让欧洲人惊讶不已的是，电报、电话、铁路和学校主要掌握在私人公司手中。这也许可以通过上面提到的个人负有更多的社会责任来实现。这也意味着，尽管财产分配极不均衡，但并没有导致难以承受的艰辛。拥有财富的美国人比拥有财富的欧洲人的社会责任感更强。他们理所当然地认为，他们必须把自己的大部分财产，常常还有自己的精力用来服务社会；（强大的）舆论也督促他们这样做。因此，最重要的文化功能可以留给积极主动的私人企业，相对而言，政府在这个国家中扮演的角色就非常有限了。

《禁酒令》无疑使国家权力的声望大为降低，因为再没有什么比出台不可执行的法律更加损害政府和法律的尊严了。在这个国家，犯罪率危险攀升与这件事密切相关，这已经是一个公开的秘密。

在我看来，《禁酒令》还在另一方面破坏了政府的权威。酒馆是一个让人们有机会对公共事务交换想法和观点的地方。我认为，这个国家恰恰缺少这样的机会，结果使得多数受利益团体操纵的新闻媒体对舆论施加了过度的影响。

在这个国家里，对金钱的重视仍比欧洲严重得多。但在我看来，这种现象已有所改善。可以肯定的是，人们逐渐意识到，一条通向幸福和令人满意的生活之路并不需要占有多少财富。

至于艺术方面，我对现代建筑和日常用品所展现出的高雅品位深表钦佩。但是我发现，与欧洲相比，视觉艺术和音乐在民众心中并没有起多大作用。

我由衷钦佩美国科学研究机构取得的成就。若将美国的研究工作逐渐增长的优势完全归功于财富上的优越，则是不公正的；献身、耐心、同志精神以及团队合作能力，在其成功中都起到了重要的作用。最后，再说一点观感。美国是当今世界上技术先进国家中实力最强大的。它对国际关系形势的影响完全无法估量。但是作为一个大国，美国的民众至今没有对以裁军问题为首的国际重大问题表现出太多兴趣。即便只是为了美国自身的利益，这种局面也必须改变。上次战争[37]已经表明，各大洲之间不再有任何屏障，所有国家的命运都密切地交织在一起。这个国家的人民必须意识到他们在国际政治领域中肩负着重大的责任。袖手旁观的观察者角色同这个国家的地位是不相称的，而且最终必将导致全世界的灾难。

闲谈我对日本的印象

1922年11月17日至12月29日，应《改造》杂志社邀请，爱因斯坦访问了日本。在此期间，爱因斯坦经常被要求发表访日观感。这篇手稿在1922年12月7日或之后完成，1923年1月发表于《改造》杂志（338～343页）。

在这次旅行中，相较于爱因斯坦对中国的诸多负面评价，他对日本和日本人的正面评价较多。这可能与他访问日本时间相对较长，而与中国学者接触不多有关。后来爱因斯坦对生活在水深火热之中的中国人民充满同情，对日本违反国际原则，悍然发动侵华战争，表示了极大愤慨。

在最近的几年里，我到过世界上许多地方旅行，事实上这对于一个学者来说有些过多。像我这样的学者应该安静地坐在书房里进行研究。现在我总能为以前的旅行找到一个托词，借以抚平我那不怎么敏感的良知。但当收到山本[38]让我前往日本的邀请时，我立即决定进行这次预计历时数月的伟大旅行，尽管理由只有一个，那就是如果有机会去亲眼看看日本，却忽视错过的话，我将永远不能原谅自己。

我这辈子在柏林所受到的羡慕，再没有比当人们知道我被邀请去日本的那一刻更多了。因为在我国，没有哪里像日本这个国度一样，蒙着神秘的面纱。人们看到许多日本人在我们那里孤独地生活，勤奋地学习，友好地微笑。没人能探究藏在这保护性微笑背后的情感。而且人们也知道，在这背后有着一个与我们不同的灵魂，表现在日本风格中，正如我们在无数日本小产品中，以及不时风行的受日本影响的文学中所看到的那样。我对日本的所有了解，都无法组成一个清晰的画面。乘坐“北野丸号”穿越日本海峡，看着无数秀美的绿色小岛在朝阳中熠熠生辉时，我的好奇心达到了顶点。但最闪亮的，却是所有日本乘客以及全体船员的面孔。许多柔弱的少妇，一般在早餐时间前从不露面，却在早上6点时，不顾刺骨的晨风，喧闹着，快乐地在甲板上走来走去，就为了尽早看到家乡的土地。看着他们所有人陷入如此深情，我深受感动。日本人比任何其他国家的人更爱自己的国家和自己的人民；尽管他们具有学习外国语言的才能，对外国的一切也非常好奇，但当身处异国他乡之时，还是觉得自己比其他所有人更格格不入。原因何在?

我已到日本两周，但是对我来说，许多事物还像在第一天那样神秘。不过我也确实理解了一些东西，主要是日本人在面对欧洲人和美国人时的害羞。在我们那儿，整个教育的目的就是为此而建立的，即作为个体的我们能够在尽可能有利的条件下成功地进行生存斗争。特别是在城市里，最极端的利己主义、最无情的竞争耗尽我们的精力，我们为获得尽可能多的奢侈品和享乐而疯狂地工作。家庭纽带是松散的，艺术和道德传统在日常生活中的影响比较薄弱。个体的孤立被视为生存斗争的必然结果，它剥夺了那种只有融入一个团体才会享有的无忧无虑的幸福。占优势的理性教育——在我们的环境中，它对实际生活必不可少——使得个人的这种态度更加严重，因此个体的孤立在我们的意识中变得更加强烈。

在日本则完全不同。个体被赋予的独立空间远不如欧洲或美国。虽然家庭纽带受到的法律保护十分薄弱，但它还是比我们的要紧密得多。但公众意见的力量在这里比我们要强得多，确保家庭结构不会崩析。通过强制手段，法律法规和乡规民约确保日本人受到教育，保持善良的天性。

个体在吃住上的简朴有助于增强大家庭在经济关系上的凝聚力，也就是互相帮助。欧洲人通常能在其住所招待一个人而不会明显扰乱家庭秩序。所以，一个欧洲男人大多只能照顾状态良好的妻子和孩子。就算是有地位的妻子，也必须经常参与营生，把孩子的教育丢给用人。成年兄弟姐妹间的互相关心已经是一件稀罕事，更别说远亲了。

但还有第二个原因，使得在这个国家，比起我们国家更容易实现个体之间紧密的保护关系。日本特有的传统是，情感不外露，在所有环境中保持冷静和放松。这使得许多即便在精神上不和谐的人，也能同住在一个屋檐下，不会出现令人难堪的冲突和争端。我觉得这是令欧洲人如此难以理解的日本人笑容的深层意义。

这种压制个人情感表达的教育是否会带来一种内在本质的贫乏、一种对个体自身的压制？我觉得没有。这种人民特有的细腻情感和一种看起来比欧洲人更强烈的同情肯定促进了这种传统的发展。一个粗俗的词对欧洲人的伤害不比对日本人的少。前者立刻进行反击，以牙还牙；日本人则会受伤退缩，一哭了之。人们经常把日本人对脏话的无力解释成虚假和伪善。

对于一个像我这样的外国人来说，要深入观察日本人的心灵并不容易。我到处受到人们热烈的关注，我听到的更多是谨慎权衡之语，而不是那些意味深长的、不经意地从灵魂深处滑出的话。但一种艺术印象，填补了缺少与人们直接打交道经历的不足；没有一个国家像日本这样，以如此丰富而多样的形式来欣赏艺术。因此我所理解的“艺术”，是这里的人们凭借美学意图或附带目的，创造出来的所有永久的东西。

在这方面，我几乎从未停止过惊叹和钦佩。大自然和人统一起来、产生了一种不同于任何其他地方的独特风格。所有真正起源于这个国家的东西，是精致而又轻松愉快的，不是抽象的形而上学，而是始终紧密联系着大自然既有的东西。有着绿色小岛或小丘的风景是精致的，树木是精致的，那些被小心分割成小町的精耕农田是精致的，尤其是上面的小房子；最后，人们自己和他们的讲话、行动、衣着和所使用的工具，都是精致的。我特别喜欢有分格的平滑墙壁的日本房子，喜欢它铺着许多软垫子的小房间。在那儿的每个小细节都有它的意义和重要性。此外，精巧的人们带着别致的微笑，鞠躬，落座——这一切事物，人们都只能赞赏却不能模仿。你啊，一个外国人，想学也没用！日本的美味佳肴你也无福消受，看看就行了。和我们的人民相比，日本人在相互交往上更轻松而且无忧无虑——不是生活在未来，而是生活在当下。这种兴致总是表达得精致，从不喧闹。我们能直接理解日本人的智慧。他们对滑稽和幽默也颇具鉴赏力。令我惊讶的是，当涉及这些显然是深层的心理时，日本人和欧洲人没有太大区别。日本人的幽默并没有挖苦的意味，这表现出了他们的善良。

我最感兴趣的是日本音乐，它的发展部分或者全部独立于我们的音乐。人们只有在听到完全陌生的艺术时，才能接近理想地区分传统和被人性影响的本质。日本音乐与我们的音乐确实有根本的区别。和弦与分段式结构在欧洲音乐中是普遍的，似乎是不可缺少的，但日本音乐却缺乏这些。另一方面，两者都有13音级，用它来划分8度音阶。我觉得日本音乐是一种不可思议的直接印象的感情画。对于艺术效果来说，就连精确的音调也不是绝对必需的。它更让我感觉是通过声乐以及自然声响表现的一种对情感的表达方式，在人的头脑里产生了一种像鸟鸣或大海拍浪的感觉印象。通过打击乐器的重要作用，这种印象被进一步加强。这类打击乐器并没有自己特定的音高，更适合用来表现节奏。对我来说，日本音乐的主要魅力在于它极其精致的韵律。我完全知道自己并未体会这种音乐的精妙之处。从艺术家的个人表达中听出纯正的传统，总是需要长期的经验，除此之外，我也不理解大多数日本音乐作品中相当重要的念白和唱词。在我看来，日本精神的艺术之道的特征，在于柔和的笛子的独特使用，而不是声音很刺耳的金属管乐器。这里又一次体现了日本人对优雅和精巧的独特偏好，而这在日本绘画和日常生活用品的设计中表现得尤为突出。最感染我的是作为一个舞台剧或哑剧（舞蹈），特别是能剧的伴奏音乐。我认为，日本音乐要想发展成为一种主流的高等艺术形式的障碍，是它缺乏正式的分段和结构布局。

对我来说，日本艺术中最宏伟的领域，在于绘画和木雕。它在这里真正地表明，日本人注重视觉形式上的享受，不知疲倦地赋予事物以艺术形式，将其转化为特殊风格的线条。日本人不理解我们在现实主义中试图重现自然，正像他们不理解宗教对肉欲的摈弃一样，尽管受到了与他们的精神格格不入的亚洲大陆佛教的影响。对一个日本人来说，一切都以形式和颜色呈现出来，无论接近自然，还是远离自然，永远都以明晰和简洁为最高原则，形成一种影响深远的风格，总是将画视为一个整体。

我在这几周获得的深刻印象，能提到的就这么多，无关政治和社会问题。关于日本妇女的优雅，这些像花儿一样的生命，我不想置评，因为只有诗句才能描绘她们，普通人岂敢放言。我还有一件事想说。日本人羡慕西方的智力成就，怀着伟大的理想主义，成功地深入科学之中，这并没有错。不过但愿他们不要忘了完美地保持自己所拥有的、优于西方人的伟大特征：对生活的艺术塑造，在个人需求中的谦卑和质朴，以及日本精神的纯净和安宁。

《爱因斯坦科学论文集》日文版序言

本文写于1922年12月27日，发表于1923年5月1日。

在我访问日本期间，改造出版社那位不知疲倦的社长[39]完成了出版我迄今为止的科学论文全集的工作，现在日本的同事和学生可以方便地阅读这些论文。为了这一成果，我谨向山本先生致以深深的谢意，同样要感谢的还有亲爱的和友好的同事石原[40]，他以巨大的努力承担了翻译工作，他的名字是忠实原文翻译的保证。

我们的科学进步如此之快，以至于大多数原始论文很快失去了它们当前的意义而显得过时。但另一方面，通过阅读原始论文来了解理论的形成过程，总是其有一种特殊的吸引力；而这样的研究，往往比起同时代许多人最终圆满完成的系统表述，对于实质能提供更深刻的理解。在这个意义上，我希望这一丛书能丰富专业文献。特别是，我想冒昧地向年轻的合作者们推荐1905年和1917年关于狭义和广义相对论、布朗运动和量子理论的论文，这些论文包含了一些思考，我认为甚至在今天也没有得到充分重视。

这是我全部科学论文的第一个版本。在我看来，它将以日文出版这一事实，证明了科学生活和兴趣在日本的兴盛；我在过去几周中，不但已经开始把日本视作一个令人尊敬的科学国度，而且——更重要的是——从人类立场爱上了它。

对恩格斯的《自然辩证法》手稿的意见

在革命导师弗里德里希·恩格斯（Friedrich Engels，1820—1895）逝世后，德国社会民主党执行委员会找到柏林大学物理学讲师列奥·阿伦斯[41]，请他对恩格斯有关科学和自然哲学的手稿（以及马克思的数学手稿）进行判断，看是否值得出版。1897年，阿伦斯给出了一个彻底否定的意见。按照阿伦斯的看法，马克思和恩格斯的这些著作都过时了。

成立于1921年的苏联莫斯科马克思恩格斯研究院第一任院长梁赞诺夫[42]1923年从伯恩斯坦[43]手中得到了恩格斯的手稿。为郑重起见，伯恩斯坦征求了爱因斯坦的意见。很多人猜想，爱因斯坦很有可能只看到四束手稿中的那束恩格斯标为《自然辩证法》(*Dialektik der Natur*)的手稿。美国历史学家悉尼·胡克[44]于1940年6月15日给爱因斯坦写信，询问伯恩斯坦是否让爱因斯坦看过恩格斯有关科学和自然哲学的所有手稿。两天后，爱因斯坦就在回信中给予了肯定的回答："爱德华·伯恩斯坦让我看过全部手稿（Eduard Bernstein hat mir das ganze Manuskript zur Verfügung gestellt）。"爱因斯坦档案编号：[93-170]。

这篇意见写于1924年6月30日，有两个复本存世，但没有找到原件。

爱德华·伯恩斯坦先生把恩格斯的一部有关自然科学内容的手稿交给我，请我就这部手稿是否应该付印发表意见。我的观点如下：如果这部手稿的作者是一位并不引人注目的历史人物的话，那么我不建议将它出版，因为不论从当代物理学还是从物理学史来看，这部手稿的内容都不会引起特别的兴趣。与此相反，我可以这样设想：如果把这部著作看成阐明恩格斯精神人格形成的一个有趣的文献，那是可以出版的。

妇女与战争

由于爱因斯坦主张和平主义，反对战争，在一些保守政客和团体的眼中，他是一个“老奸巨猾的共产主义者”。在希特勒上台前夕，他主动放弃德国国籍。保守的美国妇女爱国协会（American Women's Patriotic Association）请求美国政府不要给爱因斯坦发放签证，但这种努力没有成功。下面这些颇具讽刺意味的回答是针对美国妇女爱国协会的。

文中“手无寸铁的平民”是指爱因斯坦自己。据1953年德文版《我的世界观》的注释，“1920—1933年，德国及其他民族的‘女武神们’（Walküren，主张战争的女性）经常或半隐匿或全公开地对爱因斯坦进行攻击”。

目前尚未找到爱因斯坦在欧洲遭到“女武神们”攻击的过硬证据。

在我看来，下次打仗的时候，不要把男人送上前线，倒不如派这些爱国女士上战场。如果真能这样做的话，将会是这个无休止的混乱局面出现的新现象。除此之外，为什么不让女人这一美丽的性别的英雄情怀找到更加壮丽的出口，而非要攻击一个手无寸铁的平民呢？

对美国妇女的答复

如前文所述，因爱因斯坦的进步倾向，美国妇女爱国协会认为有必要抗议爱因斯坦赴美访问。下面是爱因斯坦略带讽刺意味的答复。此篇可与前面《妇女与战争》一文结合起来读。

我从来没有遇到女性如此强烈的拒绝。如果命中注定应该有一次的话，也没想到一下子会有这么多人。

但是，这些保持警觉的女性公民说得难道不对吗？就像克里特岛的怪物弥诺陶洛斯[45]有吞食希腊少女的食欲和乐趣一样，有的人对吞噬铁石心肠的资本家有着类似的兴趣，而且除了与自己妻子发生的不可避免的战争外，他居然反对任何形式的战争。对于这样的人，能让他来吗？所以，还是认真倾听你们这些充满智慧而又爱国的女士的话，并且切记，强大的古罗马城堡之所以能幸免于难，是因为有一群忠实的鹅叫个不停的缘故！

第二部 | 追求和平

和平

本文出处不明，但应该写于1930年前后，首次发表于1934年德文版《我的世界观》。自文章发表以来，人们普遍认为，这种盛行于20世纪30年代的观点，对和平事业的解释过于狭隘。尽管如此，其结论现在看来仍然适用。

确保国际和平这一目标的重要性，向来受到世世代代真正伟人的肯定。然而现在由于技术进步，已将这个伦理假定变成了今天文明人类生死攸关的问题，积极参与解决和平问题就成为任何一个有良知的人都不可回避的道德责任。

我们必须明白，任何一个势力强大的军火工业集团，都会反对用和平的手段解决国际争端，各国政府只有在得到大多数民众强有力的支持下，才能实现和平解决争端的伟大目标。在我们这个民主政府统治的时代，国家的命运掌握在民众自己手中；每个人都必须记住这一点。

消除战争威胁

1939 年，一群从中欧，尤其是从匈牙利流亡到美国的物理学家，包括利奥·西拉德（Leo Szilard，1898—1964）、爱德华·泰勒（Edward Teller，1908—2003）和尤金·维格纳（Eugene Wigner，1902—1995）在内，试图警告美国政府，纳粹德国正在进行原子弹研究，并且有可能会赢得研制原子弹竞赛的胜利。“铀元素会变成一种重要的新能源……也可以用来制造炸弹……只要一个这种类型的炸弹，用船运出去，并且使之在港口爆炸，很可能就会把整个港口连同它周围的一部分地区一起毁掉。”他们想借助爱因斯坦的巨大影响，给美国总统罗斯福写封信，建议美国政府注重并直接介入核武器研究。1939 年 8 月 2 日，爱因斯坦在西拉德起草的信上签字。由于爱因斯坦的这封信，美国加入了研制原子弹的竞赛，并依托其巨大的科技实力，开展了人类历史上最伟大的“曼哈顿计划”，成为在“二战”中唯一成功研制出原子弹的国家。

对爱因斯坦而言，“战争是一种疾病”，他呼吁抵抗战争。他写给罗斯福的那封信违反了他自己所支持的和平主义。在去世前一年，爱因斯坦说：“我一生中犯了一个巨大的错误，那就是签署了那封要求罗斯福总统研制核武器的信。但是犯这个错误是有原因的——德国人研制核武器的危险是存在的。”

除了圣雄甘地，爱因斯坦还崇敬“原始森林医生”史怀哲（Albert Schweitzer，1875—1965），认为他是“当代最纯粹的道德哲学家”。他在1953年4月给出版商的信中写道：“我与史怀哲见了两次面，交谈了很长时间。在我看来，他是西方世界唯一能与甘地媲美，对我们这一代产生了超越国家道德影响的人。正如甘地一样，这种影响主要是通过他毕生的实际事业产生的榜样所带来的。”

1952年，在广岛和长崎事件发生七年后，日本人民终于看到了原子弹所造成的巨大破坏的照片。面对这些勾起战争回忆的图像，他们对爱因斯坦在原子弹研制过程中所扮演的角色，以及原子弹在将来的应用前景感到困惑。为此，《改造》杂志的编辑胜原（Katusu Hara）1952年9月15日给爱因斯坦写了一封信，他在信中提出了四个问题：1. 当看到展示原子弹巨大破坏力的照片时，您的反应是什么？ 2. 对于一个毁灭人类的工具，您如何看待原子弹？ 3. 大家都预测，下一场世界大战将是一场核战争。这是否意味着人类的毁灭？ 4. 您很清楚原子弹具有巨大的毁灭力，为什么还要参与原子弹的研制？

爱因斯坦在五天后（1952年9月20日）做出了回复。本文同年秋天在日本东京的《改造》杂志上发表。

在原子弹研制过程中，我只参与了一件事：签署了一封写给罗斯福总统的信，强调有必要开展大规模实验，来调查生产原子弹的可行性。

我很清楚，如果实验成功，将会对人类造成可怕的威胁。但德国人正在致力于研究相同的问题，而且有可能取得成功，这迫使我采取这一步骤。我别无选择，尽管我一直都是个坚定的和平主义者。在我看来，战争中杀人丝毫不比普通谋杀好多少。

但是，只要各国不打算通过共同行动来结束战争，并以现有法律为根据通过和平协商来解决他们的争端和保护他们的利益，他们就不得不为战争做准备。他们觉得必须采取一切可能的手段，即使是最卑鄙的手段，这样才不会在总体军备竞赛中落后。这条道路必然导向战争，在当前情况下，意味着全人类的毁灭。

在这种情况下，反对制造某些特定的武器，也于事无补；唯一的解决方法是彻底废除战争，消除战争的威胁。这才是我们应该努力为之奋斗的目标。一切与这个目标相违背的行动，我们都必须予以坚决抵制。对于任何一个意识到自己有赖于社会的人来说，这都是一个艰巨的挑战，但并不是一个不可实现的挑战。

甘地，我们这个时代最伟大的政治天才，已经为我们指出了一条道路。他向我们展示，人们一旦发现正确的道路，能够为之付出多大牺牲。他为印度的解放所做的工作就是一个生动的例证，证明了凭借坚定的信念，人的意志要比那些看似不可战胜的物质力量更强大。

和平主义问题

本文出处不明，首次发表于1934年德文版《我的世界观》。

女士们、先生们：

我很高兴你们能让我有机会就和平主义问题跟你们讲几句话。一方面，最近这几年的事情发展再次表明，我们把反对军备竞赛以及与军国主义做斗争之事留给政府是多么错误。另一方面，即使组建了拥有众多成员的大型组织，也无法更加接近我们的目的。依我看，在这种情况下，要达到这个目标的最好办法是采取强行拒服兵役的激进方式，各个国家的各种组织应该在精神和物质上对那些有勇气拒服兵役者给予支持。这样我们才能将和平主义问题尖锐化，把它变成一场真正的战斗，吸引那些意志坚强的人。这无疑是一种不合法的斗争，但是当政府强迫公民参与战争这种犯罪行为时，这就成了民众为真正的权利所进行的斗争了。

有许多自认为是真正的和平主义者，基于爱国主义的理由不愿意参与这种激进的和平主义。在危急时刻，这些人是无法指望的，“世界大战”已充分证明了这一点。

衷心感谢你们为我提供这次机会，让我来表达一些个人观点。

在学生裁军会议上的讲话

本文首次发表于1934年德文版《我的世界观》。按照《观念与见解》一书的看法，这是爱因斯坦1930年对一群德国信仰和平主义的学生发表的演讲。但按照利夫所编的《反对战争》一书中的说法，这应该是1932年2月27日爱因斯坦在美国加州帕萨迪纳市政礼堂（Civic Auditorium）召开的南加州11所大学代表大会上就国际关系所做的演讲，主题为《经济抵制》（*Economic Boycott*）。

文中提到的“神圣的利己主义”（Sacro Egoismo）一词，是意大利政治家安东尼奥·萨兰德拉（Antonio Salandra，1853—1931）1914年在意大利外交部官员的演讲中首次使用的。他呼吁“对祖国无限奉献，对意大利神圣自私”（della esclusiva ed illimitata devociation alla patria nostra , del sacro egoismo per l'Italia）。从此之后，“神圣的利己主义”就被用来形容意大利在第一次世界大战期间和之后，仅考虑自己国家利益的外交政策。

之前的几代人为我们提供了高度发达的科学和技术，这是一份最有价值的礼物，它使我们有可能创造出自由和美好的生活，达到前几代人从未享有的高度。但这份礼物也给我们的生存带来了前所未有的危险。

文明人类的命运比以往任何时候都更依赖于它所能产生的道德力量。因此，赋予我们这个时代的任务丝毫不比我们的前辈所完成的任务更轻松。

食物和生活必需品的供应，需要的时间比从前少得多。但劳动和产品的分配问题却变得更加困难。我们都知道，经济力量的自由运转、个人不受约束地追求财富和权力，自然无法让上述问题得到一个让人可以接受的解决方案。为了避免宝贵的生产能量被浪费，以及大量人口陷入贫困而绝望，生产、劳动和分配都必须根据明确的计划组织起来。

如果说不受限制的“神圣的利己主义”导致了可怕的经济后果，那它就是使国际关系更加恶化的罪魁祸首。如果人们不能很快找到防止战争的方法，军事技术的发展将使人类的生活变得苦不堪言。与防止战争这一目标同样重要的，是如何实现它，迄今为止人们在这方面的努力还不够。

人们试图通过限制军备、制定针对战争行为的限制性规则来减轻危险。然而战争不是合作伙伴遵守规则的一场集体游戏。事关生死存亡之际，规则和义务都会变得无能为力。只有无条件放弃一切形式的战争才会有所帮助。设立国际仲裁法庭是不够的。条约还必须保证，该法庭的裁决将会由各国协力生效。若是没有这种保证，各国永远不会有勇气去解除武装。

想象一下，假如美国、英国、德国和法国政府坚决要求日本政府立即停止对中国的战争，否则将遭受全面经济制裁。你相信会有任何一届日本政府敢于让自己的国家走上这条充满危险的冒险之路吗？为什么没有发生这种情况呢？为什么每个人和每个国家都在为自身的生存担忧？因为他们都在谋求自己那可怜的眼前利益，而不肯将整个人类社会的福祉和繁荣昌盛放在首位。

这就是为什么我一开始就告诉你们，今天人类的命运比以往任何时候都更加依赖于它的道德力量。任何通往欢乐幸福之路，都必须摒弃私利和自我克制。

这种发展的力量从何而来？只能来自这样一些人，他们早年有机会通过学习来强化他们的心志、拓宽他们的视野。因此，我们这些老一辈的人指望你们能尽最大的努力来实现我们未能实现的目标。

论义务兵役制

本文首次出现于1934年德文版《我的世界观》。这是爱因斯坦对"反战国际"赫伯特·R.布朗（Herbert Runham Brown，1879—1949）1932年12月10日来信的回复。爱因斯坦档案编号：[28-222]。

与其允许德国推行义务兵役制，不如从一开始就让所有国家取消义务兵役制。除雇佣军外，任何军队都不允许存在，雇佣军的规模和装备应该在日内瓦讨论决定。对法国而言，相较于被迫允许德国实行义务兵役制，这样做会更好，可以避免军事教育给民众带来的严重心理影响，以及对公民权利的侵犯。

此外，对于同意将彼此相关的所有争端交由强制仲裁法庭解决的两个国家而言，将二者的雇佣军队合并成一个具有混合人员的统一组织也会更容易一些。对这两个国家而言，这将意味着财政问题的缓解与安全感的增加。这样一个合并的过程可能会向更大的联合体发展，最终变成一种"国际警察"。随着国际安全性日益增强，这种力量将逐渐衰落。

"您能与我们的朋友讨论一下这个提议吗？"当然，我完全不坚持非要这项特别的提议。但我认为，非常关键的是我们应该主动提出积极的计划；仅仅是消极应付的政策不太可能带来任何实际的成功。

和平主义之再检讨

本文是爱因斯坦为了回应活跃的和平主义者布伦特·陶·阿林森（Brent Dow Allinson）在《政体》（*Polity*）杂志1934年11月号的文章《爱因斯坦，请为欧洲的和平发声》（*Speak, Einstein, for the Peace of Europe*）而写的，发表在该杂志1935年1月号上。

文中提到的戴维·戴维斯勋爵（Lord David Davies，1880—1944），是威尔士自由派政治家和慈善家，"新联邦协会"（New Commonwealth Society）的创始人，该协会提倡创建国际警察机构来负责执行安全协议。爱因斯坦于1933年春在格拉斯哥同戴维斯会面，随后两人很快便联手合作。

本文参照1975年德文版《爱因斯坦论和平》（270～272页）译出。

阿林森先生用一种友善的态度将我放在了被告席。对此我很高兴，因为它能让我借此良机公开地讲一些应该讲的事情。

阿林森先生的指控简单概括起来是这样的："几年前你公开号召人们拒绝服兵役。现如今——尽管国际局势变得出人意料的糟糕和严峻——你自己倒沉默起来，也许甚至收回了曾经说过的话。这是因为你的认知还是勇气，或是两者都遭到了各种事件的冲击？如果不是的话，那么请毫不犹豫地向我们证明你依然属于勇士的行列。”

下面是我的回答：我坚持的原则是，和平主义问题的真正出路唯有建立超国家的仲裁法庭；该机构不同于当前日内瓦国际联盟的是，它本身将掌握能够执行其决议的手段。简而言之，是有常设军事机构的国际法庭，最好是常设警察机关。对于我的这一信念的精彩表述见戴维斯勋爵的《力量》一书[1]，我强烈建议每一位深切关注人类这一根本性难题的人都看一看这本书。

从这一基本信念出发，我支持所有在我看来能使人类更加接近上述目标的举措。直到几年前，勇敢而有自我牺牲精神的人拒绝参军的做法就曾是这样一种举措；但是这种做法——尤其是在欧洲——已不再是一种值得推荐的手段了。当大国基本都有同样民主的政府，并且都不以军事侵略作为未来计划的基础，这时相当数量的公民拒绝服兵役的行为，确实有可能促使这些大国政府支持国际法律的仲裁。此外，这种抗拒有利于将公众舆论导向真正的和平主义。民众开始认为，国家向公民施压，要求他们履行军事义务的做法，不仅从伦理层面是不道德的，还是一种压迫行为。在这种情况下，这种抗拒确实对最高利益起到了推动作用。

然而，我们今天不得不面对的事实是，强势的政府禁止其公民自由发表政治言论，并且还通过有计划地散布虚假消息来误导本国国民。同时，这些国家还建立了覆盖全体人口的军事组织，对世界上的其他地区都构成了威胁。这些虚假消息通过言论受管制的媒体、集中控制的广播系统，以及由侵略性的外交政策主导的学校教育进行传播。在符合上述情形的国家，拒绝服兵役意味着这部分有胆量反对的人会面临牺牲与死亡。在那些国民还存有部分公民政治权利的国家，拒绝服兵役意味着文明世界理性尚存的部分所具有的抵抗力也遭到削弱。

正因如此，任何明智的人今天都不会赞成拒绝服兵役的做法，至少在当前危机四伏的欧洲是这样。

在目前的情况下，我不认为消极抵抗是一种行之有效的策略，即便是采用最英勇的方式。虽然最终的目标仍然一致，但不同的时机，需要采取不同的手段。

因此，坚定的和平主义者在当下必须寻找一个与先前较为和平的时期不同的行动方案。他必须朝这样的目标努力：让那些支持和平进程的国家尽可能地团结在一起，抑制那些建立在强取豪夺基础上的国家中的政治投机分子，降低他们实现战争计划的可能性。我脑海中想到的，首先是美国和大英帝国方面要采取深思熟虑、坚持不懈和步调一致的行动，如果有可能的话，也要将法国和苏联[2]联合在一起。

或许当前的危机能有助于恢复友好邦交，并由此带来和平解决国际问题的方案。这或许将成为眼下灰暗局面的希望一面，而此时持续稳定的行动将在很大程度上促使公众舆论朝正确方向发展。

致西格蒙德·弗洛伊德

本文是爱因斯坦在1931年底或1932年初写给奥地利精神分析学家西格蒙德·弗洛伊德的一封私人信件，首次发表于1934年德文版《我的世界观》。

1927年弗洛伊德访问柏林时，爱因斯坦曾经与他见过一面。最初，爱因斯坦虽然对弗洛伊德的学说有所怀疑，但相比卡尔·荣格（Carl Jung, 1875—1961），他“更偏向于弗洛伊德”。“我并不信奉他，但是我很喜欢他简明的风格和独创性的想法，虽然这些想法过于夸张。”后来，他与弗洛伊德通信，就战争的根源交换意见。弗洛伊德对战争的心理根源的深入思考让爱因斯坦有找到知音的感觉。和弗洛伊德一样，他把战争看成是一种野蛮的人类活动，源于动物界的侵略本性。

尊敬的弗洛伊德先生：

我十分敬佩您探求真相的热情，这份热情在您的思想中已超过一切。您以无法抗拒的清晰性表明，人类心理中的侵略和破坏本能，与爱的本能和生命的欲望有着怎样密不可分的关系。与此同时，您令人信服的论证也表明，您从心底献身于让人的身心都从战争的恶魔中解放出来的伟大目标。这是所有那些被尊为道德与精神领袖的人共同怀有的殷切希望，从耶稣到歌德与康德，他们受到的尊重都超越了自身时代与国家的限制。虽然他们未能如愿改变人类事务的进程，但却是公认的领袖，这一点难道不意味深长吗？

我相信，那些由于自身的成就而被公认为群体的领袖，即便是小团体的领袖，都拥有共同的理想。但是，他们对政治事件的进程都没有什么影响。而人类活动中决定国家命运的最重要环节几乎无一例外地全都掌握在那些肆无忌惮的和不负责任的政治统治者手里。

政治领袖或者政府获取权力的途径要么是动用暴力，要么是由群众选举产生。他们不能被视作一个国家在道德或智力方面的优秀代表。在我们这个时代，知识分子对世界的历史进程不产生任何直接影响；正是因为被分割成许多派别，知识分子成员之间无法合作以解决当今世界的问题。如果有一些人，他们先前的工作和成就保证了其能力和正直的品格，由他们自由联合起来，您难道不认为这可以带来一些改变吗？这样一个有国际视野的团体，需要其成员通过经常交换意见来维持相互的联系，如果这一团体的态度得到其成员签名同意，随后通过媒体公布，也许在政治问题的解决方面能够取得有效且有益的道德影响力。当然，这样一个团体可能会染上让学术团体堕落的通病；不幸的是，鉴于人性的不完美，这种堕落的危险永远存在。但是，尽管有这些危险，难道我们不应该冒着这些危险至少试着组成这样的团体吗？对我来说，这完全是迫在眉睫的责任。

如果可以建立这种的知识分子团体，它就必须竭尽全力，动员宗教组织来一同反对战争。它会给许多因痛苦的顺从，其善意不再发挥作用的人提供道义上的支持。我也相信，由那些因个人成就而受到敬仰的人所组成的这样一个团体，将会为国际联盟中那些积极支持该机构伟大目标的那部分人提供重要的道德支持。

这些意见，除了您，我没跟世上任何人说过，这是因为您不会像其他人一样，让自己的现实感被一厢情愿的想法蒙蔽，而且您还兼具真诚、责任心以及批判性思维的品质。

致和平之友的三封信

本文首次发表于1934年德文版《我的世界观》。

一

我听说，从您伟大的灵魂出发，出于对人类及其命运的关心，您正在默默做着了不起的事情。虽然用自己眼睛观察和用自己内心感受的人已经不多了，但正是这少数人才有力量决定人类是否会陷入困境，而此困境竟被现今受蛊惑的民众视为理想的目标。

希望人们尽早看到，为了他们的民族自决，他们得牺牲多少才能摆脱人类的自相残杀！人类良知与国际精神的力量已被证明太过脆弱。目前，这种力量是如此弱小，以至于能容忍与危害人类文明的最糟糕的敌人进行妥协。这种妥协实际上是对人类的犯罪，尽管它是以政治智慧的形式表现出来的。

我们不能对人类感到绝望，因为我们自己就是人。令人欣慰的是，世界上还有如您这般正直且活跃于人类事务的人存在。

二

我必须坦白承认，一个在和平时期仍计划征兵的国家，弄出一份像摆在我面前这样的和平宣言，在我看来，是毫无价值的。人们必须竭力争取的是全面废除普遍兵役制度。法国人为1918年的胜利付出了多么昂贵的代价！这场胜利应该为之后兴起的各类最卑劣的奴役行为负责。

愿您在这场斗争中坚持不懈地努力下去！普遍兵役制在德国保守派和军国主义者当中有强大的盟友。如果法国坚守普遍兵役制，就无法阻止德国有样学样，也引进这种制度。因为德国人对平等权利的要求最终会占上风，到那时候，在德国军队服役的人数将是法国的两倍，而这显然不符合法国的利益。

只有在废除普遍兵役制方面取得成功，我们才有可能培养年轻人的和解精神，才能做到快乐生活以及对万物生灵的爱。

我相信，如果出于良知，有五万人同时拒绝服兵役，其势力将不可阻挡。在这里，一个人的力量是有限的，人们也不希望看到我们当中最优秀的人任由背后蕴藏着的愚蠢、恐惧和贪婪这三股巨大力量的机器所毁灭。。

三

您在来信中讨论了一个非常重要的观点。事实上，军火工业是对人类最大的威胁之一。这是隐藏于泛滥成灾的民族主义情绪背后的邪恶力量……

也许通过国有化能得到一定的收获。但是，要准确界定哪些工业应包括其中是相当困难的。飞机制造业算吗？冶金工业与化学工业又有多少能算呢？

至于军火业和战争原料出口，国际联盟多年来一直试图控制这一卑鄙的交易，但众所周知，收效甚微。去年，我问一位美国知名外交官，为何不使用贸易抵制的办法，迫使日本被迫放弃武力政策。他的回答是：“我们两国之间的商业利益实在太强大了。”一个能接受这种话的人，还有救吗？

您难道相信，我说一句话便能解决这方面的问题吗？这不过是幻想而已！只要我没有挡着他们的道，他们就会说我的好话，而一旦我致力于解决的问题与他们的目标背道而驰，他们会立即采取侮辱和诽谤的手段来捍卫自己的利益。对此，旁观者大多怯懦地作壁上观。您是否曾经考验过您的同胞刚正不阿的勇气？大家默认的信条是：别管它，别讨论它！请您放心，我会按照您的意思尽力而为，但没有事情会像您想象的那样马上有成效。

积极的和平主义

本文是爱因斯坦为1931年8月23日在比利时迪克斯梅德（Diksmuide）举行的和平示威集会而写的讲稿，首次发表于1934年德文版《我的世界观》。爱因斯坦档案编号：[28-157]。

我觉得自己很幸运，亲眼见证了佛兰德人[3]组织的伟大的和平示威游行。我觉得有必要代表所有关心未来、有良好愿望的人向参与此事的人发出呼吁：在这样一个反省和良心觉醒的时刻，我们强烈地感到与你们同在。

我们绝不能隐瞒下列事实：如果不进行艰苦的斗争，就不可能改善目前令人沮丧的局面；因为那些真正下定决心要去做些事情的人与大部分冷淡和被误导的人相比真是屈指可数。而且希望战争机器继续运作的那部分人的势力庞大，他们会不择手段地让公众的意见屈服于他们蓄意杀人的目的。

当今执掌政权的政治家看来似乎真的是想争取永久巩固的和平目标。但是无休止的军备扩张再清楚不过地表明，他们无法战胜那些正在为战争做准备的敌对势力。在我看来，人民只能靠自身才能获救。如果他们想要避免被兵役制奴役，就必须毫不动摇地彻底解除武装。只要军队继续存在，任何严重的冲突都会导致战争。一种不能积极反对国家军备的和平主义，现在是，而且将来也是软弱无力的。

但愿各国人民的良知和常识能被唤醒，让不同国家的共存状态进入一个新的阶段，那时的人们会将战争看作是他们祖先不可理解的精神失常。

辞职信——致国际联盟副秘书长

阿尔伯特·杜福尔-弗伦斯（Albert Dufour-Féronce，1868—1945），生于伦敦，是瑞士将军亨利·杜福尔（Henry Dufour）的孙子，1918年起在德国外交部工作，1920年被任命为德国驻伦敦大使馆参赞。自1927年以来，他成为国际联盟第一个来自德国的副秘书长，负责智力合作部门。

正如卡尔·泽利希（Carl Seelig）在《阿尔伯特·爱因斯坦与瑞士》（*Albert Einstein und die Schweiz*）一书中披露的，爱因斯坦在1923年12月25日写给玛丽·居里的信中表明，当时的国际联盟打着客观公正的旗帜，实际上成为获胜的强权政治的工具，因而他在1923年宣布退出国际联盟下的智力合作委员会。但是，当意识到这一决定对德国沙文主义者有利，而对国际联盟的理想有害时，爱因斯坦又于1924年重新加入了这个委员会。

这封写于1923年，给国际智力合作委员会的辞职信，首次发表于1934年德文版《我的世界观》。

令人尊敬的杜福尔-弗伦斯先生：

您的来信我一定会回复的，否则您可能会对我的态度产生错误的看法。我决心不再前往日内瓦的原因如下：很遗憾，经验告诉我，总体而言，委员会并不是真正下决心去促进国际关系在任何方面的实质性改进。在我看来，它更像是“做些表面功夫”（*ut aliquid fieri videatur*）这一原则的具体化身。对我而言，委员会在这个方面做得比整个国际联盟更加糟糕。

正因为我渴望尽我之力，为建立一个高于国家的国际仲裁与调节机构而努力，我非常珍爱这个目标，因此不得不离开委员会。

委员会允许通过在每个国家建立一个国家委员会，成为该国知识分子与委员会之间唯一的沟通桥梁，从而成为镇压各国的文化少数群体的帮凶。因此，当各国少数群体反抗文化压迫时，委员会的做法是有意放弃了给予他们道德支持的职能。

此外，委员会在与不同国家的教育中出现的沙文主义以及军国主义趋势进行斗争这一问题上，表现得如此漠不关心，使人们在这个如此重要的问题上，无法希望委员会做出真正的努力。

对于那些毫无保留地投入维护国际秩序与反军国体制的工作中的个人与组织，委员会自始至终都无法给予道义上的支持。

委员会从来没有试图抵制对某些成员的任命，虽然明知这些人代表着完全不同的倾向。

我无意通过与您进一步争辩来烦扰您，因为您会从我的字里行间充分理解我的决心。我并不想做检察官，而仅仅想表达我的立场。您应该清楚，如果我还抱有任何希望，都不会这样行动的。

论裁军问题

本文是爱因斯坦1932年2月1日在美国帕萨迪纳由洛杉矶国际关系大学主办的会议上发表的讲话。爱因斯坦档案编号：[28–182]。打印稿用的是带有加州理工学院信头的信笺，发表在洛杉矶国际关系大学出版的季刊《世界事务解释者》（*World Affairs Interpreter*）1932年夏季号中。

在《凡尔赛和约》中，裁军问题是未来欧洲集体安全布局的核心。来自50多个国家的代表，参加了1932年春在日内瓦召开的期待已久的裁军会议。尽管裁军有强大的民意支持，但会议没有达成任何有意义的协定。爱因斯坦对此十分不满，提出了强烈抗议，坚持不懈地与他后来称之为军国主义心态的那种东西做斗争。“人们不会逐步裁军，他们要么一下子解除武装，要么就干脆不干。”

裁军计划要获得成功，其最大障碍在于，人民通常没有认识到这个问题的艰巨性。大多数目标都是通过渐进式的步骤实现的，想想民主制取代君主专制（所花费的时间）！然而我们现在关心的目标却是不可能一步一步慢慢实现的。

只要还存有战争的可能，各个国家为了赢得接下来的战争，便会做好尽可能充分的军事准备。此外，为了让民众做好应战的准备，就免不了以好战的传统教育青少年，培养狭隘的民族虚荣心，并且发扬好战的精神。“武装起来”意味着为战争，而非为和平做准备。因此，人们不会逐步裁军；他们要么一下子解除武装，要么就干脆不干。

要实现不同国家共同生活中如此深刻的变化，需要做出强有力的道德努力，有意识地抛弃那些根深蒂固的传统。如果没有做好准备，愿意在发生冲突时让国际仲裁法庭来决定各国的命运，并且毫无保留地签订这类条约，就不是真正下定决心避免战争。答案只有一个：要么一下子做到，要么干脆啥也不做。

不可否认的是，之前为确保和平的种种尝试都因为寻求不充分的妥协而失败了。

裁军和安全只有相互结合才能共同实现。只有所有国家履行义务，执行国际机构做出的决定，安全才能获得保障。

因此，我们现在正处于十字路口：是寻求通向和平的道路还是继续走残暴的武力这条与我们的文明不配的老路子，一切都掌握在我们手中。一方面，个人自由和社区的安全在召唤着我们；另一方面，个人的奴役和对我们文明的毁灭也在威胁着我们。我们的命运如何，将取决于我们如何行动。

论 1932 年的裁军会议

本文第一部分首次发表于 1931 年 11 月 22 日《纽约时报》，第二部分首次发表于 1931 年 9 月 23 日纽约出版的《国家》(*The Nation*) 周刊 133 卷，第 300 页。

作为激进和平主义的倡导者，爱因斯坦决心为一个新的世界秩序而战，这一新秩序拒绝将战争作为解决国际争端的手段。由于全球陷入经济大萧条、法西斯主义兴起，他强烈地感觉到，1932 年 2 月即将在日内瓦召开的裁军大会是阻止另一场世界大战的最后机会。在大会召开的几个月前，匈牙利出生的出版家、作家伊姆雷·雷韦斯（Imre Revesz，后改名为 Emery Reves，1904—1981）找到爱因斯坦，让他再次分析参加裁军会议的各方面临的问题。受会议召开前正在进行的双边会谈的鼓舞，爱因斯坦看到了大会的一线希望，但只有谈判桌前的政治家们有决心贯彻全面裁军的决议，希望才有可能实现。与此同时，爱因斯坦强调了教育改革的必要性，旨在克服已经根深蒂固的美化军旅生活的传统。爱因斯坦重申，要想实现国际安全，其必要条件是所有国家都同意对他们的主权加以限制，并且遵守国际仲裁法庭的决议。与此同时，他指出义务兵役制是“白种人道德退化的主要原因”。正如他所说，“仅就限制军备达成协议不能提供保障。强制仲裁必须有其可支配的行政权力，这些成员国能够介入，并对扰乱和平者采取经济和军事制裁。义务兵役制是滋养不健康的民族主义的主要根源，必须加以反抗；特别是，拒绝服兵役者必须受到国际条约的保护”。

一

我可以从一个政治信条开始谈吗？它是这样的：国家是为了人民设立的，而人民不是为了国家而存在的。这个对国家的信条也可以用在科学上。凡是那些将人格视为人类的最高价值的人都主张这种古老的说法。若不是因为它们时常有被遗忘的危险，尤其是在如今这个组织化和定型化的时代，我是不太愿意再次提起的。我认为，国家最重要的职责就在于保护个人，并为他成为创造性的人提供机会。

国家应当是我们的仆人，而非我们是国家的奴隶。当国家强迫我们服兵役时，尤其是当这种奴役服务的目标和结果是杀害其他国家的人或是干涉他们的自由发展时，它就违背了这项原则。唯有促进个人的自由发展时，我们才会为国家做出这种牺牲。这些话对于每个美国人而言可能都是不言而喻的，但并非对每个欧洲人来说都如此。因此，我们可以希望美国人能大力支持反战斗争。

现在说说裁军会议。当人们想到它时，是该笑、该哭还是该有所期待呢？想象一座城市里居住的都是脾气暴躁、不诚实而且爱好争吵的市民。生命时刻遭受着严重的威胁，这使得任何健康的发展都变得不可能。市议会非常想补救这糟糕的局面，然而所有议员和剩下的市民坚持要继续腰上挎刀。历经数年准备之后，市议会决定就下列议题进行辩论：市民出门时，腰上挎着的刀该有多长和多锋利？只要狡猾的市民不借助法律、法院或者警察的方式禁止携带匕首，事情就不会有任何不同。对于允许使用匕首的长度和锋利度的规定只会让那些最强壮、最狂暴的人受益，而弱者只能听任摆布。你们应该完全明白这个比较的寓意了。的确，我们有一个国际联盟和一个仲裁法庭。但是国际联盟不过是个聚会场所，仲裁法庭也无法使它的裁决生效。这些机构对任何国家遭遇的攻击都无法提供安全保障。如果您记住这一点，那么对于法国的态度，即在没有安全保障的情况下拒绝解除武装，就不会像通常那样苛刻了。

除非所有国家都一致同意限制自己国家的主权，并联合抵制任何公然对抗或秘密违反仲裁法庭裁决的国家，否则我们将永远无法摆脱目前这种普遍混乱和恐怖的状态。没有什么窍门能让各个国家既保持无限制的独立主权，同时又享有不受侵略的安全保障。难道还需要更多的灾难才能使各国负责任地执行国际法庭做出的每项裁决吗？迄今为止的事态发展让我们很难有理由相信，在不久的将来，情形将变得更好。但是每一个关心文明和正义的人，都必须尽其所能让他的同胞相信，所有国家都有必要承担这种国际义务。

有人会反对这个主张，认为它高估了组织机构的效能而忽视了精神层面尤其是道德层面的因素。这不是没有一点儿道理的。有人坚决认为精神上的裁军必须先于物质上的裁军。他们进一步正确地指出，实现国际秩序的最大障碍在于民族主义，这是一个被夸大到扭曲程度，并贴上了“爱国主义”这个让人同情却又被滥用了的名字的标签。在过去的一个半世纪里，这个虚假偶像到处摄取着可怕致命的邪恶力量。为了判定这一异议是否具有价值，我们必须意识

到 [外在] 组织机构和 [内在] 精神状态是相互依赖的。不仅仅是组织依赖传统的情感态度作为自己的起源和继续存在的基础，现存的组织也反过来对各民族的感情态度施以强大的影响。

在我看来，目前无处不在的民族主义之所以在各地如此致命地高速发展，都与义务兵役制——或者美其名曰“国民军”——密切相关。一个国家要求它的公民服兵役，就必须对其进行民族主义精神的培养，从而为他们的军事用途奠定心理基础。除了赞美宗教外，国家在学校的青少年面前美化它的暴力工具！

因此，在我看来，义务兵役制的实行是白种人道德退化的主要原因，这种退化引起了对我们文化的延续，甚至是我们的存在的严重怀疑。这项诅咒与伟大的社会福祉一道开始于法国大革命，并在很短的时间内席卷了所有其他国家。

因此，凡是希望培养国际精神、反抗沙文主义的人都挺身而出，反对义务兵役制。难道对于公众而言，与前几个世纪里那些宗教殉道者遭受的迫害相比，如今社会对于这些因良心而拒服兵役的人所进行的残酷迫害要更光彩一点儿吗？人们能像《凯洛格公约》[4] 那样，一方面谴责战争，同时又将不受保护的个人交由各个国家的战争机器吗？

如果在裁军会议上，人们不仅局限于讨论组织层面的技术问题，而且从教育动机的立场直接解决心理问题，那么我们必须在国际法上设法给予个人以合法机会，使他拒绝服兵役。这样的举措无疑会产生巨大的道德影响。

简短地总结一下我的观点：仅就限制军备达成协议不能提供保

障。强制仲裁必须有它可支配的行政权力，这些成员国能够介入，并对扰乱和平者采取经济和军事制裁。义务兵役制是滋养不健康的民族主义的主要根源，必须加以反抗；特别是，拒绝服兵役者必须受到国际条约的保护。

二

如果社会制度的发展能够跟上其技术进步，过去的一百年间由人类充满创造力的天才所给予我们的东西，本可以令人类的生活幸福无忧。实际上，我们这一代人辛辛苦苦取得的成就，就像三岁小孩使用剃刀一样 [危险]。获得绝妙的生产手段带来的不是自由，而是忧虑与饥饿。

最糟糕的是，技术的进步制造出了能用来摧毁人的生命以及珍贵的劳动成果的工具。我们老一辈的人经历过世界大战[5]的恐惧。但是对我来说，比这种破坏更可怕的是个人被战争卷入无谓的奴役状态。受到团体的胁迫去犯下每个人都认为最卑劣的罪行，这难道不可怕吗？只有少数人能有伟大的品德与之抗争，他们在我的眼中是世界大战中真正的英雄。

但还存有一线希望。在我看来，当前各国负责的领导人基本上还是怀有真诚的意愿想要取消战争。毫无疑问，这种属于必要的进展，其反对力量在于各民族不幸的传统。这种传统像遗传病一样，通过教育机构被一代又一代地传承下去。当然，对这一传统主要的支持是军事训练和对它的美化，同样重要的还有相关媒体的作用，这些媒体太过依赖于军队和大企业。没有裁军就不可能有持久的和平。反之，如果军备在现在这种规模的基础之上继续增长，必将引发新的灾祸。

因此，1932 年裁军会议将对我们当代和下一代的命运起决定性的作用。只要人们考虑到迄今为止的会议取得的少得可怜的成果，就会清楚地意识到，所有有思想且负责任的人都应尽全力反复向公众宣讲 1932 年会议的至关重要性。只有当他们在各自的国家绝大多数的人有想要和平的意愿，来推动政治家们，他们才能达成重要的目标。每个人都有责任通过自己的一言一行，创造支持裁军的公众舆论。

如果代表们带着确定好的指令和目标来到日内瓦，企图通过达成这些指令和目标来为国争光，会议笃定失败。大家似乎都已经意识到这一点，所以我们最近见到了很多双边会谈，随便两个国家的政治家们都借机商讨裁军问题，从而为会议铺路。在我看来，这是一种令人非常愉快的方式，因为两个人或两个团体，在没有需要顾忌的第三方倾听的情况下，通常都会以最理智、最值得尊敬、最冷静的方式行事。假使会议能以这种提前协商的方式做好周密准备以防意外发生，假使事先能以真诚的善意成功营造出彼此信赖的氛围，我们就能期待这场至关重要的会议取得一个令人满意的结果。

在这种大事上取得成功靠的不是机灵，也不是精明，而是诚实和信任。我想说，谢天谢地，道德不能由才智取代。

生活在我们这个时代的每个人，不能仅仅等待和评论，而必须尽其所能为这一伟大事业做出贡献。因为全人类的命运，是全人类自己赢得的。

美国与1932年的裁军大会

按照《爱因斯坦论和平》编者的说法，这篇文章有可能是出于爱因斯坦1932年1月在美国加州一所贵格会所办的惠蒂尔学院（Whittier College）的演讲。爱因斯坦直截了当地宣称，只有“每个国家为了支持国际机构”而放弃“一部分主权”才能成功地终止战争。他在“二战”后开始强烈呼吁建立“世界政府”，也主张各个国家应该“放弃部分主权”。

爱因斯坦档案编号：[28-152]。写作日期：1931年6月16日。

今天的美国人正忙着关心他们自己国家经济状况所引发的问题。他们负责任的领导人主要致力于解决国内严重的失业问题。美国人现在对于自身与世界上其他地区，尤其是与欧洲发源国之间命运休戚相关的意识比平常时期更为淡漠。

但是，自由放任的经济力量本身，不会自发地克服这些困难，需要靠社会的调控措施对人类的劳动力与消费品进行合理的分配。如果不这么做，即便是最富有的国家的人民，也会受到扼制。事实上，由于技术手段的进步，使得需要用来供应每个人需求的工作量变少，因而自由放任的经济力量再也无法创造出一种状态，让所有可用的劳动力都能找到就业机会。为了使技术进步成果惠及所有人，有目的的调控和组织行为变得越来越有必要。

如果没有系统的调节监管，经济状况尚不能得到很好的解决，那么在处理国际政治问题时，这种有计划的监管调节就更是不可或缺。今天我们中很少有人依然坚持认为，以战争形式发生的暴力行为是有利的，或者不失为人类的一种解决国际问题的手段。然而，对于战争这一早该被淘汰的蛮荒时代残忍而无益的遗迹残留，我们的态度还不够坚持一致，没有尽全力采取可能的措施来阻止它的发生。对此，我们需要有一些反思的能力去看清问题，还需要有一定的勇气，在实质上坚决地推进这一伟大事业。

任何真正想废除战争的人必须坚定地宣布，他赞成自己的祖国为了支持国际机构而放弃一部分主权：如果发生争端，他必须准备好让他的祖国接受国际法庭的仲裁。他必须以绝不妥协的姿态，按照不幸的《凡尔赛条约》的规定——解除所有国家的武装——而全面裁军；除非军国主义和侵略性爱国主义的教育能被彻底消除，否则我们没有任何进步的希望。

近年来，主要的文明国家蒙受的最大耻辱，莫过于迄今为止所有裁军会议都以失败告终。这一失败不仅仅是因为野心勃勃和肆无忌惮的政客的阴谋诡计，还因为所有国家公众的漠然与懈怠。如果这样的局面得不到改变，我们将毁掉前人取得的所有真正有价值的成就。

我相信，美国人民还没有很好地意识到在这一问题上他们所肩负的责任。

他们肯定在想："如果欧洲因自己住民的争吵和罪恶而毁灭，那就任由她堕落吧！在欧洲的不毛之地上，我们的威尔逊总统善意的种子长不出好苗。我们强大而安全，不用忙着卷入别人的事情里。”

这种态度既不够高尚，也缺乏远见。对于欧洲的困境，美国负有部分责任。由于美国无情地提出迫切的要求，欧洲经济及道德水平加速下降；美国帮助欧洲巴尔干化（分裂成若干小国），因而对政治道德的崩溃和因绝望而滋长的复仇情绪同样负有责任。这种情绪将来也不会止步于美国门口——我几乎想说的是，这种情绪过去就没有止步于美国的门口，现在也不会。看看周围吧，提高警惕！

事实可以简要地概括成：裁军会议是保护文明人类所创造的精华的最后时机，这对于你们和我们来说都是一样。而且，美国作为我们中最强大和相对最健全的一员，所有的目光和期待都聚焦于你们。

论仲裁法庭

本文选自1934年德文版《我的世界观》。原文写于1933年夏天，草稿写在印有牛津大学基督教堂学院（Christ Church，Oxford）的信笺上。爱因斯坦档案编号：[28-249]。

唯一在短时期内推动全面裁军的可能途径，与每一个国家都获得的安全保证联系在一起，而这样的安全保证建立在一个永久独立于政府的常设仲裁法庭基础之上。

所有国家无条件承担义务，不仅要接受，而且要执行仲裁法庭做出的判决。

建议分区设立仲裁法庭：负责欧洲与非洲、美洲和亚洲，可将大洋洲分配到其中的一个区。超出上述任何一个区域仲裁法庭之外的问题，应由联合仲裁法庭解决。

科学中的国际关系

爱因斯坦曾多次就科学中的国际关系发表看法。这篇文章写于1921年4月2日至8月10日之间，可以和《科学的国际性》一文结合起来阅读。爱因斯坦档案编号：[77-090]。

……在国家和社会阶层之间纷争不断的这个不安时代，一个人类最珍贵的事物似乎受到威胁，这就是科学的国际性。个别国家的学术机构已被民族主义的激情裹挟，快赶上政治斗争中的政治团体了；他们完全忘记了自己的使命是培育和保护超然于所有人间政治斗争之上的事业……我认为最重要的是在年轻一代中唤醒对科学真理的强烈爱好和抱负，使得由此产生的更纯洁的氛围逐渐淹没给我们这一代人带来诸多不幸的沉闷情绪……

科学的国际性

“一战”结束后，德法两国之间弥漫着相互仇恨的情绪。德国政治家海因里希·施特勒贝尔（Heinrich Ströbel，1869—1944）请求爱因斯坦为一本倡导和平主义的手册写稿，计划的题目是《即将诞生的世界机构——国际关系小手册》（*Die werdende Welteinheit. Kleines Handbuch der internationalen Beziehungen*），由哈里·凯斯勒伯爵（Harry Graf Kessler，1868—1937）和施特勒贝尔共同编辑。爱因斯坦接受邀请写了这篇文章，但此书似乎并未出版。

施特勒贝尔是一位和平主义者，德国人权联盟（Deutsche Liga für Menschenrechte）领导人之一。1922 年，德国人权联盟与法国的对应组织一起发表了一份呼吁书，要求两国声明放弃民族主义，实现和解。

本文译自 1953 年德文版《我的世界观》。

战争期间，当民族主义和政治狂热达到顶峰时，埃米尔·费歇尔[6]在［普鲁士］科学院的一次会议上说了一句名言：“先生们，科学现在是，而且永远是国际的。这一点你们是无法改变的。”真正伟大的科学家始终都知道这一点并对此有强烈的感受，即便在政治纷扰的时代，他们被心胸狭隘的同事孤立时，也坚持如此。在上次战争期间，各边阵营选出的代表大多背弃了他们神圣的职责。国际科学院协会[7]被毁了。以前召开的和今后还将召开的学术会议，都不允许有来自过去敌对国家的学者参会。[8]愈演愈烈的政治考虑，使得纯粹的客观性无法占据优势，而没有客观性，我们伟大的目标终将化为泡影。

那些不为当前情绪所惑的好心人，该如何才能挽回已失去的一切？在大多数知识分子仍旧如此激昂的情况下，是不可能筹划出一场真正大格局的国际大会的。另外，对于恢复国际科学工作者协会存在的心理抵触情绪仍过于强大，只靠少数高瞻远瞩的有识人士，一时还无法将其战胜。这些有识之士在推动恢复国际组织的重大任务上，可以与世界范围内的志同道合者保持密切联系，坚定不渝地在各自领域里捍卫国际主义事业。大规模的成功需要时间，但毫无疑问，它一定会到来。我不能错过这次表达感谢的机会，尤其是对众多的英国同事，在这段艰苦岁月里，他们始终表现出对保卫知识分子的国际组织的强烈意愿。

无论在什么地方，官方干巴巴的声明都不如个人充满情感的态度好。善意的人应该记住这句话，不让自己被激怒或是被误导：元老院议员大都彬彬有礼，元老院却无恶不作。[9]

如果我对整个国际组织的进步充满信心，与其说是基于对科学家的智力和崇高品德的信心，不如说是建立在经济发展的迫切压力之上。因为经济发展很大程度上依赖于科学家，甚至哪怕是保守的科学家的工作，所以就连他们也别无选择，不得不去支持建立国际组织。

论少数族群

本文首次发表于美国全国有色人种协进会的机关报《危机》(*The Crisis*)月刊，1932 年 2 月号（39 卷，45 页），由著名的非洲裔美国历史学家杜波伊斯（W. E. B. Du Bois，1868—1963）编辑。1932 年 1 月 29 日的《纽约时报》也刊登了这封信。爱因斯坦档案编号：[28-208]。这里译自 1934 年德文版《我的世界观》。

这似乎是个普遍的事实：少数族群——尤其是通过外貌特征即可辨认者——被一起生活中的多数民族看作劣等族群。造成这种悲剧命运的原因，不仅在于这些少数族群在社会以及经济事务上自然处于劣势，而且事实上，也在于大多数受害者无形之中受到了多数族群的影响，不知不觉地屈服于这种偏见并视他们的同类为劣等人。上述第二种不幸，也是最大的不幸，可以通过少数族群内部更加密切的团结和有意识的教育得以克服，这样，少数族群便能达到精神上的解放。

美国黑人在这个方向上所做的不懈努力，是值得大家充分认可和支持的。

德国与法国

1929 年 10 月，德国外长古斯塔夫·施特雷泽曼（Gustav Stresemann，1878—1929）逝世，天主教中央党领袖海因里希·布吕宁（Heinrich Brüning，1885—1970）就任总理。1930 年 12 月，布吕宁告诉美国大使："与法国达成全面的谅解，对全世界的政治稳定来说是真正有决定性的目标。" 1931 年 10 月 3 日，爱因斯坦给布吕宁写了这封信，简要概述了一个全面而深远的计划，远远超出了缓解当前法国与德国间紧张局势的问题。据推测，布吕宁很可能知道信的内容，因为爱因斯坦得到了总理办公室的保证，说会将信转交给布吕宁。

本文首次发表于 1934 年德文版《我的世界观》。爱因斯坦档案编号：[28-162]。

只有当法国对免于受到军事攻击的安全需求得到满足后，法国和德国之间的相互信任和合作才能实现。但如果由法国提出这样的要求，势必被德国视为挑衅。

然而，似乎可以采取如下方式：让德国政府主动向法国提议，他们联合向国际联盟提出申请，建议所有成员国都应该遵守如下承诺：

1. 服从国际仲裁法庭做出的各项决议。

2. 协同国际联盟其他所有会员国，运用所有经济和军事力量，共同对抗任何破坏和平或抵制为世界和平利益而做出的国际判决的国家。

德国文明的危险

"一战"以德国的失败而告终。魏玛政府希望延期偿还巨额赔款，或者干脆修改条款，减少赔款，两者都没有成功。这在德国民众中引起巨大恐慌和严重不满，右翼分子趁机将仇恨的情绪引向犹太人。拉特瑙之被杀，表明魏玛政府无力控制当时的政治和经济局面。20世纪上半叶英国最著名的左翼记者布雷斯福德（Henry Noel Brailsford, 1873—1956）希望利用爱因斯坦的声望，以公开信的形式回答他的七个问题，让公众了解在德国发生的事情的真相。爱因斯坦1922年9月11日在柏林给出了书面回答，其英译本1922年10月6日发表于英国独立工党的机关报《新领袖》（*The New Leader*）1（1922）上。布雷斯福德1907年加入英国独立工党，与列宁和托落茨基有交往。

提问

亲爱的爱因斯坦教授：

我认为在德国人民经历的这一可怕的生存危机之中，您的公开信可能会产生巨大的甚至是决定性的影响，使得公众舆论加速回归理性。

我觉得英国读者特别感兴趣的问题可以简述如下：

1. 停战以来的贫困化，对各个大学的影响如何？
2. 中产阶级的生活水平是否有所下降？
3. 在新的局势下，工人们的实际收入和健康情况是否受到影响？
4. 在德国发生的众多政治谋杀案是否与贫困有关？
5. 协约国的政策是否加剧了魏玛共和国内部的困难？
6. 您是否也和很多人一样，担心德国马克突然稳定的后果？
7. 科学研究者的经验能否带来希望，构建一个以社会服务而不是以索取为基础的社会？

我相信自己可以代表《新领袖》的读者们这样说，如果您能够宽宏地抽出时间回答这些问题，我们将会非常感激。

布雷斯福德

回答

亲爱的布雷斯福德先生：

感谢您满怀善意地向我提出关于德国经济状况的几个问题。您告诉我说您希望让英国公众了解关于时事的客观表述，以期有助于回归健康的政治关系。我感谢您提问背后的信任，并努力保证只讲自己完全相信和确定的事实。下面就逐一进行回答。

1. 由于战争还有《凡尔赛和约》[10]引发的局势，学者和教师的实际工资一直在降低。目前最多只有以前的20%，在很多情况下甚至还远远不如。对于没有固定职位的脑力工作者，这个估计还是太高了。营养不良在脑力工作者和学生中非常普遍，另外书籍的费用已经变得如此难以承受，对精神生活和下一代的发展造成了严重的不良影响。科学与艺术活动的生存，尤其是戏剧和期刊，愈发受到威胁，有些已经消失。独立艺术家、音乐家和作家为生存而进行绝望的挣扎。这样的状况，尤其是对个人物质生存基础的持续的不安全感，不可避免地导致公众对专业工作和精神成果的需求明显降低。我坚信，如果现状继续下去，或者甚至进一步恶化，所谓中产阶级中的很大一部分将会陷入底层。而中产阶级一直是我们精神传统的主要创造者和保存者。

2. 显然，在困难时候，维持当前经济活动所必需的工作相对来说报酬最好，而那些仅仅是为了经济活动的继续发展而展开的工作，甚至是纯文化目的的工作，在目前情况下就会受到严重的不利影响。几乎所有的脑力工作都属于后者。一位同事有一次告诉我，现在的科学会议比以前少多了，因为与会者买不起火车票。绝大部分学生都需要依靠工作收入，学习成了第二职业。至于教师，我前面提到的脑力工作者的一般情况对他们也适用。

3. 我知道现在普遍抱怨体力和脑力工作者的产出效率下降，但是不能肯定其原因有多少是营养不良，是对食物来源的担心，或是纯心理因素。毫无疑问，部分地由于过高的不断增加的赋税负担，人们觉得在目前情况下，不可能为将来做准备，因此干劲衰竭。

4. 很多政治谋杀的凶手，确实都在目前状况下失去了谋生手段；但是我不想说，糟糕的经济状况，是可悲的政治道德的下滑背后的唯一原因。毫无疑问，旧体制支持者在政治上的不宽容也部分地和传统有关。
5. 必须承认，协约国的政策极大地加剧了共和国政府的困难，尤其是对整体国民的不断羞辱，动摇了政府的威信。另外，这里的每个人都明白，强加在国家身上的赔款额，以现在的数目，无论怎样努力，根本无法实现。所有这些都使我们相信，想用合理的方式，通过努力摆脱目前的困境，是没有希望的。这使得我们的经济活动陷入瘫痪，迫使人们逃税，把资本转到国外。
6. 也许我们要承认，马克的稳定可能会带来某些暂时的困难，但毫无疑问的是，无论如何，我们都必须尽早稳定马克，否则无法提供稳定的经济条件。德国政治家和专业人士参与国际经济关系的咨询当然是有利的，如果不是必需的话。
7. 对于您的最后一个问题，我只能作为外行人非常谨慎地进行回答。我不得不遗憾地承认，自己觉得对个人利益的追求和对匮乏的恐惧是取得工作效益不可缺少的动机。我的观点是，社会可以减轻个人的经济斗争，但是不能取消它。

我希望自己正确理解并回答了您的问题。

您永远忠诚的，

A. 爱因斯坦

关于战争责任的调查

"一战"结束后，德国没有参与讨论的《凡尔赛条约》最后得以签订，使得德法两国之间的敌意加深。尽管条约对战略责任有明确说明："德国必须承认全部战争责任，承认对协约国平民犯罪。前德皇威廉二世被审判为战争罪首犯。部分德军被审判犯有战争罪，其中一些被判处死刑。"但部分法国人认为对德国的惩罚还是太轻。法德两国的一些有识之士，像居里夫人、朗之万、罗曼·罗兰和爱因斯坦等人，希望致力于法德知识界之间的谅解，打破德国学界在战后被国际学术共同体孤立的局面。爱因斯坦这封给法国人权同盟的回信很好地表达了他在这个问题上的看法。本文1922年11月25日发表于《人权手册》(*Les cahiers des droits de l'homme*) 22 (1922): 547。

关于这场对悲哀过往的深究以及所有试图清理我们两个民族的道德的讨论，我不抱任何期待。在我看来，更重要的是法德两国为重建遭受兵燹的地区而共同努力。共同的努力是富有成果的，它将孕育出信任。

原子战争，还是和平？

本文是爱因斯坦于1945年秋天在普林斯顿向美国广播公司（ABC）时事评论员斯温（Raymond Gram Swing，1887—1968）发表的谈话。谈话的记录稿首次发表于美国波士顿出版的《大西洋月刊》（*Atlantic Monthly*）1945年11月号。本文译自1950年英文版《爱因斯坦晚年文集》（185～190页）。

一

原子能的释放并没有产生新的问题，它只是使得解决一个现存的问题的必要性变得更加迫切。人们可能说，它从量上，而不是从质上影响了我们。只要存在实力强大的主权国家，战争便是不可避免的。这并不是说人们知道什么时候会发生战争，但它肯定会发生。在原子弹被制造出来以前，这也是千真万确的。被改变的只是战争的摧毁力。

我不相信文明会在一场原子战争中被毁灭。也许地球上三分之二的人会被杀死，但是会留下足够多有思想的人和足够多书籍，重新开始，恢复文明。

我不认为原子弹的秘密应该交给联合国，也不认为它应该交给苏联。这两种情况都像一个有资本的人希望别人与他合伙从事某个事业，开始便分给对方一半的钱一样。当他需要这个人的合作时，对方可能会开始和他唱对台戏。原子弹的秘密应交给一个“世界政府”，美国应立即宣布愿意将它交给“世界政府”。这一政府应由美国、苏联和英国这三个强国组成。只有这三个国家具有巨大的军事力量。这三个国家应把它们所有的军事力量交给这个“世界政府”。只存在三个军事强国这一事实，应使建立这种“世界政府”变得更容易，而不是更困难。

既然美国和英国拥有原子弹的秘密，而苏联没有，它们就应该邀请苏联准备并提交“世界政府”的第一个宪章草案，这样有助于消除苏联人的不信任感。苏联人之所以有此感觉，是因为原子弹成为高级机密的原因，就是不想让苏联人知道。显然，草稿不是最后定稿，但应该使苏联人感觉到“世界政府”将保护他们的安全。

我认为，由美国、英国和苏联各推选一人来共同商讨这个宪章，是明智之举。他们应该要有顾问，但这些顾问应该只是被咨询时才提出建议。我相信，三个人能够成功地制订出一份可行的，所有大国都能接受的宪章。六七个人或更多人则可能会失败。在三个强国已起草一个宪章并采纳它之后，小国应该被邀请加入这个“世界政府”。它们可以不加入，虽然那样它们也感到相当安全，但我肯定它们是希望加入的。自然，它们应有权力提议对三大强国起草的宪章进行修改。但是，三大强国应该继续组织“世界政府”，不管小国是否参加。

这个“世界政府”的权力应当覆盖所有军事事务，除此之外还需要一项权力。这就是它将对少数人压制大多数人，因而导致战争的不安定国家进行干涉。例如对阿根廷和西班牙存在的问题应有所行动。应该取消不干涉的观念，因为这是维护和平的分内之事。

“世界政府”不应等到三个强国具有同样的自由状况时才建立。虽然在苏联是由少数人统治，但我认为其内部的情况并未对世界和平构成威胁。必须记住，苏联人民没有受过长期的政治教育。改进苏联的状况必须由少数派来实施，这是因为多数人没有这个能力。如果我出生在苏联，我相信我自己也会适应这个状况。

在建立一个垄断军事权威的“世界政府”的过程中，并不需要改变三个强权国家的内部结构。要设计怎样的方法以使得他们不同的结构能结合到一起进行协作，那是三个起草宪章的人的事。

我究竟害不害怕“世界政府”的专制呢？当然害怕。但我更害怕会发生另一场或者一系列战争。从某种程度上说，任何政府都是罪恶的。“世界政府”比罪恶更大的战争好，尤其是在战争的摧毁力已经越发强大之际。倘若不是在国家之间协商一致的基础上建立起“世界政府”，我相信战争迟早会来临，而且是以一种更危险的形式来临。因为一次战争或多次战争的结果，会导致一个强权胜出，以其压倒性的军事实力统治全世界。

现在我们有原子弹的秘密，我们不能失去它。如果把它交给联合国组织或苏联，就会有失去秘密的危险。但我们也应尽快让人们明白，我们并非是为了自身的权力才保守原子弹的秘密，而是希望通过“世界政府”建立和平。而我们自己将尽全力以促成这个“世界政府”的建立。

我知道有一些人虽然把“世界政府”作为最终的目标，但是更愿意支持以渐进方式实现目的。指望通过一次一小步达到最终目的的做法，其困难在于，小步走的时候，我们继续持有原子弹，却又没有使没有原子弹的那些人接受我们的理由。这本身就会带来恐惧和猜疑，导致对立主权国家之间的关系严重恶化。因此，当人们一次一小步前进时，他们以为自己的目标是世界和平，却因为步骤缓慢，实际上助长了战争危险。我们已没有时间采取这种方式。若要防止战争，必须迅速采取行动。

此外，我们应该也不能长久地保守这个秘密。我知道有一种论点，即其他国家都没有足够的钱发展原子弹，所以我们能长时间保持这个秘密。这正是在这个国家里经常犯的错误：人们总是用金钱来衡量事物。倘若别的国家有原料，有人力，并且愿意用这些资源发展原子能的话，它同样能够制造出原子弹，因为真正所需的是原料、人力和决心，而不是金钱。

我并不认为自己是原子能释放之父。我是以一种很间接的方式参与其中的。事实上，我没有预见到原子能会在我这个时代被释放出来。我只是觉得在理论上这是可能的。通过链式反应的偶然发现，它成了现实，而这不是我能预料到的。它是哈恩[11]在柏林发现的，但他曲解了自己的发现。正确的解释是莉泽·迈特纳[12]提供的，她从德国逃出来，将消息告诉了尼尔斯·玻尔。

我并不认为，用大公司的组织方法来组织科学能够带来一个伟大的原子科学时代。我们可以组织起来去应用一个已知的发现，但不能组织起来去获得发现。唯有自由的个体才能做出发现。可以存在一种组织形式，使得科学家的自由和合理的工作条件得到保证。例如，美国大学的科学教授，应该从他们的一些教学负担中解脱出来，从而有更多的时间从事研究。你能想象一个科学家组织能做出查尔斯·达尔文那样的发现吗？

我也不认为美国大量的私人公司是适应当前时代的需要的。若一个外星旅客来到这个国家，当他发现，这个国家的私人公司有那么多权力而不承担相应的责任，难道不会觉得奇怪吗？我说这些也是想强调，美国政府必须控制原子能。因为原子能是政府发展的，将人民的这种权力交给任何个人或单个团体都不可想象。

要估计原子能何时能用于建设性的目的，是不可能的。现在我们只知道怎样利用大量铀。比如利用少量、适当的铀，来操纵一辆汽车或一架飞机，到目前为止还是不可能的，而且也无法预料何时能实现。毫无疑问，这个目标能够达到，但没人知道将在什么时候，也没有人能预知什么时候能有比铀更常见的原子能原料。所有用于这个目的的原料应属于有较大原子量的重元素。这些元素因其不稳定性而非常稀少。大多数这些原料可能已经通过衰变消失了。因此，虽然原子能的释放能够做到，而且肯定会对人类产生巨大的益处，但可能在一段时间内还不行。

我本人缺乏解说的天赋，无法向很多人说明人类目前面临的迫切问题。因而，我很乐意推荐一个有此天赋的人：埃默里·里夫斯[13]。他的《对和平的剖析》一书，论述了战争主题以及“世界政府”的必要性，颇有见地、简洁、清晰——如果必须要用过分夸张的字眼儿来形容的话，那就是生动有力。

由于我觉得原子能在今后很长一段时间都不会有很大益处，我只好说目前它是个威胁。可能这样也好。它可以迫使人类在国际事务中建立秩序，倘若没有这种恐惧的压力，这种秩序绝不会出现。

二

自从第一颗原子弹研制成功以来，并没有使世界更远离战争，之后的发展只是增加了战争的摧毁力。我无法说出原子弹发展的第一手知识，因为我不在此领域工作。但是那些在这个领域里工作的人已经说得够多的了，他们指出，原子弹变得更有威力了。当然，造一个非常大的尺寸、能够摧毁更大面积的炸弹，其可能性是可以想象的。同样可信的是，大规模的放射性气体在一个广泛的区域内传播，在不摧毁建筑物的情况下，会造成大量人员伤亡。

我认为在这些可能性之外去推测一种大规模细菌战是必要的。我怀疑这种战争的危险性能与原子核战争的危险相比。我也不认为链式反应会导致强大得足以毁灭这个星球的一部分甚至全部的地步。之所以排除这种考虑，是因为它若能从人造原子爆炸中发生的话，它早已在持续射向地球表面的宇宙射线中发生了。

但是，我们用不着设想地球像新星那样由于恒星爆炸而毁灭，就可以生动地理解原子战争日益扩大的规模，而且我们必须承认，除非阻止另一场战争的发生，否则它将产生前所未有的，甚至现在我们也无法想象的摧毁力，现存的文明能够残留下来的就不会很多了。

在原子时代的头两年，另一个现象值得一提。尽管大众对原子战争的恐怖性有所警惕，但并没有采取任何措施。在很大程度上，他们已经在思想意识方面丧失了警惕。那可能是人们觉得，那种危险是无法避免的，或者说，即使采取了所有预防措施，这种危险依然存在，那不如干脆忘了它。也就是说，如果美国政府分散工业区，使城市非集中化，人们忘掉他们面临的威胁，似乎是合乎情理的。

我应该附带说一句，这个国家没有采取预防措施，这倒是正确的。因为如果那样做的话，就会使原子战争爆发的可能性加大，因为它使得世界上的其他国家相信我们已着手准备战争了。但是对于预防战争的事情，我们也没做什么。相反，却做了许多事情使原子战争更可怕。因而，我们没有理由忽视这个危险。

自原子弹研制成功后，我们没有做任何事情去防止战争，尽管美国曾在联合国提出过超国家控制原子能的建议。但这个国家所提出的是一个有条件的建议，而对于这个条件，苏联是绝不能接受的。这便有可能把失败的罪名归咎于苏联人。

但是在责备苏联人的同时，美国人不该忽略这样一个事实：在超国家控制形成之前，或者没有取得超国家控制的时候，他们并没有自愿放弃利用原子弹作为常规武器。这便使得其他国家感到恐惧。因为他们[14]感到，若其他国家拒绝接受超国家控制的条约，他们便可以把原子弹当作他们武器中的合法部分。

美国人或许可以使人相信，他们没有发动侵略战争或者预防性战争的决心，因而他们或许认为没有必要公开宣布自己不会第二次首先使用原子弹。但是，这个国家曾被郑重地邀请宣布放弃原子弹的使用——也就是说，宣布它不合法——而它却被拒绝了，除非超国家控制的条件被接受了。

我认为这个政策是个错误。拒绝声明不使用原子弹，的确有一定的军事利益，它抑制了其他国家，使他们不能发动一个在其中美国可能使用原子弹的战争。但是，有所得便有所失。这样一来，超国家的原子能控制基础上的相互理解变得更遥远了。只要美国掌握原子弹的唯一使用权，便不存在军事障碍。但是，一旦其他国家能够大量制造它，由于缺乏国际的协定，美国的损失将更重大，因为它集中的工业区和密集的人口在原子弹面前十分脆弱。

既拒绝宣布原子弹为不合法化，同时又垄断它，这使得美国在另一方面也受到了损失，它不能使公众接受在上次战争以前已被普遍接受的战争伦理准则。我们不该忘记，原子弹在这个国家是作为一种预防措施产生的，原本是用于阻止德国人使用原子弹的，若德国发现了它的话。轰炸非军事区是德国人始创的，也为日本人所采纳。对此，盟军以牙还牙——实际上，具有更大的杀伤力——而且，他们这样做在道义上是讲得通的。但现在，没有了挑衅，也就没有了军事报复和复仇的必要。拒绝使原子弹的使用不合法化显然有政治目的。这让人难以原谅。

我并不是说美国不应当生产和储存原子弹，我认为它应该这样做，因为它能抵御一个同样拥有原子弹的国家的原子进攻。但是，防范应该是储存原子弹的唯一目的。同样，我认为当联合国有自己的部队和武器时，它也应该有原子弹。但其目的也应是出于防范好战者或者反叛国家的原子进攻。同美国或者其他国家一样，它更不应该在最初阶段使用原子弹。在没有保证不使用原子弹的条件下储存它，是为了利用其使用权达成政治目的。可能美国是希望用这种方法恐吓苏联接受原子能的超国家控制。但是，这产生的恐惧只能加强对抗性并增加战争的危险。我的观点是：这个政策损害了原子能超国家控制的真正优点。

在战争中，我们不得不接受敌人卑劣低下的道德水准。我们已从这种战争中逃脱出来。但我们并未感受到从这个道德水准中逃离出来的自由，并没有开始恢复人类生活的神圣并保障平民的安全。事实上，我们把过去战争中敌人低下的道德水准作为我们目前的水准，因而，我们开始了另一场因我们的选择而变得卑劣的战争。

可能公众并没有完全意识到，在另一场战争中，原子弹将会被大量使用。由在上次战争结束以前爆炸的三颗原子弹的破坏力就可以衡量出这种危险。公众也许还未认识到：因其巨大的破坏性，原子弹已成为用于进攻的最经济的摧毁手段。在另一场战争中，将有足够多的原子弹，而且它们会相当便宜。除非在美国的政治和军事首脑以及公众自己这一边，有一个比现在更坚定的不使用原子弹的决心，否则，原子战争在所难免。除非美国人逐渐认识到他们并不因有原子弹而在世界上更强大，而是因受原子弹攻击而更脆弱；否则，他们不可能指导在成功湖[15]的政策，甚至不能处理它们与苏联推进相互理解的关系。

但我并不是说：美国未能宣布除报复外，原子弹的使用不具合法化，是其在原子能控制方面未能与苏联达成一致意见的唯一缘由。苏联人清楚地表示，他们会不惜一切代价阻止超国家政体的存在。他们不仅在原子能方面拒绝超国家政体，更在原则上竭力阻挠它。这样，他们便预先拒绝了加入“有限世界政府”的任何倡议。

葛罗米柯[16]先生正确地表明，美国原子提议的本质，证明国家主权已不适于原子时代。他宣称苏联不能接受这个论点。他给出的理由令人费解，因为它们显然是托词。但看来苏联领导者真的相信，在超国家政体下，他们不能保证国家的社会结构。苏联政府决定维持当前的社会结构，掌握了巨大权力的苏联领导人会通过这种结构的本性，毫不费力地阻止超国家政体的存在，控制原子能或其他任何东西。

在超国家政体制度下维持他们目前的社会结构会遇到困难，苏联人在这方面的想法可能部分是正确的，虽然他们很快会发现参加超国家政体比孤立于一个法治世界之外损失要少得多。但目前他们被恐惧引导，而且我们不得不承认：不仅在原子能方面，而且在其他许多方面，美国极大地激起了这些恐惧。事实上，这个国家在指导其对苏联的政策时似乎令人相信：恐吓是最有效的外交工具。

尽管苏联人力争阻止超国家安全体系的形成，但这并不等于世界上的其他国家就不应该创立此体系。上面已经指出，苏联有办法使用各种手段阻止他们不想发生的事；但是一旦发生了，他们又能灵活地适应它。所以，美国和其他强国最好不要允许苏联否决建立超国家安全组织。在此过程中，他们还抱着一丝希望：一旦苏联人明白他们不能阻止这样的政体，他们或许会加入其中。

迄今为止，美国政府表现出对保障苏联的安全不感兴趣。它关心的是自己的安全。这正是主权国家间权力冲突竞争的特征。但是没有人能够预先知道，倘若美国人民迫使他们的领导者建立一个取代当前国际关系无政府状态的政策，又会对苏联人的恐惧产生什么样的影响。在法治世界里，苏联人的安全如同我们自己的安全一样重要。要是美国人全心全意地支持这个计划——这在民主制下是可能的——在苏联人的思想中会产生一种奇迹。

目前苏联人尚没有证据使自己相信，美国人民不准备支持军事预备政策，而他们把这种政策看成是蓄意恫吓。如果他们能确信，美国人确实热切渴望以一种能够维持和平的方式，即通过超国家法治政权以维护和平，苏联人便不会为美国目前思想趋势中对苏联安全的威胁担心。只有等到一个由觉醒了的美国民众支持的天才的、令人信服的提议交给苏联之后，我们才有资格说苏联人的答复会是怎样的。

他们的最初反应也许会是拒绝这个法治世界。但如果有一天，苏联人开始明白，没有他们，这样的世界依然会形成，而且他们自身的安全感增加，他们的观念或许会改变。

我赞同邀请苏联人加入一个有权威提供安全保障的“世界政府”。若他们不愿加入，就开始建立没有他们参加的超国家安全组织。但我要承认，我很快意识到这样会产生很大的危险。倘若被采纳的话，就必须让人立即明白新的政体并非是一个反对苏联的政权联盟，它必须是一个联合体，由于其组合的性质，大大减少了战争的机会。它自己的利益比任何一个单独政体的利益都要复杂分散，这样更不可能发动侵略性的或者预防性的战争。它的权力将比任何单独的国家都要大，因而也更强。它在地理位置上幅员辽阔，这样更难以军事方式被打败。它将致力于超国家的安全，这样便不强调国家主权，而后者正是战争中一个很重要的因素。

如果一个没有苏联加入的超国家政体建立起来了，那它的和平使命将依赖于它的技巧和真诚。对尽力让苏联人加入进来的愿望的强调，在任何时候都应是明确的。这一点必须让苏联人明白，同样也要让组成这个组织的国家明白：绝不因为一个国家拒绝加入而惩罚它。如果苏联人开始没有加入，必须让他们确信，当他们决定加入时，他们会受到欢迎。创立这个组织的人应该理解：它们的最终目标是要得到苏联人的支持。

这是一些抽象的东西，很难概括出不完整的“世界政府”用以劝告苏联人加入的详细纲要。但对我而言，有两个条件是很清楚的：新的机构必须没有军事秘密；并且，在新的政策被起草、讨论和通过时，以及在决定机构的政策时，苏联人都有派遣观察员出席这个组织的每一次会议的自由。这样便会摧毁那个制造了大量世界猜疑的巨大秘密工厂。

提议设立一个没有任何军事机密的政体，可能冒犯了有军事头脑的人。他被教导相信，如此泄露秘密会使一个好战的民族意欲征服地球（对于所谓的原子弹的秘密，我猜想，苏联人通过他们自己的努力会在短时间内得到它）。我承认不保守军事秘密是个冒险行为。但是如果有足够数量的国家齐心协力的话，他们能冒这个险，因为他们的安全会大大增加。由于减少了恐惧、猜疑和不信任，我们有信心去冒这个险，世界上基于主权的战争可能性所增加的紧张形势，将会被逐渐增长的对和平的自信的轻松感所取代。很快，这可能对苏联人民有巨大的吸引力，以至于他们的领袖对西方的态度会变得温和。

在我看来，超国家安全体系内的成员关系不应当建立在一个任意的民主标准之上。在所有要求之中，最重要之处便是超国家组织——代表大会和委员会——的代表必须在每一个成员国内通过秘密投票由人民选举产生。这些代表必须代表人民而不代表任何政府——这将提高该组织的和平性质。

我认为，要求（超国家安全体系）也符合其他的民主标准，是不明智的。民主制度和标准在某种程度上是历史发展的结果，并不总是能被享有它们的国家所接受。任意的标准会加剧西方与苏联意识形态上的差异。

但是，并不是意识形态之间的差异把世界推向了战争。事实上，如果所有西方国家都实行社会主义，同时保持其国家主权的话，很有可能东西方之间的权力斗争会继续下去。在我看来，对目前的经济制度表现出的热情相当不合理。不管美国的经济生活是像现在这样由相当少的个人所支配，还是这些人应该受国家控制，这可能很重要，但不会重要到能证明在这个问题上所激起的热情是有道理的地步。

我希望看到一切组成超国家组织的国家集中他们所有的军事力量，而他们自己仅仅保留地方警察。那时，我愿意看到这些军队被混合起来，像奥匈帝国兵团一样被分配。那时的一些做法受到了高度评价。出于为帝国效力的目的，一个地区的士兵和军官，最好不是仅限于驻扎在自己出生的省里，以免受制于地方或种族的压力。

我希望看到超国家政体的权威集中限制到安全领域，我不敢肯定这是否可能做到。经验表明，除此之外，附加一些经济事务的权威的期望，或许是可取的，因为在现代条件下，这是引起国家动乱、播下暴力冲突的种子。但我宁愿看到此组织的作用都被限制在安全事务上。我也希望看到此政体通过联合国力量的壮大而建立起来，不至于牺牲在追求和平过程中的连续性。

不管一开始有没有苏联的参与，建立一个“世界政府”会遇到巨大困难，对此我并不想隐瞒。我知道这存在风险。既然我不希望允许任何已加入国退出该组织，那么风险之一便是可能爆发内战。但我也相信这个“世界政府”到时是会产生的，问题在于我们会为此付出多大的代价。即使有另一场世界大战，我也相信它是会产生的。若战争胜利了，那么在这场战争之后，它会是胜利者建立的“世界政府”，它依赖于胜利者的军事力量，这个政府只能通过人类的永久性军事化而被长期保留下来。

但是我也相信它会通过协商和说服的力量来形成，这样我们的代价就会小一些。但要它以这种方式形成，只诉诸理性是不够的。那些被委以人类道德教育重任的人肯定有很大的责任和机会。我想，原子科学家们已经相信，他们不能仅仅靠逻辑来唤醒美国人民认识原子时代的真理，必须加上感情的深沉力量，这就是宗教的基本成分。希望不仅是教堂，而且还有大中小学和舆论机构都能为这个目的而好好履行它们独特的职责。

赢得了战争，却没有赢得和平

本文是爱因斯坦1945年12月10日在纽约阿斯托酒店（Hotel Astor）举行的第五次诺贝尔纪念会晚宴上的致辞，选自1950年英文版《爱因斯坦晚年文集》。

物理学家们发现自己的处境极其类似于阿尔弗雷德·诺贝尔。阿尔弗雷德·诺贝尔发明了到他那个时代为止最具威力的炸药——一种极强的破坏手段。为了赎罪，也为了减轻良心上的负担，他为促进和平与实现和平设立了奖项。今天，这些参与制造有史以来最可怕、最危险武器的物理学家也被同样的责任感——如果不说是罪恶感的话——折磨着。我们不得不一次又一次地发出警告，但我们不能也不应该放弃我们的努力。我们要使世界各国，尤其是让其政府明白，除非他们改变彼此共处的态度，改变形成未来任务的态度，否则必将引起无法形容的灾难。我们帮助制造新式武器的目的在于防止人类的敌人先制成它。因为从纳粹的心态看，一旦得到这样的武器，他们必会奴役世界，必会给世界带来不堪设想的破坏。我们把此武器交到美国人和英国人手上，是因为我们把他们看成是全人类的受托人、和平与自由的战士。但至今为止，我们从未看到任何和平的保证，也没有看到任何《大西洋宪章》中承诺的自由的保证。赢得了战争，却没有赢得和平。战时联合起来的强国在和平解决问题时分道扬镳了。世界曾得到免于恐惧的承诺，但战争结束后，恐惧却与日俱增；世界也曾得到免于匮乏的承诺，但在一部分人生活富足的同时，世界的大部分地区仍面临着饥饿。国家也同样得到了解放和正义的诺言，但我们已目睹，甚至正在目睹“解放”部队向谋求独立和社会平等的人开火，而以武力支持那些国家里似乎最适合为既得利益集团服务的党派和个人。领土问题和权力之争，尽管已经过时，却依然压倒了共同的幸福和正义的基本要求。请允许我详细阐述一个例子，它仅是普遍症状的一个例子而已。这个例子是关于我自己的民族——犹太民族的。

只要纳粹的暴行仅仅是，或主要是针对犹太人的，世界上的其他国家都漠然地观望着，有的甚至同公然犯罪的第三帝国政府达成条约和协议。后来，当希特勒正要攻取罗马尼亚和匈牙利时，当麦达内克和奥斯威辛[17]落在同盟国手中，毒气室已为世界所知时，所有解救罗马尼亚和匈牙利两国犹太人的努力却落空了。英国政府向犹太移民关闭了巴勒斯坦之门，没有国家接纳那些被遗弃的人。他们被抛进了像在被占领国的兄弟姐妹们一样灭亡的命运。

我们永远不能忘记斯堪的纳维亚各国、荷兰、瑞士联邦这些小国的英雄行为，不能忘记欧洲被占领地区里竭尽全力保护犹太人的人们。我们也忘不了苏联的人道主义态度，当纳粹军队挺进波兰时，她是强国中唯一为数十万犹太人敞开大门的国家。但是，当不受阻止的一切发生之后，今天的状况又如何呢？在不考虑当事人意愿的情况下，欧洲领土正在被瓜分。与此同时，残余的仅有战前五分之一人口的欧洲犹太人，又被拒绝接近巴勒斯坦的避难所，又被抛进饥寒交迫的边缘并受到持续的敌视。至今没有一个国家愿意或能够为其提供和平、安全的生活场所。事实上，许多人依然被同盟国拘留在集中营之中，此等卑劣丢脸的状况足以证实现状的可耻与无望。他们据称是依据民主的原则被禁止进入巴勒斯坦，而事实上是握着白皮书禁令的西方强国屈服于来自五个广阔而人口稀少的阿拉伯国家的威胁和压力。英国外交大臣告诉可怜的一小部分欧洲犹太人，他们应留在欧洲，因为那里需要他们的智慧；另一方面，他又建议他们不要试图站在队伍的最前列，以免招致新的仇视和迫害。这真是最绝妙的嘲讽。嘿，我担心他们帮不了什么忙。与其意愿大相违背的是，与六百万死难同胞一起，他们被推到了前列，推到了纳粹受害者的前列。

战后的世界景象并不光明。对于我们物理学家而言，我们不是政客，也绝不试图干涉政治，但我们知道一些不为政客所知的事情。我们觉得有责任宣告并且提醒那些负责的人注意，不存在逃避责任、进入从容舒适状态的办法；我们再不能一点点前进而把必要的改变拖至不确定的未来，我们已没有时间做微不足道的讨价还价；形势要求我们做出不懈的努力，要求我们在总体态度和整个政治概念上做出根本性的转变。但愿那种促使阿尔弗雷德·诺贝尔设立伟大奖项的精神，那种人与人之间的信任、自信、慷慨和兄弟情谊能在一些决定我们命运的人的头脑中占据优势。否则，人类文明便会毁灭无疑。

军国主义的心态

本文首次发表在纽约出版的1947年夏季号《美国学者》(*The American Scholar*),选自1950年英文版《爱因斯坦晚年文集》。

"二战"期间,美国政府对科学研究提供了前所未有的资金支持,最著名的例子是美国军方的曼哈顿工程。战后,美国陆军试图通过《梅-约翰逊法案》(*May-Johnson Bill*)继续保持对原子能研究的控制,却遭到了科学界的坚决抵制。陆军的计划在1946年春天化为泡影,当时杜鲁门总统宣布支持《麦克马洪法案》(*McMahon Bill*),该法案授权建立一个由文职政府控制的原子能委员会。尽管如此,根据共和党参议员阿瑟·范登堡(Arthur H. Vandenberg,1884—1951)提出的修正案,陆军通过一个与原子能委员会(AEC)相关的常设军事联络委员会维持它的影响。这与主要的原子科学家产生了冲突。这一冲突很快引发了是由军人还是由文职人员来控制大规模科学研究项目的广泛讨论。爱因斯坦的这篇文章是对路易斯·赖德诺尔(Louis N. Ridenour,1911—1959)的文章——《军方对美国科学的支持,是一个危险吗?》(*Military Support of American Science, a Danger?*)的众多回应文章之一。赖德诺尔曾在"二战"期间领导开发了绰号为"麦克"(Micky)的机载微波雷达,能通过云层进行轰炸。他曾担任洛克希德公司副总裁和艾森豪威尔总统的顾问。

在我看来，我们的形势中决定性的一点在于，我们面前的问题不能被看成是孤立的。首先，有人会提出这样的问题：从今以后，学术和研究机构越来越依赖于国家的拨款，因为各种原因表明，私人的财力是不够的。但这是不是说，为了这些目的，就有理由把从纳税人手中收缴的资金交由军方分配？每一个理智的人都会对此说——“不！”显然，这种慈善分配的艰巨任务应落到特定的人手里，他们所受的教育和工作经历证明他们懂得一些关于科学和学术的事情。

倘若明白事理的人还是倾向于由军事机构来分配这种可利用的大部分基金的话，他们的态度是基于如下事实：他们把其普遍的政治主张置于文化关怀之上。那么，我们就必须把注意力集中在这些现实的政治观点之上，关注它们的起源与背后的含义。这样做的时候，我们就应很快认识到，当前讨论的问题仅为沧海一粟，只有在更广阔的框架中才能对其进行全面的评估和恰当的裁定。

我们所提及的趋势对于美国来说却是新鲜之物。它们的兴起受两次世界大战以及随后集中所有力量达成军事目标的影响，这样一来，一种压倒一切的军事主义被发展起来，而后者又随着突然的胜利而备受强调。这种主义的特征就是伯兰特·罗素非常生动地称之为的“赤裸裸的权力”（naked power）的重要性被置于其他所有影响人与人之间关系的因素之上。德国人，尤其是在俾斯麦[18]胜利的误导下，其精神状态也经过了同样的转变。其结果便导致他们在不到一百年的时间内遭到了彻底的毁灭。

我不得不坦白承认，自从战争结束后，美国的外交政策让我有时不禁想到威廉二世[19]统治下的德国。而且我知道，不光是我，这种相似性也让很多人产生了痛苦的感觉。军国主义的特征在于，人以外的因素（原子弹、战略基地、各种类型的武器、对原材料的占有等等）被看成至关重要的；而人本身、人的欲望和思想——简言之，心理因素——被看成是无关紧要的、第二位的。个人被降级为单纯的工具，成了“人力军备”。人渴望的正常目标在这种观点下便消逝了。军国主义的心态所提出的“赤裸裸的权力”取而代之成了目标本身——这是人类所能屈服的最奇特的幻觉之一。

在我们的时代，军国主义的心态比以前更危险，因为进攻性武器越来越比防御性武器厉害。因而，它必然会导致预防性的战争。与此紧密相关的是普遍的不安全性，在国家福利的幌子下牺牲了公民的民事权。政治迫害和对各方面的控制（比如对教学和研究的控制、对媒体的控制等等）便会不可避免地出现。而且正因如此，也不要期望会遭到公众的抵抗。倘若不是因为它不合乎军国主义的心态，民众的抵抗本该提供一种保护。逐渐地，对一切价值的重估开始了。任何东西，只要不能明确服务于这个乌托邦式的目标，都会被当作下等的东西对待。

在我看来，要摆脱这种普遍状况的唯一出路，便是要有建立在超国家基础上的以安全为目标的，长远的、诚实的、勇敢的政策。只要外部情况还认为这个国家应该承担起领导角色，让我们期盼能寻找到足够多并且具有崇高道德权威的人来引导这个国家走上正轨。如果找到了这样的人，我们在这里讨论的问题便不复存在了。

与苏联科学院院士的书信往来

本文选自 1947 年 11 月 26 日在莫斯科出版的《新时代》(*The New Times*)杂志及 1948 年 2 月在芝加哥出版的《原子科学家公报》(*Bulletin of the Atomic Scientists*)。

一封公开信：爱因斯坦博士的错误观点

著名物理学家阿尔伯特·爱因斯坦不仅以其科学发现而知名，近年来，他对社会和政治问题表现了极大的关注。他通过电台发表演讲，并在报刊上发表文章。他与许多公共组织保持着联系。他一次又一次大声疾呼反对纳粹的残暴行径。他是持久和平的倡导者，并就反对新战争的威胁、反对军国主义者把美国的科学完全置于其控制之下的野心发表了讲话。

苏联科学家和苏联广大人民欣赏这种人道主义精神，它促成了这位科学家的这些活动，尽管他的立场并不总是如人们所要求的那样坚定不移和轮廓鲜明。然而，在爱因斯坦一些新近的言论中，有些方面在我们看来不仅是错误的，而且对爱因斯坦热烈拥护的和平事业有很大损害。

我们认为有责任促使公众关注，以便澄清如何最有效地为和平而工作这样一个重大的问题。爱因斯坦博士最近一直倡导的“世界政府”思想正应该从这一角度进行考虑。

在对这种思想表示拥护的形形色色的支持者中，除了将其用来为无限扩张做掩护的不折不扣的帝国主义者，在资本主义国家，还有相当数量的知识分子，他们被这种思想的貌似合理性所俘获，却没有意识到这种思想的真实含义。这些爱好和平、思想自由的人相信“世界政府”将是制止世界邪恶的一副万应灵丹和维护世界持久和平的卫士。

“世界政府”的鼓吹者大量利用似乎激进的论据，即在原子时代，国家主权是过去的遗物，正如比利时代表斯巴克[20]在联合国大会中所说的，是一种“过时的”甚至是“反动的”观念。很难想象有比这个论据更远离真理的了。

首先，一个“世界政府”和超国家的观念绝不是原子时代的产物，它比这个时代要古老得多。例如，在国际联盟形成时，它们就曾引起过争论。

其次，这种观念在当今时代中从来都不是进步的。它们反映了统治主要工业国的垄断资产阶级认为其本国国界太狭窄这一事实。他们需要一个世界范围的市场、世界范围的原材料来源和世界范围的资本投资场所。由于他们在政治和行政事务中的支配地位，势力庞大的垄断利益能够利用国家机器争夺势力范围，并用经济和政治手段努力征服其他国家，以便能像在他们自己国家一样自由地充当主人。

我们从自己国家的经历中很清楚地认识了这一点。在沙皇制度下，由于俄国的反动统治以其廉价的劳动力和丰富的自然资源奴性十足地迎合资本家的利益，俄国成为外国资本家的诱人佳肴。法国、英国、比利时和德国的公司像肉食鸟一样在我国大吃大喝，赚取在他们国内不可想象的利润。他们以敲诈性的贷款把沙皇俄国跟资本主义西方绑在一起，在由外国银行提供的资金支持下，沙皇政府残酷镇压革命运动，阻止俄国科学文化的发展，煽动对犹太人的集体迫害。

伟大的十月革命打碎了把我国和世界资本主义垄断势力束缚在一起的经济和政治依赖的锁链。苏维埃政府使我国第一次成为真正自由、独立的国家，以历史上迄今为止从未有过的速度促进了我国社会主义经济、技术、科学和文化的发展，使我国成为世界和平与安全的一个可靠堡垒。我国人民在国内战争中，在反对国际帝国主义国家集团的干涉和反抗纳粹侵略的伟大战争中支持国家的独立。

而现在一个“世界超级国家”的鼓吹者却正在要求我们为了“世界政府”自愿交出这种独立。这只是资产阶级垄断势力争夺世界霸权的一块色彩艳丽的招牌。

显而易见，对我们提出任何这样的要求都是十分荒谬的。而且，这样的要求不仅仅对苏联而言是荒谬的。第二次世界大战结束后，很多国家成功地挣脱了压迫和奴役的帝国主义体系。这些国家的人民正努力把经济独立和政治独立结合起来，排除国外势力对他们国内事务的干涉。再者，殖民地和附属国中迅速发展的民族独立运动已经唤醒了数以亿计人民的民族意识，他们再也不愿保持其奴隶身份了。

帝国主义国家的垄断者已经失去了许多有利可图的、可进行剥削的领域，并面临着失去更多这种领域的危险。但他们正在尽力剥夺已经从其统治下挣脱出来的、独立了的国家，这些垄断势力很讨厌这种独立。它们还在尽力阻止殖民地的真正解放。为了达到此目的，帝国主义者就诉诸军事、政治、经济、意识形态战争等尽可能多样的方法。

与这一社会训令一致的，是帝国主义的意识形态专家努力使人们怀疑“国家主权”这一概念。他们所用方法之一就是为“世界国家”的虚伪计划辩护。这些计划声称要消灭帝国主义、战争和国家之间的仇视，确保普遍法律的胜利，等等。

正在努力夺取世界霸权的资本主义掠夺欲就这样被披上了伪进步的观念的外衣，这一观念在资本主义国家里对一些知识分子——科学家、作家以及其他人——颇有吸引力。

在去年9月致联合国各代表团的一封公开信中，爱因斯坦博士提出了一个限制国家主权的新方案。他建议联合国大会应加以改组，应被改为一个拥有比安理会更大权威的长期起作用的世界议会。爱因斯坦宣称（重复着美国外交追随者们一天到晚都在讲的论调）：安理会因否决权而陷于瘫痪。根据爱因斯坦博士的计划，改组后的联合国大会有最后决定权，大国一致的原则将被摒弃。

爱因斯坦建议联合国代表应通过普选产生，而不是像现在这样由各国政府任命产生。乍一看，这个建议似乎是进步的，甚至是激进的，事实上，它丝毫无助于改进现状。让我们自己想象一下，这种“世界议会”的选举实际上意味着什么。

世界人口的很大一部分至今仍生活在被总督、军队和一些资本主义大国的金融和工业垄断势力统治的殖民地和附属国之中。在这些国家中的“普选”实际上意味着代表由殖民政府和军事当局任命产生。人们很容易就能找到例子，只要回想一下在希腊举行公民投票的拙劣表现就可想而知。这次公民投票是在英国刺刀的保护下，由保皇分子–法西斯主义统治者实施的。

但在正式存在普选制的国家里，情况并好不了多少。在由资本统治的资产阶级民主国家，资本家们借助数以千计的欺诈和诡计使普选制和投票自由成为一场闹剧。爱因斯坦当然知道美国上次的国会选举只有39%的选民前去投票，他当然知道南方各州数以百万计的黑人事实上被剥夺了公民权，或不时在私刑的威胁下，被迫选举他们的死敌，例如极端反动、仇恨黑人的比尔博参议员（Senator Bilbo）。

选举税、特别检查和其他方法被用于剥夺数以万计的移民、季节工人和贫困农民的选举权。我们暂且不提及广泛盛行的贿选，也不提及被腰缠万贯的报业主控制的对公民有巨大影响的工具——反动的新闻界——的作用，等等。

所有这些表明，在资本主义世界的现有条件下，爱因斯坦建议的通过普选成立世界议会究竟意味着什么。它的结构不会好于现在的联合国大会，它将是对群众的真实情感、对他们持久和平的要求和愿望的扭曲反映。

我们知道，由于联合国压倒多数的成员有赖于美国，被迫根据华盛顿的要求修改它们的外交政策，所以在联合国大会和联合国各委员会中，美国代表团有一套任凭差遣的固定表决机器。例如许多拉丁美洲国家，都是农业单一作物制的国家，被美国垄断者捆住了手脚，后者决定着它们产品的价格。在这样的情况下，难怪在美国代表团的压力下能在联合国大会产生一种机械多数（mechanical majority），因为这些国家根据他们事实上的主子的命令进行投票。

在有些情况下，美国的外交使团发现打着联合国的旗号实施某些法案比通过国务院更有利。看看臭名昭著的巴尔干委员会或被派去监督朝鲜选举的委员会就很清楚了。正是怀着把联合国变成美国国务院一个部门的目标，美国代表团才强行通过“小型大会”的方案。这实际上是取代遵循大国一致原则——这个原则被证明是妨碍实现帝国主义方案的一个障碍——的安理会。

爱因斯坦的建议将导致同样的结果，它远不能促进持久和平与国际合作，而将其仅仅作为对建立了阻止外国资本从当地掠夺利润的政权的国家进行攻击的掩护屏障。它将助长美帝国主义肆无忌惮的扩张，并在思想意识方面解除保持独立的国家的武装。

由于命运的嘲弄，爱因斯坦事实上已经成为和平与国际合作最凶恶敌人的阴谋与野心的支持者。他在那条路上走得太远，竟然在公开信中预先宣称，如果苏联拒绝加入他那个新奇的组织，别的国家完全有权单独行动，而为苏联最终作为成员或“观察员”参加这个组织敞开大门。

本质上，这个建议与美帝国主义的公开拥护者的建议没有什么区别，不论爱因斯坦博士事实上跟他们有多大不同。这些建议的要点和实质是，如果联合国不能成为美国政策的武器，不能成为帝国主义阴谋和方案的掩护，这个组织就应被摧毁，代之以一个没有苏联和新的民主国家参加的新的“国际”组织。

难道爱因斯坦博士不知道这些计划对国际安全与合作会是多么致命吗？

我们认为爱因斯坦博士已走上了一条错误而且危险的道路，他在一个存在着不同社会、政治和经济制度的世界里追逐着“世界国家”的海市蜃楼。如果人们能清醒地看待不同国家之间社会和经济结构的差异，就没有理由能说明为什么这些国家不能进行经济和政治合作。爱因斯坦正发起一场政治奇想，但实际上却落入诚恳的主张国际合作与持久和平的死敌手中，任凭把玩。他所发明的联合国成员国采纳的方针没有带来更大的国际安全，而是带来了新的国际复杂性。它只会使资本垄断者受益，对于他们而言，新的国际复杂性带来了更多战争合同和更多利益的保证。

正是由于我们如此看重爱因斯坦作为一位杰出的科学家，一位尽其全力促进和平、具有公共精神的人，所以我们认为以完全坦诚而不带外交饰词的方式表达观点是我们的责任所在。

瓦维洛夫[21]

弗鲁姆金[22]

约飞[23]

谢苗诺夫[24]

阿尔伯特·爱因斯坦的回答

在《新时代》杂志的一封公开信里，我的四位苏联同行发表了对我的善意的抨击。我欣赏他们所做的努力，更欣赏他们如此坦诚直率地表达了他们的观点。只有当一个人尽力地去全面了解他的对手的想法、动机和担忧，以至于能够透过对方的视角[25]看清世界时，才有可能在人与人的事务中表现得明智。所有本意善良的人都应尽可能为增进这种相互的了解做出贡献。正是出于这种精神，我恳请我的苏联同行和其他读者接受我对于他们来信的如下答复。这是一个急切地努力寻找可行解决办法的人的答复。他并不幻想他自己知道了“真理本身”或“正确的道路”。倘若我在下文中表述的观点有些武断，我那样做也仅仅是为了清晰、简洁。

尽管你们的来信主要看起来是针对非社会主义的别国，尤其是对美国的攻击，但我相信，在进攻性阵地后面存在着防御性的精神态度，那不是别的，正是走向无限的孤立主义的趋势。这种向着孤立主义的逃离是不难理解的，只要你认识到苏联在过去30年里在他国手中遭受到的一切——德国入侵时对平民有计划的大屠杀，内战时期外国的干预，西方媒介系统的诽谤运动，以及将希特勒作为攻打苏联的所谓工具加以扶持的行为。但是，不管这种孤立的愿望是多么可以理解，它对苏联乃至所有其他国家都有着巨大的灾难性。关于这一点，我将在后面详细阐述。

你们攻击我的主要目标集中在我对于“世界政府”的支持。我将会讨论这个重要的问题，但首先我想就社会主义与资本主义的敌对说几句话，因为看起来你们对于这种敌对的重大意义的态度完全决定了你们对于国际问题的观点。如果客观地考虑社会—经济问题的话，情况是这样：技术的发展使得经济机构不断集中。也正是这种发展使得在所有广泛工业化的国家里，经济实力开始集中在相对少数人的手里。在资本主义国家里，这些人不需要就他们的行为对广大民众负责，但在社会主义国家里，他们必须对民众负责，因为在那里，他们正如行使政治权力的人一样，都是民众的公仆。

我赞成你们的观点，即社会主义经济拥有的优点完全可以平衡其缺陷，只要这种管理至少在一定程度上达到了适当的标准。毫无疑问，终有一天所有国家（只要那些国家依旧存在）将会感激苏联第一次排除了巨大的困难，以有力的行动展示了计划经济的实际可行性。我也认为资本主义，或者我们应该说自由企业制度，将不能够应付失业问题，而这又由于技术的进步而变成一个长期的问题，而且不能够在生产能力和民众购买力之间维持一个合理的平衡。

另外，我们不能把所有社会的、政治的罪恶归咎于资本主义，并且错误地假定社会主义的建立恰好能够治愈人类所有社会的、政治的痼疾。这种信念的危险首先在于它实际上鼓励了所有“忠实信徒”的狂热的不宽容性，它把一种可能的社会方式变成了一种像教会一样的东西，把所有不属于它的人视为反叛者或肮脏的罪人。一旦达到这一步，理解那些“非忠实信徒”的信念和行为的能力便消失殆尽了。我确信，你们从历史上可以知道，这种顽固的信念使人类遭受了多少不必要的痛苦。

任何政府，只要自身携有蜕化为专制暴政的趋势，它本身就是罪恶。然而，除了极少数无政府主义者以外，我们所有人都认为，没有政府，文明社会也就不复存在。在健全的国家里，民众的意愿和政府的意愿之间存在着一种动态平衡，它能阻止政府蜕化为专制暴政。显然，当在一个国家里，政府不仅对军事力量拥有权威，而且对教育与信息渠道及每一个公民的经济存在拥有权威时，这种蜕化的危险就更加严重。我说这些仅仅是想表明，不能把社会主义当成所有社会问题的解决办法，而只能看作能够容纳这种解决方法的一个框架。

在你们的信里所表述的普遍态度中，最令我惊诧的是以下方面：你们在经济领域是如此激烈地反对无政府状态，同时你们又是无政府状态如此热烈的赞同者，比如，在国际政治领域的无限制的主权问题上。对于你们来讲，缩减各个独立国家的主权的建议本身是该受谴责的，因为它是对天赋权利的一种侵犯。而且你们努力去证明，在缩减主权的想法背后，美国隐藏了不通过战争便对世界其他国家实施经济统治和剥削的企图。你们以自己的方式分析了这个政府自上次战争后的某些行为，试图证实这一指控。你们试图表明，联合国大会不过是由美国乃至美国资本家操纵的傀儡。

这些论点给我的印象如同一种神话，它们是不能说服人的。但是，它们使我们两国知识分子深刻的疏远变得明显，这种疏远是令人惋惜的，是人为隔离的结果。如果个人之间自由的意见交换成为可能，并受到鼓励的话，那么知识分子，或许比别的人更能够帮助在两国及他们的问题间建立相互理解的氛围。这种氛围是政治合作的进展富有成效所必需的先决条件。然而，既然我们暂时只能依赖于这种麻烦的“公开信”的形式，我想简洁地表明我对于你们的论点的反应。

没有人想否认经济的寡头统治对我们公众生活的所有部门的影响力。然而，这种影响力也不应被高估。尽管有这些强大集团的绝望的反对，富兰克林·德拉诺·罗斯福[26]依然当选为总统，而且还当选过三次，并且这是在不得不做出有重大影响的决策的时刻发生的。

关于战后美国政府的政策，我不愿意，也不能，更无资格去对之进行辩护或解释。但不能否认，美国政府对于原子武器的建议至少表明了朝建立超国家的安全组织所做的努力。如果它们不是可接受的，至少可以作为对于真正解决国际安全问题进行讨论的基础。实际上，正是苏联政府部分否定、部分拖拉的态度，才使得这个国家本意善良的人很难如愿地运用他们的政治影响力去反对“战争贩子”。至于美国对于联合国大会的影响，我想说，在我看来，这似乎不仅是由于美国的经济和军事力量，而且也由于美国和联合国朝着真正解决安全问题所做的努力。

关于有争议的否决权，我相信努力消除它或使其无效，有它们基本的原因，这种原因主要不是美国的特别意向，而更多的是否决权被滥用的做法。

现在，我来谈论你们所认为的下列看法：美国政策的目的在于获得对别国的经济统治和剥削。谈论任何关于目的和企图的事情都是一件危险的事。我们不妨考察一下其中的客观因素。美国有幸可以在自己的国家生产足够数量的工业产品和食品，它又拥有几乎所有重要的原材料。由于固执地坚信“自由企业”，它不能维持民众购买力和国家生产能力之间的平衡。正是这个原因使失业问题带来的危险已达到迫在眉睫的地步。

由于这些情况，美国被迫强调出口贸易，非此它不能永远保持其全部生产设备被充分利用。倘若出口被进口以相同价值平衡的话，这种状况便是无害的。那时，对外国的剥削就在于进口的劳动价值远远超过出口。然而，由于每一种进口将使生产设备的一部分闲置，（美国）正全力避免这一点。

这便是为什么外国不能偿付美国的出口商品的缘由。从长远看，只有通过后者的进口，偿付才真正成为可能。这就解释了为何大部分黄金都来到了美国。总的来说，这些黄金是无用的，除非购买外国商品，其原因在上文中已陈述过。于是，这些被仔细保护起来以防偷盗的黄金成了称颂政府的智慧和经济的科学的纪念碑。上面陈述的理由使我很难认真对待所谓美国剥削全世界的说法。

然而，上面描述的状况有其严重的政治后果的一面。由于上述原因，美国被迫出口部分产品到外国。这些出口是通过美国给别国的贷款来支付的。实际上，我们很难想象这些贷款会被还清。因而，出于现实的原因，这些贷款必须被当成一种馈赠，它成了权力政治领域里的武器。鉴于现存的状况及人类的普遍性格，我坦率地承认，这表现出了一种真正的危险。然而，难道事实上不正是表明我们已陷入国际事务中的一种状态——倾向于把我们头脑里的每一个发明、每一件实物当成武器，并最后成为对人类的危害吗？

这个问题把我们带到了最重要的事情上来，与之相比，任何别的事情都变得毫无意义。我们都知道强权政治迟早会导致战争。而在现有状况下，战争就意味着巨大的人员和物资毁灭，其程度将远远大于历史上发生过的任何事情。难道真的由于我们的冲动和流传下来的习惯，不可避免地使我们注定相互彻底毁灭，而不留下任何值得保留的一点儿东西吗？在我们在这次奇怪的通信往来中所论及的争议和不同的观点与我们身处其中的危险相比，难道不都是显得毫无意义吗？难道我们不应该竭尽全力减少威胁着所有国家的危险吗？

如果我们坚持无限制的国家主权的想法和行为，那它就只能意味着每个国家保留通过战争手段达到各自目的的权力。在此状况下，每个国家都必须为这种可能性做准备，这又意味着它必须尽全力超过其他国家。这个目标会逐渐统治我们的公众生活，而且在灾难降临前毒害我们的年轻人。但是，只要我们还保留了一点儿冷静的理智和人类情感，就坚决不能容忍它。

这便是我支持“世界政府”这一想法时所持有的观点，而不管为此目标工作的其他人是如何想的。我赞同“世界政府”，是因为我深信没有别的可行办法能减轻人类所面临的最恐怖的危险。避免完全毁灭的目标必须高于其他一切目标。

我深信，你们会认为这封信是集我所有的忧虑和诚挚写成的；我相信，你们会以同样的精神接受它。

在接受“一个世界奖”颁奖会上的演讲

本文选自1948年4月27日爱因斯坦在纽约卡内基音乐厅接受“一个世界奖”(One World Award)时的致辞。

现在还不完全清楚是哪个组织在1948年给爱因斯坦颁发了“一个世界奖”。奖项委员会主席是雅克·费朗（Jacques F. Ferrand），其真实姓名为伊萨克·弗里德兰（Isaak Friedland），生卒年月无从考证。他原本是一名德国记者，纳粹上台后，他先从德国移民到法国，然后又在1940年移民美国纽约。费朗似乎在一家公共广播电台的对外部门工作，担任过美国诺贝尔纪念委员会（American Nobel Memorial Committee）的秘书。爱因斯坦于1948年4月27日在卡内基音乐厅发表了这篇呼吁建立一个超国家组织的演讲，这是众所周知的。

现在的“一个世界奖”与1948年爱因斯坦获得的“一个世界奖”没有任何关系。它成立于1974年，是由一家以格林兄弟童话《莴苣姑娘》(*Rapunzel*)命名的天然食品集团创办的。

我被你们想要授予我的这份殊荣深深感动了。在漫长的生命历程中，我从同代人那里获得了远非我应得的认可。我承认，我的羞愧感始终超过我从中可能获取的快乐。然而，此时此刻，跟以前任何时候相比，得奖给我带来的痛苦远远超过快乐。因为，所有像我们这样关注和平以及理性与正义获得胜利的人都必须清楚地意识到，理性与诚实善良对政治领域发生的事件所产生的影响是多么微不足道。然而，不论这种影响多么微弱，也不论我们未来的命运会怎样，我们都可以确信：如果没有那些关注全人类利益的人所进行的不知疲倦的奋斗，人类的命运会比现在还要糟糕。

在此危急存亡之际，我们必须先要向同胞说明的似乎是：在对物质力量无所不能的信仰在政治生活中占上风的情况下，这种物质力量将显示出自身独有的生命力，而且比试图只将其作为工具的人想象的更加强大。建议国家实行军事化，不仅会使我们遭受迫在眉睫的战争威胁，而且还将逐渐并必然地摧毁我们这块土地上的民主精神与个人尊严。宣称因为国外发生的事件迫使我们武装起来的做法是错误的，我们必须全力以赴地与此做斗争。事实上，我们自己重新发展军备的行为，通过其他国家对此做出的反应而将导致的局面，恰恰构成了赞成发展军备的人坚持自己主张的基础。

只有一条道路可以通向和平：超国家组织之路。而建立在国家基础上的单方面军备，只能强化普遍的不确定感以及缺乏有效保护的混乱局面。

给知识分子和平大会的信

本文是爱因斯坦为 1948 年 8 月 25 日在波兰弗罗茨瓦夫（Wroclav）召开的“知识分子和平大会”（The Peace Congress of Intellectuals）准备的发言稿。爱因斯坦收到邀请，但未能成行，他委托奥托·那坦（Otto Nathan，1893—1987）代为宣读。但由于里面有建立“超国家组织”（即“世界政府”）等内容，大会组织者建议那坦删掉，但遭到了拒绝。这篇发言稿最终并未真正在会上宣读。爱因斯坦后来将本文交给《纽约时报》，于 1948 年 8 月 29 日发表。

本文译自 1950 年英文版的《爱因斯坦晚年文集》，同时参考了 1979 年德文版《爱因斯坦晚年文集》（Albert Einstein, Aus meinen späten Jahren. Stuttgart: Deutsche Verlags-Anstalt, 1979）。

作为许多国家的知识分子和学者，今天我们怀着深刻的历史责任感在这里相会。我们有充分的理由感谢法国和波兰的同行，由于他们的提议，我们为了一个重大的目标集合在一起：利用有智之士的影响来促进世界范围的和平与安全。这是一个非常古老的问题，柏拉图是最早试图努力为之奋斗的人之一——运用理性和谨慎来解决人的问题，而不是向远祖遗传下来的本能和热情投降。

通过痛苦的经验，我们懂得，理性思考不足以解决我们社会生活中的诸多问题。深入的研究和敏捷的科学工作对人类常常具有悲剧性的含义。一方面，它产生了使人从精疲力竭的体力劳动中解放出来的发明；但另一方面，它给人们的生活带来严重的不安，使人成为其技术环境的奴隶，所有这些中最为灾难性的是——发明了人类自我大规模毁灭的手段。这实在是令人难以忍受的悲剧！

尽管这个悲剧是令人痛心的，但更具悲剧性的是：人类在科学和技术领域里产生了这么多极为成功的学者，但长期以来，我们在寻找困惑人类的许多政治冲突和经济压力的适当解决途径时却束手无策。无疑，国内以及国家之间经济利益的冲突在很大程度上要对导致今日世界的危险局势和威胁负责。人类在创建一个保证世界上民族之间和平共存的政治和经济组织形式方面还未成功，在构建一个消除战争的可能性、永远禁止大规模毁灭的谋杀性装置的体系方面还未成功。

我们这些具有悲剧命运、帮助制造更可怕和更有效的灭绝方法的科学家，必须考虑运用我们的全部权力去阻止这些武器被用于野蛮的目的，把它看成是我们神圣和庄严的责任。有什么目的对我们来说能比这更重要呢？有什么社会目的能比这更接近我们的心灵呢？这就是为什么这次会议具有如此重要使命的原因。我们来这里相互协商。我们必须建筑联结各国之间的精神和科学的桥梁。我们必须克服国家边界的可怕障碍。

在较小的社会生活中，人们在瓦解反社会的统治权方面取得了一些进步。比如，在城市里的生活就是这样。在某种程度上，甚至在个别国家内部的社会生活也是如此。在这样的社会里，传统和教育具有一种调节性的影响，给生活在这些范围内的人带来了宽容的关系。但在不同的国家之间，完全的无政府主义仍然流行。我不认为在过去的几千年里，我们在这个领域里做出了任何真正的进步。国家之间长年不断的冲突仍然是诉诸武力、诉诸战争来解决的。不论在何方，不论在何时，只要实际上有可能，随时随地都会激发无穷无尽的野心，无限制地贪求更大的权力。

贯穿历史的国际事务中的这种无政府状态让人类承受了不可言状的痛苦和毁灭。它一次又一次阻碍人类的进步，妨碍他们身心的发展。在某些时候，它几乎毁灭了整个区域。

然而，国家试图经常处于战争准备的愿望，仍然对人类的生活产生了其他反响。每个国家对其居民的权力的控制，在过去的几百年里，已经稳步地增长了。在这一点上，权力被明智地运用的国家一点儿也不比被残暴专制统治的国家差。很大程度上因为现代工业设置的集中化，政府在其居民间保持和平及有秩序的关系的功能，变得越来越复杂和广泛。为了防止其居民免受攻击，没有一个现代政府不要求一个扩张的军事设施。另外，政府认为教育它的居民存在战争的可能性是必要的，这种“教育”不仅腐化了青年人的心灵，而且反过来影响了成年人的心理状态。没有一个国家能够避免这种腐化。这种腐化甚至蔓延到了那些并无侵略意图的公民之中。国家因而变成了一个现代偶像，它的挑动性的权力很少有人能逃脱。

然而，战争教育是一种妄想。过去几年里的技术发展创建了一个全新的军事状况。令人恐怖的武器被发明出来，它能在几秒钟内让大量的人灭绝，并让巨大的地区毁灭。由于科学还没有发明防范这些武器的方法，现在国家不再能恰当地保护其居民的安全。

那么，我们如何才能得救呢？

只有当一个超国家的组织唯一具有产生和拥有这些武器的权力时，人类才能从这种不可想象的毁灭和不负责任的灭绝中得到保护。然而，除非这个组织具有合法的权力，能解决过去导致战争的所有冲突，否则很难想象在现存条件下，国家把自己手中的权力交给超国家组织。单个国家的功能将或多或少集中在内部事务上，在它们与其他国家的关系上，它们只处理那些绝不会导致危及国际安全的争端和问题。

不幸的是，没有任何迹象表明，各国政府已经认识到人类目前所处的情形已迫使人们不得不采取革命性手段。我们的情形是过去的任何事情都不能比拟的。因而，不可能把在较早阶段满足的方法和手段应用到现在。我们必须彻底改变我们的思考方式，彻底改变我们的行动，必须有勇气彻底改变世界上国家之间的关系。昨天的陈词滥调不再适合于今天，无疑也将在明天毫无希望地过时。让世界上的所有人都认识到这一点，是知识分子肩上从未担负的最重要和最重大的社会职责。他们是否有足够的勇气尽可能超越民族教育的纽带，来启发世界人民以最彻底的方式改变其根深蒂固的民族传统呢？

必须付出巨大的努力。如果这种努力失败了，那么超国家组织（世界政府）很快将只会在人类今天尚存的大部分废墟上出现。让我们希望，废除现存国际的无政府状态将不需要导致一个自作自受的世界灾难，这场灾难的程度我们当中没有一个人能想象得到。时间苦短，如果我们要行动，就必须现在行动。

为什么要社会主义？

1949 年 5 月，爱因斯坦应朋友奥托·那坦的邀请，为后者的朋友、美国社会主义期刊《每月评论》创刊号的编辑休伯曼（Leo Huberman，1903—1968）写了这篇被认为是其最重要和最著名的政治著作之一的文章。在爱因斯坦看来，在资本主义制度下，私人资本的寡头政治具有巨大的影响力，即使具有民主运行机制，也无法控制；更重要的是，这种体制未能释放人类创造力的全部潜能。他最后得出结论，只有通过有计划的非官僚经济，寡头政治才能得到有效控制，人类的潜能才能得到真正释放。

文章的最后一节未被收录于 1954 年英文版《观念与见解》。

一个不是研究经济与社会问题的专家，却要对社会主义这一主题发表意见，这样做合适吗？我有诸多理由相信答案是肯定的。

首先，让我们从科学知识的观点来考虑这个问题。天文学与经济学之间存在根本区别吗？两个领域的科学家都试图针对特定范围内的现象发现可以被普遍接受的规律，以求尽量清晰地理解这些现象之间的相互联系。然而实际上确实存在方法论上的差别。由于看到的经济现象经常受许多难以分开进行评估的因素影响，发现经济学领域的一般规律变得很困难。而且，众所周知，至少从人类历史上所谓文明时代以来所积累的经验来看，人们受到的主要影响与限制，从本质上讲，绝不仅仅来自经济因素。例如，历史上大多数主要国家都是通过征服得以存在。征服民族使自己在法律上和经济上成为被征服国家的特权阶级。他们垄断了土地所有权，并从他们自己的阶级中任命教职人员。这些控制教育大权的教职人员使社会的阶级分化成为永恒的制度，而且创造出一套价值体系。从那时起，人们的社会活动一直受到这套价值体系的引导，尽管在很大程度上是不自觉的。

然而，历史传统可以说是昨天的陈迹，各处的人类都从未真正超越索尔斯坦·凡勃伦所谓的人类发展的“掠夺阶段”。可以观察到的经济事实就属于这一阶段的产物，甚至我们从中可以得出的规律也不能适用于其他阶段。既然社会主义的真正目的恰恰在于克服并超越人类发展的掠夺阶段，那么现阶段的经济科学几乎无法说明未来的社会主义社会。

其次，社会主义追求一种社会—伦理目的。但科学本身并不能创造目的，更无法将它们灌输给人们。科学至多只能提供达到特定目的的手段。而目的自身则是由那些具有高尚的道德理想的人物构想出来的，并且——只要这些目的没有胎死腹中，而是充满活力——就会被那些自觉不自觉地决定着缓慢的社会进程的人所接受并进一步发展。

基于这些原因，在涉及人的问题时，我们应该保持谨慎态度，不能高估科学与科学方法的作用，也不应该认为只有专家才有权在影响社会组织问题上发表见解。

一段时间以来，不知道多少人声称：人类社会正经历着一场危机，它的稳定性已经受到严重的动摇。这种状况的特征在于，个人对他们所属的或大或小的团体采取了一种漠不关心甚至是敌视的态度。为了阐明我的观点，请允许我写下一段个人经历。最近我与一位聪明并且脾气很好的人讨论一场新战争的威胁问题。在我看来，这场战争将严重危及人类的生存。我提到，只有建立一个超国家组织，才能使人类免受这一危险。听了我的话，我的客人以一种非常沉着冷静的口气对我说："你为什么如此强烈地反对人类的毁灭？"

我确信，即使在近一个世纪前，也不会有人如此轻率地做出这样的声明。这是一个努力使自己内心保持平衡却徒劳无获，而且或多或少丧失了成功希望的人做出的声明。它表示了当今这个时代许多人都在经受着的一种痛苦的孤寂。这是什么原因造成的，能否摆脱它？

提出这样的问题很容易，而给出具有任何把握的答案却很困难。尽管如此，我仍然必须尽全力，虽然我很清楚，我们的感情与追求经常互相矛盾、模糊不清而且无法用简单明了的形式加以表述。

人在同一个时刻既是一个单独的人，又是一种社会的人。作为一个单独的人，他试图确保自己以及与他最亲近的人的生存，满足他的个人欲望，发展他的天赋才能；作为一种社会的人，他试图获得其他人的认可与好感，分享他们的快乐，在他们悲伤时给予安慰并改善他们的生活条件。正是因为存在这些多种多样、频繁冲突的追求，才决定了人类的特殊性质，而它们在每个人身上的具体结合决定了一个人能够在多大程度上实现内心的平衡并为社会福利做出贡献。这两种驱动力的相对强弱很可能主要由遗传因素决定。但人格的最终形成在相当大的程度上取决于一个人的成长环境、他所处的社会结构、传统以及该社会对特定类型的行为做出的评价。对个人来说，作为抽象概念的“社会”意味着他与同时代人以及所有前代人发生的直接或间接关系的总和。虽然个人凭借自身就可以进行思考、感觉、追求与工作，但他在肉体、精神与情感生活方面如此严重地依赖社会，以至于无法想象或者理解一个人能够生活于社会的框架之外。是“社会”为人类提供了食、衣、住、劳动工具、语言、思维方式以及大部分思想内容；只有依靠隐藏在“社会”这一小小的名词背后的无数过去与现在人们的劳动和取得的成就，个人的生活才有可能。

因此，显而易见，个人对社会的依赖是一种无法被剥夺的天性——正如蚂蚁与蜜蜂的情况一样。然而，与蚂蚁及蜜蜂的整个生命过程完全取决于固化的遗传本能不同，人类特有的社会形态和相互联系在很大程度上是富于变化的和可塑的。记忆力、重新组合的能力以及口头交谈的天赋使不受生物必然性左右的人类发展成为可能。这种发展表现在传统、制度和组织上，表现在文学、科学与工程方面的成就上，表现在艺术作品上。这就解释了人类如何能够在某种意义上通过自己的行为影响自己的生活，以及在这一过程中，自觉的思考与愿望又是如何发挥一定作用的。

人类在出生时就通过遗传获得了一种我们认定为是固定不变

的生物特质，包括组成人类这一物种特征的本能欲望。此外，在一生中，人通过交往以及受到许多其他形式的影响又从社会获得了一种文化成分。这种随着时间推移不断发生变化的文化成分在很大程度上决定着个人与社会的关系。现代人类学通过对所谓原始文化的比较研究已经向我们表明：受社会中占主导地位的文化模式与组织类型的决定，人的社会行为具有重大差别。那些试图改善人类命运的人就是将希望建立在这一基础上：人类不会因他们的生物特性就注定要相互残杀，或者只能任由残酷且**自作自受**的命运摆布。

如果我们自问，为了使人类的生活尽可能称心如意，应该如何改变社会结构及人类的文化态度，那么我们应该始终记住有些状况是我们无法改变的。正如上面提到的，人类的生物本性实际上是不能改变的。而且，近几个世纪以来的技术与人口的发展所创造出的我们目前的生存环境，也不会改变。在相对密集的定居人口中，为了确保他们持续生存所必需的物品，高度的劳动分工与高度集中的生产组织是绝对必要的。那种个人或相对较小的群体可以完全自给自足的时代——回想起来，真如世外桃源一般——已经永远一去不复返了。可以不太夸张地说，当今人类甚至组成了一个遍布全球的生产和消费的共同体。

至此为止，我可以简要地表述一下在我看来构成我们这个时代危机实质的东西。它涉及个人与社会的关系。个人已经比过去任何时候都更加意识到对社会的依赖性。但他并没有从积极的意义上将这种依赖性视为一种有机的联系或一种安全感，反而把它看成是对他的自然权利甚至经济生存的一种威胁。不仅如此，他在社会中的境况是：本性中的利己主义倾向不断被突出，而生性虚弱的社会性倾向却日渐衰退。所有人都在经历这一衰退过程，不论他们处于何种社会地位。在不知不觉中，他们成了自身利己主义的囚徒，并感到不安全、孤独，觉得被剥夺了天真单纯而质朴的生活情趣。人类只有将自己投身于社会中，才能在短暂而危险的一生中找到生命的意义。

在我看来，资本主义社会当前存在的经济无政府主义是罪恶的真正渊薮。在我们面前，我们看到一个巨大的生产者团体，其成员为了互相剥夺其他人应有的集体劳动的果实而不停地争斗着——不是依靠强力，而是大体严格地遵照合法规则。在这方面，应该认识到以下事实：生产资料——就是说，为生产消费品以及附加的资本商品所必需的全部生产能力——可以合法地而且大部分情况下已经成为私有财产。

为了简洁起见，在下面的讨论中，我把那些不共同享有生产资料所有权的人都称为“工人”——虽然这不太符合这一名词通常的用法。生产资料的所有者购买工人劳动力。通过使用生产资料，工人生产的新产品成为资本家的财产。这一过程的关键之处在于，以实际价值衡量的工人生产的产品与他获得的报酬的关系。就劳务合同是“自由的”这一点而言，决定工人报酬的，不是由他生产的商品的实际价值，而是他的最低需要，以及资本家对劳动力的需求同就业竞争的工人数量的关系。即使从理论上讲，工人的报酬也不是由他生产的产品的价值决定的，理解这一点很重要。

私人资本很容易集中到少数人手中，部分原因是由于资本所有者之间的竞争，部分是由于技术进步与日益增长的劳动分工，有利于形成更大的生产单位，牺牲小的生产单位。这些发展的后果是出现了私人资本的寡头政治，它巨大的权力即使在通过民主方式组织起来的政治社会中也无法受到有效的制约。这是因为以下事实：立法机构的成员由政党选举产生，而政党在很大程度上由私人资本家提供资金或受他们影响。私人资本在某种程度上介于选民和立法机构之间。这样做的后果是人民的代表事实上并没有充分保护人口中弱势者的利益。而且，在现存的条件下，私人资本家不可避免地直接或间接控制着信息的主要来源（新闻、广播、教育）。这样，公民个人想得出客观的结论以及明智地运用自己的政治权利是极端困难的，而且事实上在大多数情况下是根本不可能的。

对于一个以资本的私人所有为基础的经济制度，可以用两条原则来描述它的基本情况：第一，生产资料（资本）由私人所有，可以按照自己认为适合的方式支配；第二，劳务合同是自由的。当然，纯粹的该意义上的资本主义社会是不存在的。特别应该注意，工人经过长期严酷的斗争，已经成功地为某些部门的工人赢得了形式上多少有点儿改善的“自由劳务合同”。然而，从整体上看，当今的经济制度与“纯粹的”资本主义并无多少区别。

生产的目的不是为了使用，而是为了赢利。不能保证所有有能力且愿意工作的人总能找到工作。“失业大军”几乎一直存在着。工人无时不在担心失去工作。因为失业工人以及低薪工人不能提供一个有利可图的市场，消费品的生产就会受到限制并导致严重的生活困难。技术进步往往导致更多的失业，而不是为所有人减轻工作负担。赢利动机与资本家之间的竞争结合起来，共同导致资本积累与使用的不稳定，从而引发越来越严重的经济萧条。无限制的竞争导致劳动力的巨大浪费，并摧残了个人的社会意识，这些我在前面已经提到过。

在我看来，这种对个人的摧残是资本主义最严重的罪恶。我们的整个教育体制都深受其害。人们把过分夸张的竞争意识灌输给学生，并培养他们对富有掠夺性的成功顶礼膜拜，作为未来事业的准备。

我确信，要消除这些危害严重的罪恶只有一条可行之路，那就是建立社会主义经济，并配之以社会目标导向的教育体制。在这一经济制度下，生产资料由社会本身所有，并采用计划的形式加以利用。使生产适应社会需要的计划经济，将在那些有劳动能力的人当中分配工作，并确保所有男人、女人、孩子的生存需要。对个人的教育，除了要增进他天赋的能力外，还要试图培养起他对其他人的责任感，以取代我们当今社会中对权力与成功的赞美。

然而，有必要记住，计划经济还不是社会主义。这种计划经济也可能同时带来对个人彻底的奴役。社会主义的实现，需要解决一些极端困难的社会—政治问题：考虑到广泛的政治经济权力的高度集中化，如何能够防止官僚的权力无限膨胀而凌驾于人民之上，如何保护个人的权利以及如何确保民主力量与官僚的权力相抗衡？

在我们这个转型的时代，厘清社会主义的目标和问题具有极其重要的意义。在当前的情况下，对这些问题自由无阻的讨论已经成为一个强大的禁忌，所以我认为这份杂志的成立对公众十分重要且有益。

智力合作协会

本文可能写于1926年1月16日，首次发表于1934年德文版《我的世界观》。爱因斯坦档案编号：[28–037]。

严格地讲，这个协会的全称应该为"国际智力合作协会"（L'Institut International de Coopération Intellectuelle）。之所以在1926年成立这个协会，是因为1922年组成的"国际智力合作委员会"被证明没有发挥应有的作用。在"国际智力合作委员会"还继续存在的情况下，在法国政府的支持下，"国际智力合作协会"被看成是"国际智力合作委员会"常设的执行机构。智力合作协会的绝大部分雇员是法国人，运行费用的80%由也法国政府出。尽管是一个国际机构，从1926年成立到1946年停止运行，三任会长均为法国人。

"国际智力合作协会"的任务是处理版权、知识产权和翻译等方面的问题。每个国联成员国都设有分支机构。但由于当时的国际形势，民族沙文主义泛滥，"国际智力合作协会"没有发挥其应有的作用。不过，它的档案资料为"联合国教科文组织"所继承。

文末最后一句"我已经说了，我已经拯救了自己的灵魂"来自拉丁语Dixi et salvavi animam meam。传统上是天主教忏悔用的，即通过承认一个人的行为来获得救赎。卡尔·马克思（Karl

Marx，1818—1883）在他的《哥达纲领批判》（1875年）一文中，严厉批评了斐迪南·拉萨尔（Ferdinand Lassalle，1825—1864）的“不折不扣的劳动所得”的谬论，在文章的最后，也用了这句话。

今年，欧洲的主要政治家第一次认识到：只有国家间传统的潜在斗争能够终止，我们的［欧洲］大陆才能重新获得繁荣。必须加强欧洲的政治组织，并尝试逐渐消除关税壁垒。但是要实现这一宏伟目标，不能只靠国家间签署的协议。最重要的一点是，人们必须从思想上为此做好准备。我们必须努力逐渐唤醒他们的团结精神，使之超载国界，而不是像从前一样受国界的阻隔。正是因为秉承了这样的理念，国际联盟设立了国际智力合作委员会。这个委员会将成为一个严格意义上国际化的和完全非政治性机构，其职能在于使因战争而被隔绝的所有国家的知识分子得以彼此交流接触。这是一项艰巨的任务；因为不得不承认——至少在我最熟悉的国家里——艺术家和学者受狭隘的民族主义掌控的程度要比企业家严重得多。

到现在为止，国际智力合作委员会每年召开两次会议。为了使其工作更加有效，法国政府已决定设立并维持一个常设的智力合作协会，眼下它就要开始运作。法国政府做出的这一行为很慷慨，应该受到所有人的感激。

仅仅是庆祝与赞扬、避免谈及令人不快或者不赞同的事情，是件容易并且令人愉快的事。但是只有诚实才能有助于促进我们的工作。所以在庆贺协会成立的同时，我也要提出一些批评。

每天我都有机会注意到，我们委员会的工作所面临的最大障碍是其政治公正性得不到充分信任。我们必须全力增进这种信任，并避免做出有损这种信任的事情。

所以，当法国政府利用公共基金在巴黎建立并维持一个作为国际智力合作委员会常设机构的协会，并且任命一名法国人担任主管时，外界的观察者不可避免地会产生法国势力主导委员会的印象。因为迄今为止委员会的主席也是法国人，这一印象就更加强烈。尽管它涉及的人物都享有极高的声誉，受到所有人的尊重，然而法国主导的印象始终存在着。

我已经说了，我已经拯救了自己的灵魂。我衷心希望新成立的协会能够通过与委员会长久的互动，成功地促进他们的共同目标，并赢得全世界知识分子的信任和认可。

追求和平

本文来自联合国电台访谈，1950年6月16日录制于爱因斯坦位于新泽西普林斯顿的家的书房。

问：世界命悬一线的说法夸张吗？

答：一点儿也不夸张。人类的命运一直处于危险状态……但现在更甚过以往，尤为迫切。

问：我们如何才能让全体人民意识到当下状况的严重性？

答：我认为可以找到这一问题的答案。为战争发生做准备，并不是解救之道，但是我们确信，若想免于军事灾难的威胁，只有通过耐心谈判并为解决国际问题创造一个合法的基础才能做到，而这需要一个足够强大的执行机构——简言之，某种类型的“世界政府”——的支持。

问：目前的原子武器竞赛是否导致另一场世界大战，或者像有些人坚持的那样，是一种防止战争的方式？

答：竞争性的军备竞赛不是防止战争的方法。每朝这个方向迈一步，都使我们更接近灾难。军备竞赛是防止公开冲突**最糟糕的**方法。相反，如果没有在一个超国家层次上的系统裁军，就不能实现真正的和平。我再说一遍，军备竞赛非但没有避免战争，反而不可避免地导致战争。

问：是否有可能既备战同时又构建“世界共同体”（world community）？

答：争取和平和准备战争互不相容，在我们这个时代比以往任何时候都更加如此。

问：我们能防止战争吗？

答：答案非常简单。如果我们有勇气让自己投身和平，就会有和平。

问：如何做到这一点？

答：有坚定的意志就能达成协议，这是放之四海而皆准的公理。我们不是在进行一场体育比赛，而是关乎人类面临的最危险的生存状态。如果你没有坚定的决心以和平方式解决问题，就永远也达不成和平的解决办法。

问：您如何估计原子能在未来十年或二十年内对人类文明的影响？

答：这无关紧要。我们现在的技术可能性已经足够令人满意了……如果正确地使用它们的话。

问：您如何看待一些科学家预测的我们生活的深刻变化，比如，我们每天只需要工作两个小时的可能性？

答：我们永远是同一类人，没有真正深刻的改变。我们工作五个小时还是两个小时，这并不重要。我们的问题在于在国际层面的社会和经济问题。

问：对于现在已经储备的原子弹的库存，您会提出什么建议？

答：把它交给一个超国家组织。在和平时期，必须有一定的保护力量。片面的裁军是不可能的。武器只能委托给一个国际机构。除了由超国家政府主导的系统裁军，没有其他的可能性。人们不应在技术上过于关注安全问题。和平的**意愿**以及愿意接受达成这一目标所需的每一步才是最重要的。

问：个人能为战争或和平**做点**儿什么？

答：个人可以让任何试图被选为（国会等机构）的人明确承诺为国际秩序工作，为达成这一秩序而限制国家主权。每个人都参与舆论意见的表达……他必须真正了解需要什么……他必须有勇气表达出来。

问：联合国电台正在以 27 种语言向世界各地广播。这是一个命悬一线的时刻，您有什么话想让我们向世界各国人民广播呢？

答：总的来说，我相信甘地的观点是我们这个时代所有政治家中最开明的。我们应该努力按照他的精神去做事……在我们为事业奋斗时不要使用暴力，更不要参与那些我们认为是邪恶的事情。

文化：国际谅解的必要基础

本文发表于1951年12月号《联合国教科文组织信使报》(*UNESCO Courier*)，题为《文化必须是世界谅解的基础之一》(*Culture Must Be One of the Foundations for World Understanding*)，这里译自1954年英文版《观念与见解》(163～165页)，参考1975年德文版《爱因斯坦论和平》(557～559页)，题为《文化：国际谅解的必要基础》(*Kultur: ein notwendiges Fundament der Völkerverständigung*)。

为了正确理解《世界人权宣言》(*The Universal Declaration of Human Rights*)的重要性，就要充分认识设立联合国及其从属机构“联合国教育、科学及文化组织”所依据的世界形势。过去半个世纪中战争带来的灾难，已经向人们表明，鉴于目前技术成就的水平，各个国家的安全只能依靠超国家的措施和制度。人们普遍认识到，从长远来看，只有建立世界联邦（World Federation of Nations），才能避免引起全面毁灭的冲突。

在这种情况下，联合国的建立，成为国际秩序的一个良好开端。这个机构不过是一个由各国政府派出的代表所组成的联合会，它的成员并非按照自己的信念独立行事的人民代表。而且，联合国的决议对任何国家的政府都没有约束力，也不存在任何能够实际执行这些决议的具体手段。

联合国的实际效力由于不准某些国家参加而受到进一步削弱；把这些国家排除在外，严重地损害了这个组织的超国家性质。但正是国际问题被放到光天化日之下进行讨论和谈判这一事实，就提供了和平解决冲突的可能性。这种超国家谈判机构的存在，也可能逐渐使各国人民认识到，要保护国家利益，必须通过谈判，而不是诉诸武力。

我认为这种心理教育的效果，是联合国最有价值的特征。世界联邦需要有一种新型的忠诚作为前提，这是一种超越国界的责任感。要使这种忠诚真正有成效，除了纯粹政治问题，还必须包括更多东西。不同文化群体之间的相互了解以及文化和经济方面的相互援助，就是必要的补充。只有用这种办法才能重建相互信任，这种相互信任感已经丧失在战争的心理后果之中，被狭隘的军国主义和强权政治所压制。要是没有成员国之间的相互理解和信任，就无法建立有效的国家间安全机制。

联合国增设的“联合国教育、科学及文化组织”，就是要从事这些文化任务。在摆脱强权政治所造成的瘫痪影响方面，它已经比联合国取得了更大的成功。鉴于健康的国际关系只能来源于具有健康的见解并且享有一定独立性的各国人民，联合国起草了一份《世界人权宣言》，于 1948 年 12 月 10 日由联合国大会正式通过。这个宣言确定了许多普适的条款，用以保护个人，防止个人在经济上受到剥削，保护个人的发展，并且保证个人在社会中能够自由地追求事业。

应该欢迎的是，在联合国所有会员国中间传播这些条款，已经成为一个重大的目标和计划。因此，“联合国教育、科学及文化组织”已经开始庆祝这个宣言诞生三周年的活动，旨在为这一根本理想吸引广泛的关注，为恢复这个世界的政治健康打下基础。

这个不得不以法律文件形式写成的宣言，其严格性可能会引起无休止的争论。这样一个文件不可能完全考虑到不同国家中生活条件的巨大差别，而且对文件的细节肯定不可避免地存在各种不同的解释。但是，这个宣言总的精神是明白无误的，而且为决议和行动提供了一个合适的、被普遍承认的基础。

对这些标准给予形式上的承认是一回事，在变化的局势中克服困难，始终把它们作为行动指南又是另一回事。这一点，中立的观察者从宗教组织的历史中得到了客观的判断。只有当联合国本身用它的决议和行动来证明它确实是体现了宣言的精神时，这个宣言才能获得真正的影响力。

文化与繁荣

爱因斯坦的秘书海伦·杜卡斯认为，这篇文章很可能是爱因斯坦在 1930 年访问英国期间所写。爱因斯坦档案编号：[28-118]。本文选自 1934 年德文版《我的世界观》。

如果人们想评估巨大的政治灾难对人类文明发展所造成的损害，就必须记住，更为精致的文化像一株需要细心呵护的植物，它的生长依赖于一系列复杂的条件，并且无论何时，它只会在少数几个地方茂盛生长。为了让它生长旺盛，首先，需要一定程度的繁荣，这样才会使得一个国家的小部分人能够从事与生活所需没有直接关系的工作；其次，需要一种尊重文化成果和文化服务的道德传统。正是由于这种尊重，这一人数较少的阶层才可以依赖其他直接提供生活必需品的阶层生存下来。

在过去的一百年里，德国一直是满足这两个条件的国家之一。总体来看，它们繁荣的程度并不是很高，但是也够了，而对文化传统的尊重之风也是很强的。在这样的基础上，德国人创造出了许多现代世界发展不可能被忽视的重要文化成果。尽管这种传统基本上完好无损，但繁荣已不复存在。这个国家的工业几乎完全被切断了原材料来源，而这恰是从事工业的那部分人口赖以生存的基础。用以维持创造精神价值的人们生活所需的盈余突然间不复存在了。在这种生存条件下，传统也将瓦解，硕果累累的文化苗圃必将变得荒芜。

只要人类还重视精神财富，就有理由防止这种文化上的贫困化。在目前的危机中，人们将尽其所能提供帮助，并重新唤醒现在被民族自大主义掩盖了的更高级的团结互助精神。正是因为它，人类的价值才可以不受政治与国家边界的影响。人类将为每个民族取得能够存在下去的工作条件，并在此基础上创造出文化价值。

文化生活的病症

在公共领域，爱因斯坦大胆直言，强力反对美国政府干涉科学事务的倾向。他认为这样会直接影响到美国科学工作的品质与诚信。基于意识形态的理由，美国政府在1952年6月出台了《麦卡伦–沃尔特法案》（*The McCarran-Walter Act*），对外国人进入美国给出了新的限制政策。《原子科学家公报》（*The Bulletin of the Atomic Scientists*）邀请包括爱因斯坦在内的一些科学家就美国新的签证政策发表自己的看法。下面为爱因斯坦的回复。

本文首次发表于《原子科学家公报》1952年10月出版的《美国签证政策和外国科学家》专号（第8卷第7期）。本文译自1954年英文版《观念与见解》（166～167页），参考1975年德文版《爱因斯坦论和平》（565～566页）。

一般来说，正如在文化生活的所有领域一样，思想和科学研究结果不受阻碍的交流对于科学和文化生活的健康发展必不可少。我坚信，美国政治当局对个人之间知识的自由交流的干涉，已经造成了重大危害。这种危害首先会表现在科学工作领域本身，经过一段时间后，在许多其他领域会变得很明显。

通过阻止美国学者出国旅行和外国学者访问美国，政治权力侵入这个国家的科学生活已变得非常明显。一个强大的国家如此狭隘的行为，只是深层病根的表面症状。

对科学成果口头和书面交流自由的干涉，在庞大警察组织支持下普遍的政治不信任态度，回避任何可能招致怀疑以及威胁其经济状况的事端的个人的胆怯与焦虑，所有这些都只是症状，尽管它们更加清晰地显示了疾病的威胁性。

然而，在我看来，真正的疾病在于由世界大战引发的支配我们所有行为的心态。换句话说，就是认为我们必须在和平时期规划好我们所有的生活和工作，使得一旦战争发生，我们能确保胜利。

这样的心态让人们相信，一个人的自由甚至是生存都受到强敌的威胁。

这种心态解释了以上所有我们认定为症状的不愉快的事实。如果它没有被克服，它必定会导致战争乃至于影响更加深远的破坏。这在美国的财政预算中就有所体现。

只有克服了这种强迫症心态，我们才能真正以理性的方式解决现实的政治问题，即“我们怎样才能使人类在这个不断衰减的地球上的生活变得更安全，更能让人接受？”

这一切原因何在？因为如果我们不能治愈真正的疾病，就不可能治愈我们上面提到的以及其他许多病症。

对世界经济危机的思考

本文中指的是始于1929年，一直持续到20世纪30年代后期的那场世界经济危机。其直接后果是价格崩溃、银行倒闭，债务紧缩，工业生产大幅下降，许多企业无法继续经营，造成大规模失业、社会苦难和政治危机。欧洲许多国家的激进党派利用失业民众的不满趁势崛起，具有侵略性的民族主义迅速抬头。

爱因斯坦对此十分忧虑，写了这篇和随后的两篇文章。尽管当前情况不尽相同，而且一些补救措施已被不同国家采用，这些文章仍然值得一读。文章也反映了他对苏联的计划经济体制及政治发展的强烈兴趣。

本文首次发表于1934年德文版《我的世界观》。

如果有什么事能让一个经济领域的门外汉有勇气就当前令人担忧的经济困境的本质发表意见，那就是专业之士之间令人绝望的意见混乱。我所说的并不是什么新东西，仅仅是一个独立而真诚的人表达的观点，他不受阶级和民族偏见的束缚，所追求的无非是人类的福祉以及人类生存的尽可能和谐的方案。我写的这篇文章，看上去似乎对所做陈述的真实性确有把握，其实不过是为了用一种更简单的方式进行表达；不是出于毫无根据的自信，也不是确信我对于现实中极其复杂的问题的有些简单的智力构想就是正确无误的。

在我看来，这次危机的性质与以往的不同之处，在于它基于一个全新的状况，起因于生产方法带来的飞速发展。现在只需要世界上可用人力中的一小部分，就能够生产所有生活所必需的消费品。在一个完全自由放任的经济系统中，这一事实必将导致失业。出于一些我并不打算在这里加以分析的原因，在自由经济中，大部分人被迫为仅能满足基本生活的最低工资而工作。如果两家工厂生产相同的商品，在其他条件都相等的情况下，一定是雇用更少工人的工厂生产的商品更廉价——也就是说，让每个工人在人的身体允许的条件下尽可能长时间、尽可能卖力地工作。加上今天他们所采用的生产方式，由此带来的必然后果是，可用的劳动力中只有部分会被采用。让这部分人不堪重负的同时，又把其余人自动排除在生产过程之外。这导致了销售及利润的下滑。生意纷纷破产，进一步增加了失业率，并且降低了人们对工业企业的信心，以及中介银行的公众参与度；最终银行因账户突然提款而破产，因此经济完全处于停滞状态。

也有人认为这场危机是由其他一些原因引起的，我们现在来分析一下：

生产过剩：人们必须区分两件事情，即真正的生产过剩以及表面上的生产过剩。我说的真正的生产过剩，意思是生产过多以至于超出了需求。这可能适用于美国现阶段的汽车和小麦的生产，虽然对此也不是没有疑问。当提到“生产过剩”时，人们通常指的是这样一种情况，其中某一特定物品的产量在现有情况下卖不掉，尽管在消费者中还是缺乏消费物资品，我将之称为“表面的”生产过剩。在这种情况下，缺少的不是需求，而是消费者的购买力不足。这种表面的生产过剩仅仅是危机的另一种表示，所以不能用来解释后者；如果人们试图将当前的危机归咎于生产过剩，那不过是找到一个自欺欺人的虚假理由。

赔款：支付赔款的责任给债务国及其经济带来了沉重的负担，迫使他们走倾销的路子，因此也伤害到了债权国。这一点是不容辩驳的。然而在美国，即便有很高的关税壁垒，依然出现了危机，说明倾销并不是世界性危机的主要原因。债务国由于赔款而导致黄金短缺，最多作为取消偿付赔款的论据，并不能解释这场世界危机。许多新的关税壁垒得以建立，非生产性的军备负担成倍增加，潜在的战争危险带来的政治上的不安定，所有这些情况都使得欧洲局势明显恶化，却没有真正影响到美国。在美国出现的危机表明这些都不是主要的原因。

中苏两个大国的退出：这对世界贸易的确造成了打击，但在美国却没有太强烈的感受到这种打击，因此它也不是出现危机的主要原因。

自从战争结束以来处于底层的人的经济增长：就算确有此事，那也只会造成商品的供不应求，而非供给过剩。

我不想列举我认为没有触及问题中心的论点来劳烦读者。可以肯定的是：技术进步在将人类从大部分生存所必需的劳动中解放出来的同时，也成为我们当前不幸的罪魁祸首。因此，有些人铁下心来阻挠技术的进一步完善！这显然是荒唐的。但是，我们怎样才能找到一个更理性的方法走出我们所面临的困境？

如果我们能以某种方式，阻止大众购买力（以商品形式衡量）跌破最低值，那么就不可能出现像如今我们所经历的工业周期中的停滞现象。

要实现这一点，在逻辑上最简单也是最大胆的方法就是完全的计划经济，其中的消费品的制造与分配都是由社会进行的。这基本上就是如今苏联所尝试的方法。这在很大程度上取决于这次巨大的尝试会带来什么结果。在这里不能对结果妄加揣测。在这样的体系中生产的商品，会比拥有更多自由的私人企业更经济吗？如果没有这种体制伴随的恐怖威胁——我们这些西方人避之唯恐不及——这样的体制是否还能维持下去？这样一个僵化而集权的经济体制会不会走向贸易保护主义并且会抵制有利的创新？不管怎样，我们必须要注意不让这些疑虑变成偏见，阻碍我们形成客观的判断。

我的个人观点是，总体上来讲，应该优先考虑那些尊重传统和习俗的方法，只要它们能以某种方式与设想的目标相一致。我还认为，将生产管理快速转移至公共部门的做法不利于商品生产；只要私营部门还没有因其经济活动被垄断利益集团（卡特尔化）所消除，它的倡议就应得到保留。

然而，在任何情况下，这种经济自由都应当从两方面加以限制。在工业的各个分支行业里，应立法减少每周工作的小时数，这样可以系统性地消除失业。与此同时，应当确定最低工资，使工人的购买力与生产力保持一致。

此外，在那些通过生产者的组织化而产生垄断性质的行业中，价格必须由国家控制，以使资本凝结能够处于合理的限制范围内，并防止出现人为扼制生产和消费的情况。

这样一来，或许有可能在生产与消费之间建立一个适当的平衡，而不用过于限制私有企业。与此同时，也能阻止生产资料（土地与机器）所有者对广义的工薪阶层采取过分专横的行为。

生产与购买力

本文写于1931年11月7日，原本是一封写给《柏林日报》编辑的信，但没有在那里发表。本文首次发表于1934年德文版《我的世界观》。

我觉得摆脱现有困境的出路不在于生产力与消费的知识，因为这样的知识基本上总是来得太迟了。此外，在我看来，德国的弊端似乎不在于生产设备的过度增长，而在于大部分人缺乏购买力，由于产业合理化，这部分人被逐出了生产过程。

在我看来，金本位制存在严重的缺陷，当黄金供给量不足时就自动导致信贷以及流通货币的收缩，而物价和工资无法及时适应这种收缩。

在我看来，削除这种弊端的自然手段在于：

1. 立法减少工作时数，对工业各个部门制定不同标准，以摆脱失业问题，同时确立最低工资，使大众的购买力能够适应商品的供给量。
2. 控制货币供应量和信贷额，维持商品价格的稳定，取消任何特别保护。
3. 对于因垄断或卡特尔化而实际上退出自由竞争的商品，要依法限制其价格。

生产与劳动——对一封来信的答复

爱因斯坦的这篇文章是为了回应瑞典建筑师卡尔·亚马尔·塞德斯特伦（Karl Hjalmar Cederström，1880—1953）的提问而写的。在英译本《我的世界观》里，收录了信的开头部分：

“亲爱的塞德斯特伦先生：

“谢谢您将您的方案寄给我，对此我非常感兴趣。由于对这一问题曾思考良久，我觉得有必要将我对这一问题的思考坦率地告诉您。”

从中可以看出，爱因斯坦的提议大部分局限在货币控制层面，与之形成对照的是文中提到的英国经济学家凯恩斯（John Maynard Keynes，1883—1946）的策略。凯恩斯主张政府应介入劳动力市场，这成为罗斯福总统实行新政的一大推动力。

在我看来，最主要的弊端是劳动力市场中几乎不加限制的自由，同生产方式的超常进步结合在一起。为了满足当今需求的东西，人们早就不再需要所有可利用的劳动力了。这导致了失业以及工人之间的不正当竞争，两者都降低了购买力，从而导致整体经济放缓到难以承受的地步。

我知道，自由派的经济学家主张，劳动力上的每一项节省都将由需求的增长而得到平衡。但是，首先，我并不相信这一论点；其次，即便它是正确的，上面提到的因素也会一直起作用，迫使大部分人的生活标准迅速下降到一个不合情理的低水平上。

我的想法和您一样，非常有必要采取措施使年轻人有机会，同时也必须参与生产。年长者应当被排除在某些工作之外——我称之为“无法胜任”的工作；作为补偿，他们将领取一定的养老金，因为他们先前已经做了足够多被社会认可的有意义的工作。

我也赞成废除大城市，但不赞成把人们按照特定的类型分类，例如把老年人安置到特定的城市。坦白说，这个想法让我感到非常难受。

我也认为，必须避免货币价值的波动，可根据消费状况选择某类商品为标准来取代金本位制——如果我没有弄错的话，这就是凯恩斯很久前提议过的。随着这种制度的引入，如果人们相信国家会真正合理利用由此产生的意外收入，那么与当前的货币状况相比较而言，人们也许会赞成一定程度的“通货膨胀”。

在我看来，您的方案的弱点在于心理方面，或者更确切地说，在于您对心理层面的忽视。资本主义制度带来的不仅是生产上的进步，而且还有知识上的进步，这并非偶然。利己主义和竞争（令人遗憾！）比公益精神和责任感更加强大。在苏联，人们连一块像样的面包都没有……也许我对国家和其他形式的公有企业太过悲观了，但我对它们也并没抱多少期望。官僚主义会扼杀一切成就。我看到过也经历过太多可怕的前车之鉴了，即便在相对而言称得上典范的瑞士也是如此。

我倾向于认为，国家仅扮演限制和监管的角色，才能真正有益于产业。它必须确保劳动力之间的竞争保持在健康范围之内，所有孩子都有机会健康成长，并且工资水平应提高到足以消费掉生产出来的商品。如果由独立自主的专家秉承客观精神来制定措施的话，国家能够通过它的调节功能施加决定性的影响。[27]

对当前欧洲形势做出的评论

本文的出处不甚清楚，有可能是 1922 年 6 月在德国和平联合会（Deutsche Friedenskartell）会议上的讲话，选自 1934 年德文版《我的世界观》。爱因斯坦档案编号：[29–012]。

在我看来，当前世界，尤其是欧洲的政治形势的显著特征是这样的：无论是从物质层面，还是从观念层面上看，政治上的发展都未能跟上经济的需要，而后者已经在相对较短的时间内发生了改变。每个国家的利益必须从属于更广泛的共同体的利益。为此争取新的政治思想与情感态度而进行的斗争是非常艰难的，因为它与几个世纪的传统相矛盾。但是，欧洲的生存能力取决于它的成功。我坚定地相信，一旦克服这种心理障碍，那么实际问题的解决就不会这么艰难。为了营造适宜的氛围，最重要的是志同道合者之间的个人合作。希望我们的共同努力能在不同民族之间成功建立起相互信任的桥梁！

论国家之间的和平共处——参加罗斯福夫人电视节目的谈话

“二战”结束后，围绕着是否进一步研制“超级弹”(氢弹)，美国政界、军界和学界展开了激烈的争论。“氢弹之父”爱德华·泰勒极力主张，为了防止共产主义的扩张，应该加速发展氢弹。1949 年 8 月 29 日，苏联进行了原子弹首次试爆，从此拉开了“二战”后的军备竞赛的序幕。1950 年 1 月 31 日，美国总统杜鲁门（Harry S. Truman，1884—1972）宣布美国将全力以赴制造氢弹。这一决定遭到多数正直科学家的强烈反对。罗斯福夫人特意为此组织了一系列电视讲话，出席者除了爱因斯坦，还包括刚从“曼哈顿计划”主管位置上辞职的 J. R. 奥本海默（J. Robert Oppenheimer，1904—1967）、原子能委员会主席戴维·利连撒尔（David Lilienthal，1899—1981）等人。爱因斯坦的演讲是直播前两天在他位于普林斯顿的家中事先录制的，1950 年 2 月 13 日播出，讲稿刊载于当日的《纽约邮报》(*The New York Post*)和《纽约时报》。爱因斯坦档案编号：[28-870]。

科学家的警告没有起到多少作用，1953 年 1 月 7 日，杜鲁门总统向外界宣布，美国已经成功试爆了氢弹。半年多后，8 月 12 日，苏联也宣布氢弹爆炸成功。从此，美苏在全球范围内展开了针锋相对的核军备竞赛。

罗斯福夫人，我要感谢您给我这个机会，就这一极为重要的政治问题表达我的信念：

在目前的军事技术水平下，认为能够通过国家的军备得到安全保障，这是一个灾难性的幻想。尤其是美国，由于成功制造出第一颗原子弹，更进一步强化了这种幻想。人们似乎相信自己最终能够取得决定性的军事优势，这样就可以吓住任何潜在的敌人，并给我们以及全世界人民带来大家都急切需要的安全保障。最近的五年里我们奉行的准则，简而言之就是：不计任何代价，凭借军事力量的优势获得安全。

这种机械的、军事技术上的心理倾向已经产生了不可避免的后果。外交政策上的每一个行动完全被这样一种考虑支配着：我们该如何行动，才能在战争发生时超越敌人？答案是：在地球上一切可能的战略要地建立军事基地，同时军备以及经济上加强我们潜在的盟友。在美国国内，巨大的财政权力集中在军队手中，年轻人正被军事化，日益增长的警察势力严密监督公民尤其是公务员的忠诚度。有独立政治思想的人不堪其扰。通过广播、媒体和学校巧妙地对公众进行洗脑。在军事保密的压力下，公开信息的范围不断地受到更多限制。

进一步的后果是，美国与苏联之间的军备竞赛原本是作为防御手段，现在却呈现出了歇斯底里的特征。双方在各自的秘密围墙后面带着狂热而又轻率的态度完善着大规模杀伤性武器。

如今氢弹作为一个很可能实现的目标进入了公众的视野。总统已经庄严宣告要加快氢弹的研发。如果获得成功，大气受到放射性物质的污染，并由此造成地球上全部生命的灭绝，都将在技术上成为可能。这种发展的恐怖之处在于它显然已是必然趋势。每一步都好像是上一步的必然结果。最后，越来越清楚的便是全人类的毁灭。

有什么方法可以摆脱人类自己制造的这种僵局吗？我们所有人，特别是美国和苏联的决策者，必须意识到，尽管他们可能已经战胜了一个外部敌人，但他们仍无法从战争心态中摆脱出来。只要我们采取每一步行动都考虑到未来可能发生的冲突，那么永远都不会获得真正的和平。因此，所有政治行动的指导思想应当是：在当前形势下，我们应该怎么做，才能尽可能令人满意地使各国和平共处？首要的目标就是必须消除彼此的恐惧和怀疑。庄重承诺放弃暴力（不仅仅是大规模杀伤性武器），这无疑是必要的。然而，只有同时建立起超国家的仲裁和执行机构并授权它解决国家安全的直接问题，这样的声明才能生效。即便是多个国家签署一份共同声明，表示愿意精诚合作以实现这样一个“有限权力的世界政府”，也将大大降低迫在眉睫的战争危险。

归根结底，人类的和平共处首先是建立在互相信任的基础之上，其次才是像法院和警察局这类组织机构。这对国家和个人都是适用的。信任建立在“相互礼让”（“give and take”）的忠诚关系的基础上。

那么，国际管控的手段怎么样？也许可以作为警戒措施的次要手段，但最好不要高估它的重要性。想想“禁酒令”的后果，令人深思。

确保人类的未来

本文是爱因斯坦1952年为加拿大“教育周”（3月2日至3月8日）所写的贺信，后收录于1953年德文版《我的世界观》。尽管爱因斯坦是用德文写的，但首次发表时却是用英文。这种情况自爱因斯坦到美国后经常发生。考虑到这一点，在翻译此篇文章时参考了英译本。

原子核链式反应的发现不会比火柴的发明更加导致人类的毁灭。我们要做的就是必须竭力防止它被滥用。在如今的技术发展阶段，只有一个具备足够强大执行力的超国家组织才能保护我们。一旦我们明白了这一点，就会有勇气为保护人类而做出必要的牺牲。如果我们的目标没有及时实现，那么每个人都负有责任。危险在于每个人都无所事事，等待别人替他采取行动。

任何有知识的人，甚至只是偶然接触到技术应用的那些漫不经心的观察者，都会高度赞扬科学在这个世纪取得的进步。然而，如果我们牢记科学的基本问题，就不会高估其近期成就。就像坐火车旅行，如果你密切关注周围的环境，似乎感觉移动速度超快。如果我们注意看远方的高山这样的大景色，景色似乎变得非常慢。科学的基本问题也与此相同。

在我看来，谈论“我们的生活方式”，或者苏联人的生活方式，都是没有道理的。在这两种情况下，我们所涉及的只是一堆传统和习俗，而非一个有机的整体。显然更有意义的问题是，哪些制度和传统对人类是有害的，哪些对人类是有益的；哪些让生活更幸福，哪些让生活更痛苦。之后，我们应该努力引进较好的那种方式，而不必管它是在我们这里实行的，还是在别的地方实行的。[28]

时代的继承者

本文出处不详。爱因斯坦的秘书杜卡斯认为很可能写于1931年。本文选自1934年德文版《我的世界观》。爱因斯坦档案编号：[28–166]。

先前的数代人可以相信，知识和文明的进步只不过是继承祖先的劳动成果，它为人类提供了更轻松和更美好的生活。然而，我们这个时代发生的严重灾难却向我们表明，这是一个致命的错觉。

我们看到，为了让人类遗产成为祝福而不是诅咒，需要做出最大的努力。从前一个人只需在某种程度上从个人自我中心主义中解脱出来，就能成为社会中有价值的一员，但如今他还必须要克服民族与阶级的自我中心主义。只有当他达到这样的高度时，才能为改善人类共同体的命运做出贡献。

面对这一时代的关键需求，小国公民相较于大国公民处于更加有利的地位，因为后者在政治与经济方面都受到以暴力实现其目标的诱惑。荷兰与比利时达成的协定是过去几年里欧洲事务中唯一的亮点，它鼓励人们期望小国能起到领导作用，通过放弃每个国家无限制的自决权，将世界从有损尊严的军国主义枷锁中解放出来。

致《施瓦本联盟》

爱因斯坦出生在施瓦本地区的乌尔姆，一岁时就随父母离开施瓦本去了慕尼黑。15 岁，即 1894 年，他离开慕尼黑，直到 1914 年才从苏黎世返回柏林。《施瓦本联盟》（*Der Schwäbische Bund*）是一本从 1919 年 10 月开始发行的季刊，直到 1922 年才因通货膨胀而停止发行。该刊是南部德国的文化与知识类期刊。它反对德国文化的集中化与同质化，反对德国地区由普鲁士人支配，并宣扬文化独立，尽可能在巴登—符腾堡保持不同的文化形态。

这是爱因斯坦于 1919 年 5 月 19 日从柏林写给编辑部的一封信。

敬启者：

我还没有回复您的第一个善意的沟通，因为这封信使我处在两难境地之中。您的宣言深深地吸引了我，它令所有最近失去信心的有识之士重新找回了希望。但另一方面，我不认为自己有资格签署该宣言，因为实际上我不是一个合格的施瓦本人。我出生在施瓦本，父母都是施瓦本人，但我的一生基本上都是在国外度过的，我对施瓦本的热爱更多是来自文学而不是亲身经历。因此，我不敢作为你们的领导者，而更愿意留在幕后做一个谦卑的支持者。

另外，您还希望我推荐一个人，让他写一篇关于我和我的理论的文章。关于这件事，我思考了很久，但我觉得让任何一个人来写这样一篇文章都显得有些冒昧。结果，在日常工作的压力下，我搁下了您的来信，而且直到现在都不知道应该怎样满足您的愿望。但您要相信，我真的是心有余而力不足，任何文章只要是认真研究我的理论，我都很乐意去核对。对于您来说，找到这样的作者应该不会很难。在这封信中，我寄给您我的理论的一个概述，如果您计划刊登这样一篇文章，那么您本人也许会从阅读它的过程中找到乐趣。

致以最高的敬意。

爱因斯坦

声援尼柯莱教授——致汉斯·德尔布吕克教授的信

格奥尔格·弗里德里希·尼柯莱（Georg Friedrich Nicolai，1874—1964）是柏林大学医学和生理学副教授。1914年10月，面对由93位德国知名学者和文化人士签署的《告文明世界书》（*Aufruf an die Kulturwelt*）所造成的恶劣国际影响，他针锋相对地起草并签署了《告欧洲人书》(*Aufruf an die Europäer*)，尽管只有爱因斯坦等4人在上面签字，影响有限，但尼柯莱成了普鲁士警察特别关注的对象、右翼媒体攻击的目标。为了躲避迫害，他1918年6月逃离德国，“一战”结束后才回来。之后，他于1919年起草了反对谋杀李卜克内西（Karl Liebknecht，1871—1919）和卢森堡（Rosa Luxemberg，1871—1919）的声明。爱因斯坦也在那封请愿书上签了字。

尼柯莱在柏林大学的医学和生理学课程被参与1919年秋天暴动的学生所打断。在1920年1月12日那一周，尼柯莱决定继续上课，但是民族主义者、右翼学生以及不是学生的暴徒再次干扰了课程的进行，并举起民族主义和反对犹太人的标语。由于由法国主导的对战败德国进行惩罚的《凡尔赛和约》于1920年1月10日生效，德国必须正式割让领土。极端民族主义分子视尼柯莱这种主张和平的人为叛国者，将德国遭受的损失归结于他们身上。

在校长爱德华·迈尔（Eduard Meyer，1855—1930）的带领下，柏林大学教务会13名人员于1920年1月23日开会商讨有关学生对尼柯莱不适合教学的控告。为此，爱因斯坦在1月26日写信给历史系教授汉斯·德尔布吕克（Hans Delbrück，1848—1929）。德尔布吕克是第一批现代军事史学家之一，基于对古代资料进行批判性研究的方法，并运用人口学和经济学等辅助学科来完成对不同时代的追踪分析和比较，以追踪军事机构的演变。他曾担任国会议员，是一个自由温和的政治家。他主要是基于战术而非道德考虑，敢于批评威廉二世和鲁登道夫（Erich Ludendorff，1965—1937）在“一战”中所使用的策略。他坚决反对德国发动潜艇战争，认为这会成为美国加入战争的导火索。“一战”结束后，他是签订《凡尔赛和约》会议期间德国代表团成员。他认为，德国不能单独为“一战”的爆发负责。他的儿子，马克斯·德尔布吕克（Max Delbrück，1906—1981）1969年获得了诺贝尔生理学或医学奖。

在爱因斯坦1920年1月26日给德尔布吕克的信中，附有如下“声明”：

最近几天，报纸上爆发了一场有预谋的诋毁运动，针对的目标是国内外知名和平主义作家、为维护自身信念勇敢战斗的尼柯莱教授。在此之前，“泛德主义学生［联盟］”在大学校园里恣意生事，已经迫使他无法继续授课。在下面签名的教师认为，他们有责任对这些事件进行强烈谴责，在他们看来，这些事件是不宽容的狭隘心态的表现，只会有损柏林大学的精神和声誉。

我们这些了解尼柯莱的工作和行动的人，断然否认他做了任何有损德国利益的事情。相反，他的行为只会引发人们对德国的同情。

但即使有人对尼柯莱行为的影响有不同的看法，也不应该企图公然用谎言和诽谤来攻击他。”

不出所料，柏林大学评议会 1921 年 2 月做出了将尼柯莱解职的决定。在多次上诉无效后，他在第二年离开德国前往阿根廷，担任科尔多瓦（Cordoba）大学生理学教授。1927 年离开科尔多瓦前往罗萨里奥（Rosario）大学。1936 年在智利的圣地亚哥大学找到职位，1964 年在圣地亚哥去世。

非常尊敬的同事先生！

几周以来，泛德媒体都在试图诋毁尼柯莱教授的学术活动。目前大学校长和大学评议会正在认真调查此事。这是一个完全不可能赞同尼柯莱观点的主管机构，由此可以确信他们的调查结果的客观性会偏向某一边。

而媒体的煽动是最应该受到谴责的。所附的一篇登在《德意志日报》（*Deutsche Tageszeitung*）上的文章就是一个例子。

因为由校长和大学委员会进行的调查可能要持续很长一段时间，所以最好能够发布一份由大学教师发表的声明，以对抗这些文章所造成的负面影响。

有关声明，由于时间紧，我只发给了少数德国同事。如果您同意这项声明，我请求您通过电话或者电报告诉我。

为尼柯莱的《战争生物学》日文版写的序

在爱因斯坦1922年出访日本前，身为日本劳工运动的基督教领导人，生物学家、政治活动家山本宣治（Senji Yamamoto，1889—1929），将德国生物学家、政治活动家尼柯莱的《战争生物学》（*Die Biologie des Krieges*）第一卷译成日文。1922年12月10日，山本宣治拜访了住在京都都酒店（The Miyako Hotel）的爱因斯坦，并请他为日文版写序。尽管他们在讨论期间，对于诸如军国主义和民族主义以及知识分子在和平运动中的角色这类意识形态问题产生了分歧，爱因斯坦还是为日文版写了序。

我认为，当今政治出版界最重要的任务之一就是让“战争毫无意义”这一理念广泛流传、深入人心，同时宣传成立国际组织以避免战争发生的必要性。从这一立场出发，我满怀激情地欢迎这本书的面世。从真正意义上讲，本书可以给这个领域带来真正多样和深刻的启发，并且能够消除因历史而加深了的致命的偏见。

A. 爱因斯坦

第三部 从普鲁士科学院辞职

再也不回德国的声明

1933 年 1 月 30 日，希特勒被任命为德国总理。历史学家习惯用“夺取政权”（Machtergreifung）来形容这一历史巨变。事实上，希特勒是通过选举上台的，属于“政权转移”（Machtübertragung）。但希特勒上台后，通过控制舆论，制造事端（国会大厦纵火案），迅速将权力独揽于手中。爱因斯坦意识到，魏玛共和国已名存实亡，德国已不是久留之地。那个曾经极力将他请过去的普鲁士科学院已被纳粹意识形态控制。尽管他与科学院中的一些同事，比如冯·劳厄、普朗克等人依然保持着真挚的友谊，但在大是大非面前，他从来都秉持原则。

希特勒上台的时候，爱因斯坦正好在加州理工学院访问。在离开帕萨迪纳的前一天，他发表了这篇再也不回德国的声明。爱因斯坦档案编号：[28–235.1]。

只要还有任何机会，我就只会留在一个政治上自由、宽容，所有公民在法律面前平等的国家。政治自由包括以口头或书面形式表达政治观点的自由，宽容意味着尊重个人的每一个观点。

这些条件在当下的德国并不具备。许多为促进国际相互谅解做出过重大贡献的人，包括一些知名的艺术家在内，正在那里遭受迫害。

正如每个人一样，任何社会有机体，都有可能会变得精神不健全，尤其是当面临困难的时候。通常情况下，国家经历这些疾病仍能存续下去。我希望不久之后德国能回归健全的状态，而且从此以往，她所孕育的像康德和歌德这样的伟人，不仅会时常受到人们的纪念，他们传授给世人的原则也会成为公共生活的主流和大众的普遍共识。

与普鲁士科学院之间的书信往来

普鲁士科学院本来就对爱因斯坦长期出访比较担心。当时加州理工学院和新成立的普林斯顿高等研究院都希望爱因斯坦每年能有一半的时间担任访问学者。后者已与爱因斯坦签订了长期工作协议。在决定留在美国之前，爱因斯坦回了一趟欧洲，将德国护照交给德国驻布鲁塞尔公使馆，宣布放弃德国国籍。爱因斯坦抢在普鲁士科学院将他除名前，于1933年3月28日向普鲁士科学院递交了辞呈。他在信中这样写道："鉴于德国目前的事态，我在此不得不从普鲁士科学院的职位上辞职。19年来，科学院让我有机会专心从事科学研究，不用承担任何职业义务。我知道我亏欠科学院太多了，我不愿意离开这个圈子。在作为院士的这段漫长岁月，我享受到了智力激励，建立了良好的人际关系，对此我总是给予高度评价。但在目前情形下，我认为我若还依赖普鲁士政府，是无法容忍的。"

爱因斯坦的公开声明在普鲁士科学院内部引起了一片哗然，科学院于3月30日召开了全体会议。考虑到爱因斯坦已经辞职，本来会议的出席者们已决定不再采取进一步的行动。但是科学院的4位常务秘书之一恩斯特·海曼博士（Ernst Heymann，1870—1946），受纳粹当局暗示，认为这是一个表现自己忠诚的机会，在没有进一步明确征求他人意见的情况下，发表了一个谴责爱因斯坦的声明。当时暂住在比利时德汉海滨（Le Coq sur Mer）的爱因斯坦，马上对这种指控进行了回击。

普鲁士科学院 1933 年 4 月 1 日的声明

普鲁士科学院从报纸上获悉阿尔伯特·爱因斯坦在法国和美国参与了煽动暴力的活动，为此感到愤慨，并要求其立即做出解释。在这期间，爱因斯坦宣布退出科学院，理由是在目前政府下，他不能继续为普鲁士王国效劳。同时，作为一名瑞士公民，他似乎有意放弃普鲁士公民权，这个公民权是 1913 年他成为科学院正式专职院士时获得的。

普鲁士科学院为爱因斯坦在国外参与煽动活动感到极其痛心。因为科学院和它的院士始终觉得自己与普鲁士王国密切相连，尽管严格戒绝一切政党活动，但他们始终强调并且永远忠诚于国家观念。因此，对于爱因斯坦的辞职，科学院没有理由感到遗憾。

普鲁士科学院代表

常务秘书恩斯特·海曼博士教授

爱因斯坦给普鲁士科学院的信

爱因斯坦档案编号：[36-062]。

1933 年 4 月 5 日，[比利时] 奥斯滕德附近的德汉

我从一个极其可靠的消息来源得知，科学院在一份官方声

明中称，“阿尔伯特·爱因斯坦在美国和法国参与了煽动暴力的活动”。

我在此宣布，我从未参与过任何煽动暴力的活动，而且必须补充的是，我也没有在任何地方见过任何类似的煽动行为。总体而言，人们最多也就是复述和评论德国政府相关责任人的官方宣言和命令，以及用经济手段消灭德国犹太人的计划。

我向媒体发出的声明，涉及到我从科学院辞职以及放弃普鲁士公民身份的打算；我之所以这样做，是因为我不希望生活在一个无法做到法律面前人人平等，也没有言论和教学自由的国家。

此外，我将德国的现状形容为一种群体性的精神失常状态，并就其成因做了一些评论。

我在一份并非为媒体而作，而是给“国际反对排犹主义联盟”（Internationalen Liga zur Bekämpfung des Antisemitismus）用来谋求支持的文件中，同样呼吁所有理智的，对正处在危险之中的文明理想依然保持忠诚的人，应当尽己所能地阻止这场群体性精神失常的进一步恶化，这种病在现今的德国已经显露出十分可怕的症状。

在发表这样一份关于我的声明之前，应该弄清楚我言论的真实内容，这对科学院来说并不是什么难事。德国媒体报道时故意歪曲我的原话，在目前这种对媒体的管制状况下，人们也不可能指望出现别的结果。

我愿意为我发表的每个字负责。但是，我也期望科学院能将我的声明告知其院士和德国人，因为当我在世人面前受到诋毁时，科学院本身也参与其中。

普鲁士科学院的两封回信

一

柏林，1933 年 4 月 7 日

非常尊敬的教授先生：

作为普鲁士科学院现任首席秘书，我确认已收到您 3 月 28 日的来信，信中您宣布辞去科学院的职务。

科学院已在 1933 年 3 月 31 日的全体会议上同意了您的辞呈。

科学院对事态的发展深表遗憾，而引发遗憾的是这样的事实：您身为地位如此崇高的科学权威，与德国人共事多年，而且成为我们科学院学术圈成员多年，理应熟悉德国人的性格和思维习惯，但竟然选择在这个时刻同国外的一群人联合起来，这群人——在一定程度上无疑对实际情况和事件一无所知——通过散布虚假的观点和毫无根据的谣言给我们德国人民造成了很大的损害。我们曾满怀期望，一位曾那么长时间属于我们科学院的人，不论其政治主张如何，都应该跟我们站在一边，捍卫德国人民，反对那些肆意蔓延的诽谤。在那些卑鄙又可笑的充满诽谤的日子里，如果您为德国人民说几句好话，将会在国外产生多么巨大的影响！但是恰恰相反，您的证词却被敌人利用了，他们不仅是当前德国政府的敌人，而且是德国人民的敌人。这对我们来说，是一种既痛苦又伤心的失望；即使没有收到您的辞呈，我们也必须与您分手。

致以崇高的敬礼

冯·菲克尔[1]

二

1933 年 4 月 11 日

科学院在此说明，1933 年 4 月 1 日的声明，不只是根据德国报纸上的报道，更主要是根据外国，尤其是法国和比利时的报道。对此，爱因斯坦先生并未否认。此外，在此之前，科学院已得到他那份流传甚广的对“国际反对排犹主义联盟”的声明。在声明中，他悲叹德国已退化到远古时期的野蛮。再者，尽管按照爱因斯坦先生自己的声明，他从未参与过任何煽动暴行的活动，科学院也确认他至少没有挺身而出，驳斥不公正的怀疑和诽谤，而在科学院看来，这是他作为科学院正式院士应有的责任。与此相反，爱因斯坦先生却在国外发表了一份声明。作为一位具有世界声望的人物，他的声明注定会遭到所有敌人的利用和滥用，这些敌人不仅针对当前的德国政府，还针对全体德国人民。

普鲁士科学院代表

常务秘书 H. 冯 · 菲克尔、恩斯特 · 海曼

爱因斯坦的回复

（比利时）德汉海滨，1933 年 4 月 12 日

我已收到您在本月 7 日的来信，并且为其中表露出的态度深感遗憾。事实上，我只需要回答以下问题：

您关于我的行为的说法，基本上不过是换了另外一种方式重复您已发表的声明，您在声明中指责我参与了针对德国人民的煽动暴

行的活动。而在上一封信中，我已经明确表示这一指控就是诽谤。

您还提到，我若能为“德国人民”说几句“好话”，将会在国外产生很大的影响。对此我必须做出回答，若提供您所期望的证词，等于是让我抛弃一辈子坚守的所有公平和自由的理念。这样的证词，并非像您所言，是为德国人民说好话；恰恰相反，它只会有助于那些企图破坏理念与原则的人，然而恰恰是这些理念与原则才是德国人在文明世界的立身之本。在当前状况下，如果我做出这种证词，哪怕可能只是间接地作用，也会帮助造成道德的堕落以及所有现有文明价值观的坍塌。

正是基于这个原因，我觉得有必要从科学院辞职。您的来信只不过证明我这样做是多么正确。

与巴伐利亚科学院的书信往来

1927年2月19日，在巴伐利亚科学院全体会议上，爱因斯坦被选为数学—科学组的通讯院士，由索末菲和另外7名正式院士联合提名。提名信中这样写道：“他不仅是亥姆霍兹以来自然哲学领域里最著名的、最深刻的思想家，而且在过去的10年里，他比其他任何人都更有利于维护德国科学界的声誉。”在总共42名正式院士投票中，有10票反对，勉强达到了三分之二的多数票。之所以出现这种情况，很可能与爱因斯坦的政治立场有关，也与当时德国社会中的反犹主义有关。

从普鲁士科学院辞职后，为了避免不必要的麻烦，爱因斯坦请求老朋友劳厄帮助他，将他的名字从这些学术机构中除去。为此，巴伐利亚科学院当时的院长利奥波德·温格（Leopold Wenger，1874—1953）给爱因斯坦写信，亲自询问他的态度。

特别有趣的是，在“二战”结束后，索末菲又与已在普林斯顿定居的爱因斯坦联系，希望重新推荐他为巴伐利亚科学院院士，为此，爱因斯坦回答说，他“不想再与德国人有任何关系，哪怕是那些相对无害的科学院”。

巴伐利亚科学院来信

慕尼黑，1933 年 4 月 12 日

尊敬的阁下：

在您给普鲁士科学院的信中，您提到目前德国的现状是您辞职的原因。早在几年前就选举您为通讯院士的巴伐利亚科学院，也是一所德国科学院，它与普鲁士科学院以及德国的其他科学院保持着密切联系；因此，您从普鲁士科学院辞职，对您保持同我们科学院的关系不无影响。

因此，我们必须向您请教：在经历了与普鲁士科学院发生的事情之后，您如何看待与我们的关系？

巴伐利亚科学院主席团

爱因斯坦的回复

（比利时）德汉海滨，1933 年 4 月 21 日

有关我从普鲁士科学院辞职一事，我曾给出过我的理由：在当前环境中，我既不愿意做一个德国公民，也不愿意保留任何依赖于普鲁士教育部的职位。

这些理由本身与我要同巴伐利亚科学院断绝关系并无直接联系。如果我仍希望将我的名字从你们的院士名单中去除，则还有另外一个理由：科学院的首要职责是促进和保护一个国家的科学生活。然而，当相当多的一部分德国学者、学生以及一些受过高等教育的专

业人士被剥夺了一切就业和谋生机会的时候，德国的学术团体——据我了解——却只是保持沉默。即便它是屈服于外界压力才这样做的，我也不愿意从属于任何一个采取这种态度的团体。

给普朗克的信

希特勒上台后，爱因斯坦发表的一系列言论，让生性保守的普朗克不知所措。18年前，正是在普朗克和能斯特的力邀下，爱因斯坦才来到柏林，成为普鲁士科学院最年轻的院士。他给爱因斯坦写信，劝爱因斯坦少在政治问题上发言，以免让支持他的人尴尬："在这种不安定的时期出现的各种有关您在公开场合评论政治的谣言，我感到很痛心，不想就此置评。但有一点我非常清楚，那就是，这些评论很难让那些尊敬您的人再为您说话了。"

爱因斯坦向普鲁士科学院递交辞职信时，普朗克正在意大利度假，但他没有中断度假，去采取行动干涉海曼等人的举措。他在给爱因斯坦的信中写道："对我来说，您的这个主意似乎是唯一既可以使您与科学院体面地断绝关系，同时又可以使您的同事避免承受过多痛苦的办法。"

但经过一番思考后，他又给普鲁士科学院的执行秘书写信，"采取正式行动驱逐爱因斯坦，让我的良心受到极大谴责。虽然在政治上我们存在着分歧，但我可以肯定，在今后的数百年里，爱因斯坦将一直是我们科学院应该感到骄傲的一颗最明亮的星"。

爱因斯坦这封1933年4月6日写给普朗克的信，语气比较和缓。他非常看重与普朗克的友谊，耐心地向普朗克进行解释，同时也重申了自己的原则。爱因斯坦档案编号：[19–39]。

我从未参加过任何“煽动暴力”的活动。我不以恶意来揣度科学院，假定它只是出于外界压力才做出了这些诽谤性的声明。但即便如此，这一行为也很难有助于它的声誉；直到今日，它的一些正派的院士肯定还为之感到羞耻。

您或许有所耳闻，这些虚假的指控被用作没收我在德国的财产的借口。我在荷兰的同事们联合起来想要帮助我度过最初的财政危机。幸运的是，我足够谨慎，已经为应对这样的危机提前做了准备，因此不需要接受他们的帮助。您一定能很容易想象到德国之外的公众对于那些针对我的手段会做何感受。当然，将来的某一天，正派的德国人会为我遭受的屈辱而感到羞愧。

我不得不提醒您，这么多年来，我的所作所为只会增强德国的声望，极右媒体对我展开了系统的攻击，我从未把这些放在心上。即使是近些年，当没有人愿意因出面支持我而惹麻烦时。然而今天，灭绝性战争针对我那些手无寸铁的犹太同胞，为了他们，我必须动用我在这个世界上拥有的一切影响力。

请您设身处地想想这样的场景，或许就能更好地理解我的心情：假设您是布拉格的一名大学教授，某届政府上台后不仅剥夺有德国血统的捷克人的权利，与此同时还用严酷的手段禁止他们离开国土。进一步假设，边防站的守卫向所有未经许可但试图离开国境的人开枪射击，而那些人所要逃离的国家正在进行一场针对他们的不流血的灭绝战争。那时您还会认为应该保持沉默，眼睁睁地看着事态如此发展，而不是大声疾呼，支持那些遭受迫害的人吗？而本届德国政府的官方计划难道不就是用饿死德国犹太人的方式来毁灭他们吗？

如果您读过我的原话（而不是经过歪曲的描述），就必定能感觉到，我是以一种经过深思熟虑并且有所节制的方式来表达自己的观点。我这么说不是为自己辩解，而是想形象地展现出德国当局在对待我时那卑鄙可耻的嘴脸。

虽然如此，您还是像对待老朋友一样联系我，尽管有来自外界的严峻压力，但是我们之间的感情没有受到影响，这些都让我很是高兴。无论在所谓的"更低层次"上发生什么，我们的友谊依然如从前一样美好而真挚。这些也同样适用于劳厄，我对他怀有最崇高的敬意。

又及：我已选用了某种正规的通信住址，以确保这封信不会在中途被打开或被查封。

对邀请参加一项示威活动的回复

本文是爱因斯坦对受邀参加一场在法国举行的反对德国反犹主义示威活动一事的答复，选自1934年德文版《我的世界观》。

因为与我心中最关切的一个问题密切相关，我仔细考虑了这个极为重要的请求。考虑的结果是，我个人决定不参加这个极为重要的示威活动，原因有二：

首先，我仍然是一名德国公民；其次，我是一个犹太人。关于第一点，我必须补充说明，我在德国的机构中工作，并且在德国极受敬重。尽管对那里发生的事深表遗憾，也应该强烈谴责目前德国境内政府批准的骇人听闻的反常行为，我还是不能以个人身份参与一场由外国政府官员组织的示威活动。为了使您充分理解我的这个态度，请设想一位或多或少处于类似情况之下的法国公民，与著名德国政治家一起发动一场反对法国政府行为的抗议活动。您仍将——即使您完全承认客观事实为这次抗议提供了充分的正当理由——会把您这位同胞的行为看作一种背叛。如果左拉[2]认为在德雷福斯案件之时有必要离开，那他肯定不会参加由德国官方人物举行的抗议活动，无论他多么赞成他们的行动。他最多不过是为自己的同胞而感到羞愧。

其次，对不公正与暴力的抗议，如果由纯粹出于人类的情感和对正义的热爱的人发起，将会拥有无可比拟的价值。而这不适用于像我这样的人身上。作为一个犹太人，把其他犹太人视为自己的兄弟。犹太人遭受的不公正对他来说感同身受。他不能充当法官审理自己的案件，而只能等待局外人的判决。

这些就是我的理由。但我想补充一点，我始终尊敬和赞赏这种高度发展的正义感，它是法国人民传统中最高贵的特征之一。

第四部

犹太人的理想

犹太人的理想

本文选自 1934 年德文版《我的世界观》。

为了知识本身而追求知识，近乎狂热般地热爱正义，以及对个人独立的渴望——这些犹太传统的特征，让我感激命运，使我生为一名犹太人。

今日那些对理性与个人自由的理想感到气愤厌恶，并且正试图通过暴力建立一个死气沉沉的国家奴隶制的人，很自然地将我们视为势不两立的敌人。历史赋予我们一项艰难的任务；但只要我们继续做真理、正义和自由的忠实仆人，就不仅仅将作为现存于世的最古老的文明民族而生存下去，而且还会像以前一样，用创造性的工作来提升人类。

存在一种犹太世界观吗？

本文最初是为1932年9月26日出版的期刊《观点》（*Opinion*）以及1932年伦敦出版的《犹太评论》（*Jewish Review*）准备的。本文选自1934年德文版《我的世界观》。爱因斯坦档案编号：[28-197]。

在我看来，哲学意义上的犹太世界观并不存在。我觉得犹太教关注的几乎只是在生活当中持有的以及对待生活的道德态度。我认为犹太教的核心，就是犹太民族体现的生活态度，而不是记在《妥拉》[1]上并被《塔木德》阐释的律法的核心。对我而言，《妥拉》和《塔木德》只不过是犹太人早些时期人生观的重要见证。

犹太人生观的本质在我看来在于：对世间万物的生命持肯定态度。个体生命的意义，在于它有助于让每一个生灵的生命更美好、更高尚。生命是神圣的，也就是说它具有最高价值，其他所有价值相比之下都是次要的。把超越个人的生命视为神圣，随之对一切有灵性的东西怀有崇敬之心，是犹太传统中一个尤为独有的特征。

犹太教绝非信仰：犹太教上帝的存在仅仅是对迷信的否定，是消除迷信后的替代之物。它试图将道德律法建立在恐惧之上，这种做法令人遗憾，也不光彩。然而在我看来，犹太民族强烈的道德传统已经在很大程度上使自己摆脱了这种恐惧。同样清楚的是，“侍奉上帝”就等同于“侍奉生命”。犹太民族中最优秀的人，尤其是先知们和耶稣，曾不知疲倦地为此而斗争。

因此，犹太教不是一种先验的宗教；它只关心我们的现实生活，而且是在一定程度上能够把控的生活，除此之外，别无其他。因此，在我看来，从“宗教”这个词的常用意义上看，犹太教能否被称为宗教，值得怀疑；尤其是犹太人想要的并不是“信仰”，而是在一种超越个人意义上的对生命的神圣化。

但是犹太传统中还包含着其他一些东西，这在《诗篇》中的许多地方都有精彩的揭示，即对这个世界的美丽与庄严感到一种狂喜与惊异之情，而对此人们只是获得了一点点模糊的认识。这种喜悦就是真正的研究者汲取其精神养分的情感来源，但它似乎也出现在鸟儿的歌声中。这样一来，把这种情感附加到上帝的观念里的想法似乎有如儿童般天真。

上面所述是犹太教的典型特征吗？在其他任何地方，它们是否以其他名字出现？纯而又纯的东西哪里都不存在，在犹太教中也找不到。许多拘泥于经文的解释遮蔽了纯洁的教义。但我在犹太教中看到了这种特征最纯粹和最生动的表现形式。这尤其适用于将生命神圣化这个基本原则。

它的独特之处在于，在让安息日变得神圣化的刑律中，也明确地包括了动物，这种团结一切生命的理想情感是多么强烈。而对全人类团结的主张就表现得更加强烈，因此对社会主义的要求主要是由犹太人首先提出的，这一事实绝非偶然。

瓦尔特·拉特瑙在和我的一次对话中，曾经用一句短语很好地解释了这种生命的神圣感在犹太人中发展的强烈程度：“如果一个犹太人说他要去打猎取乐，他一定是在撒谎。”人们再也找不出比这更简单的有关犹太人对生命的神圣感的表达了。

基督教与犹太教

本文选自 1934 年德文版《我的世界观》。

如果从犹太教中把先知书去掉，并从耶稣基督传授的基督教中去掉那些后来附加的东西，尤其是那些关于神职人员的东西，剩下的教义能够治愈人类所拥有的所有社会弊病。

尽其所能，在自己的小世界里坚持不懈，让这种纯粹人性的教义具有生命的活力，是每一个有善心的人的职责所在。如果他朝这个方向做了一番真诚的尝试而没有被同时代的人拒绝和摧毁，那么他自己以及他所处的共同体就算是幸运的了。

犹太共同体
——在伦敦的一次演讲

本文是爱因斯坦1930年10月29日在伦敦萨伏伊酒店（Savoy Hotel）发表的一篇演讲。讲稿最初分两次发表在《纽约时报》（1930年10月29日和11月2日）上。本文选自1934年德文版《我的世界观》。

对我而言，要克服喜欢安静沉思生活的本性，并不是一件容易的事。但我不能对ORT[2]和OZE[3]的呼吁置若罔闻，因为我响应这个呼吁，就是在响应我们遭受痛苦压迫的犹太民族发出的呼吁。

与此同时，我们散布在世界各地的犹太团体的状况是政治世界的道德晴雨表。一个国家如何对待一个没有自卫能力，以保留古老的文化传统为特征的少数民族，难道不就是评判政治道德和对正义的尊重的最可靠指标？

现在，这个晴雨表的读数很低，正如我们从自己遭受的虐待中痛苦地意识到的。但正是这种低潮让我确信，维持与巩固我们的共同体是我们的责任。对正义和理性的热爱深植于犹太人的传统中，它将继续有助于所有国家的利益，无论现在还是将来。在现代时期，这个传统已经造就了斯宾诺莎和卡尔·马克思。

那些想要保护好这种精神的人必须要照顾这种精神所依附的身

体。OZE 实际上就在照顾着我们民族的身体。在东欧，它夜以继日地工作着，来帮助那里遭受经济萧条沉重打击的犹太同胞，以维持他们的生计；而 ORT 正试图消除犹太人自中世纪起就苦于承受的苛刻的社会和经济障碍。因为我们那时被排除在一切直接生产性的职业之外，而被迫从事纯粹的商业性职业。唯一能真正帮助东方国家的犹太人的方法，是给予其从事新领域的机会，而这正是他们想在全世界范围内努力争取的。这是 ORT 正在有效地处理的一个重大问题。

现在我们要向你们——英国的犹太同胞发出呼吁，请求你们参与到这项由杰出人士所开启的伟大事业中来。最近几年，甚至最近几天带给我们的失望之情必定也格外触动你们。不要抱怨命运，而要把这些事件看作继续忠实和坚守犹太民族联合体事业的理由。我坚信，这样做也将间接地促进人类整体目标的实现，而我们必须始终将它们视为最高的目标。

记住，困难和阻碍对于任何共同体而言都是力量与健康的宝贵来源。如果我们的床是由玫瑰铺就的[4]，就不可能作为一个共同体而存活几千年；对此我确信不疑。

不过，我们有一个更美好的慰藉。我们的朋友虽然不多，但其中不乏精神高贵者，具有强烈正义感，他们把自己的一生献给了提升人类社会，并将个人从可耻的压迫中解放出来的伟大事业。

我们高兴而又荣幸地看到今晚在我们中间有这样一些来自非犹太世界的绅士；他们的出现为这个值得纪念的夜晚增添了格外的庄重。在我面前，我很高兴看到了萧伯纳和威尔斯，他们的人生观格外吸引我。

您，萧伯纳先生，在一条曾使其他人殉难的路上，成功赢得了人们的爱戴和钦佩。您不仅向人们传扬道德上的教诲，甚至还嘲笑那些被许多人视为神圣不可侵犯的事情。您的成绩只有天生的艺术家才能做到。您从您的魔法盒里创造了无数个小人物，它们像人，却没有血肉之躯，而是由头脑、智慧与优雅组成。然而在某种程度上，它们比我们自己更像人，人们几乎忘记了它们并非是大自然的创造，而是萧伯纳的杰作。您使这些迷人的小人物在一个微型世界里舞蹈，在这个世界面前有美惠三女神担当守卫，禁止任何怨恨进入。但凡见识过这个小世界的人都会用新的眼光来看待我们的真实世界；小世界的木偶影射着真实的人，使他们突然看起来与以前截然不同。由于您把镜子放在我们面前，使我们获得解放，而这在我们同时代中几乎没有其他人做到过，同时您也多少减轻了尘世生活的重负。为此，我们都衷心地感谢您，也感谢命运，因为它给我们带来严重的疾病时，也给我们带来了灵魂医生（抚慰者）和解放者。就我个人而言，我还要感谢您对那个与我同名的神话般的人讲了一番令人难忘的话，尽管他是一个无辜的人，他的尴尬可敬的伟大使我的生活变得非常困难。[5]

但我要告诉大家的是：我们民族的生存和命运较少地取决于外界因素，而更多地取决于我们自己。我们要矢志不渝地忠于我们的道德传统，正是这种传统让我们得以经历狂风暴雨存活几千年。在人生的服务中，牺牲成为美德。

反犹主义与学术青年

本文最初准备印在由流亡到西欧的东欧犹太青年学生所编的一本年历上。这本年历由两位来自柯尼斯堡大学的医学学生所编。这两名学生拜访了爱因斯坦，请他就“德国大学中的反犹主义”发表看法，于是爱因斯坦写了这篇文章。遗憾的是，这本年历最终没有出版。

本文选自1934年德文版《我的世界观》。

只要我们在犹太人聚居区生活，犹太人身份就会使我们陷于物质上的困境，有时甚至是生命危险之中，却不会带来社会或心理问题。随着犹太人的解放，情形发生了变化，尤其是那些转向从事脑力劳动的犹太人。

年轻的犹太人在中小学与大学里，受带有鲜明的民族色彩的社会的影响。一方面，他尊敬和钦佩这个社会，从中获得精神养料，获得归属感；然而另一方面，这个社会将他视为异族的一员，报以某种蔑视与敌意。由于这种心理优越性的暗示性影响，而不是功利主义的考虑，驱使他背弃自己的民族和传统，并认为自己完全属于其他民族；同时他又徒劳地对自己和其他民族隐瞒下面的事实，即双方之间的关系并不是双向互惠的。过去和现在受过洗礼的犹太枢密顾问这种可怜产物，就是这么产生的。在大多数情况下，并不是冲动与性格上的不足使得他成为现在的样子，而是，如我上文所说，由一个人数与影响方面占优势的环境的暗示性力量造成的。他当然知道，有许多令人钦佩的犹太子孙对欧洲文明的辉煌做出了重要贡献；但除了少数人例外，他们不也都和他一样屈从于环境吗？

正如许多精神疾病一样，在这种情况下，治疗措施在于了解病人的疾病状况以及疾病发生的原因。我们必须自觉意识到自己的异族身份，并从中得出结论。通过诉诸理性的论证来试图使其他人相信我们在心灵与智力上与其平等是徒劳的，而这些人的态度根本不是来自大脑。相反，我们必须在社会方面解放自己，并且基本上自己满足自身的社会需求。我们要有自己的学生社团组织，并对非犹太人采取谦恭而始终如一的谨慎态度。让我们按照自己的方式去生活，而不是模仿与我们的本性中没有的决斗和饮酒的习俗。人们可以既是一个文明的欧洲人和一个好公民，又是一个忠实的犹太人。如果我们记住这一点并采取相应的行动，那么反犹太主义的问题，就其社会性质而言，就会得到解决。

我们对犹太复国主义欠下的债

“巴勒斯坦全国劳工委员会”（National Labor Committee for Palastine）1938年4月17日在纽约准将饭店[6]为筹款活动而举办了第六届“逾越节第三晚餐会”（Third Seder），爱因斯坦出席并发表演讲。本文1938年4月29日刊登于华盛顿特区出版的美国犹太复国主义组织周刊《新巴勒斯坦》（*New Palestine*）。

尽管欧洲犹太人遭受了许多苦难，爱因斯坦并没有将巴勒斯坦视为一个“完全的或者甚至是主要的为受迫害者提供庇护的地方”。他认为，“巴勒斯坦的建设工作，首先应当成为犹太传统中重要的组成部分——社会理想的体现”。随着犹太人移居巴勒斯坦的数量不断增加，他们与阿拉伯人之间的矛盾越来越大。阿拉伯人袭击犹太定居点、犹太人报复性杀害阿拉伯人的事件时有发生，有些甚至演变成惨案。到了1937年，英属巴勒斯坦托管地一片混乱。托管当局建议巴勒斯坦实行分治。国际犹太复国主义组织多数人赞成这一方案，阿拉伯人明确反对。

与绝大多数赞成建立实体国家的犹太复国主义者不同，爱因斯坦更主张一个与阿拉伯人和平共处的文化犹太复国主义目标。这篇演讲集中反映了他的与众不同的观点。

自从提图斯[7]征服耶路撒冷至今，犹太共同体很少经历过比时下经受的压迫更沉重的时期。事实上，在某些方面，我们现在的时代比过去更加不幸，因为当前移民的可能性比过去更有限。

然而，不论由此给生活带来多大的悲伤、造成多大的损失，我们一定会度过这段时期，继续生存下去。一个像我们这样的共同体，纯粹靠传统的原因来维系，只会在外来压力下更加有力。因为今天的每个犹太人都觉得，做一个犹太人不仅意味着需要承担对自己共同体的责任，还要肩负起对人类的责任。总而言之，做一个犹太人，首先意味着去认同并实际遵从那些在《圣经》中规定的人道主义原则。没有那些原则，人类就不可能有任何健全幸福的共同体。

今天，出于对巴勒斯坦发展的关切，我们聚集到了一起。此时此刻，首先需要强调一件事：全体犹太人应感激犹太复国主义。犹太复国主义运动在犹太人中复活了集体情感。它已经做出了一番出乎所有人预料的颇有成效的工作。全球具有自我牺牲精神的犹太人都为这项在巴勒斯坦进行的事业做出了贡献，它卓有成效地把我们大量的兄弟姐妹从无援的境地中拯救出来。尤其值得一提的是，它已经有可能把我们的一部分数量可观的青年引导到从事愉快的创造性工作的生活中去。

现在我们这个时代最致命的痼疾，即由盲目的仇恨而引发的过分夸张的民族主义，把我们在巴勒斯坦的事业带到了一个最困难的境地。白天耕种过的土地，晚上必须加以武装保护，以免遭受阿拉伯亡命徒的洗劫。一切经济活动饱受不安全之苦。进取心开始衰萎，也出现了一定规模的失业现象（当然，用美国的标准来衡量，则实属一般）。

面对所有这些困难，我们在巴勒斯坦的兄弟姐妹们表现出的团结与自信值得我们钦佩。那些有工作的人自愿捐款，让失业者得以维持基本的生活。由于坚信理性和安宁会最终得以伸张，他们的情绪仍然很高涨。人人都知道，这些混乱是由那些不仅存心想和我们过不去，而且还想难为别人——特别是英国人——的家伙刻意挑起的。大家都很清楚，若是外国的资助被撤销了的话，这些匪盗行为就会停止。

不过，我们在其他国家的同胞绝不会落在巴勒斯坦的那些同胞后面。他们也坚决果断地支持这项共同的事业，没有灰心丧气。这无须多言。

我个人只想就分治问题谈一点个人看法。比起建立一个犹太国家，我更愿意看到在和平共处基础上与阿拉伯人达成合理的协议。除了实际的考虑，我对犹太教义精髓的意识使我反对建立一个有边界、军队和一定程度的世俗权力的犹太国家，无论这种权力多么有限。我怕犹太教受内伤——特别是在我们自己的圈子内搞狭隘的民族主义带来的伤害，而那种民族主义正是我们在甚至还没有犹太人自己的国家时就已经不得不强烈抵抗过的。我们不再是马加比[8]时期的犹太人。回到政治意义上的国家，便等于抛弃我们共同体的精神化，而这种精神化应归功于我们先知的天才。如果外部需要我们最终还是挑起这副重担的话，那就让我们机智、耐心地承担它吧。

我还想就整个世界上目前的心理状态——这关系我们犹太人的命运——多说一句。反犹主义总是被少数自私自利的人拿来作为欺骗人民的最廉价的工具使用。一个以这种欺骗为基础，靠恐吓来维持的专制暴政不可避免地要被自身产生的毒素毁灭。因不公正积聚起来所造成的压力加强了人们心中的道德力量，这些力量会引起大众生活的解放与净化。祝愿我们的共同体因其遭受的苦难和努力的拼搏，能对这些解放力量的释放做出贡献。

他们为何憎恨犹太人？

迄今为止，在爱因斯坦有关犹太人事务的作品中，这篇文章最为有名。在臭名昭著的“水晶之夜”（Kristallnacht）两周后，它的英文翻译稿发表在1938年11月26日在纽约出版的《科里尔杂志》（*Collier's*）上。所谓“水晶之夜”，其实就是打砸抢之夜，指的是纳粹法西斯于1938年11月9日夜在德国全境范围内发起的直接针对犹太人的行动。当时犹太商店遭到肆意的破坏，犹太教堂被洗劫一空，犹太人当街挨打，被驱赶到一起，登记后关入集中营。爱因斯坦在这篇文章中并没有提到这恐怖的一幕，是因为爱因斯坦早在1938年8月就用德文写好了文章。

这篇文章最突出的特点是对反犹主义进行了客观分析。爱因斯坦发现，反犹主义这一社会痼疾，和其他形式的偏见一样，都有忌妒与仇恨的成分。他强调指出，若想获得思想的自由与独立，就必须克服这种弱点。犹太民族的理想就是为了社会正义而奋斗。德文版标题为《反犹主义》（*Antisemitismus*），也没有如英文版中再细分为两小节。爱因斯坦档案编号：[120–936]。

我想用一个稍做修改后的古老寓言作为文章的开头。这个寓言有助于揭示出政治上的反犹主义的主要动机：

牧童对马说道：“你是四足着地的兽类中最高贵的，理应在无忧无虑中尽享清福。要不是奸诈的牡鹿，你的幸福一定会十分完美。但牡鹿从小就练就出比你更敏捷的四足。它敏捷的脚步使得它比你先到达水窠。远近四周的水都被它及它的同伴喝光了，而你和你的小马驹则被弃置于口渴的境地。与我为伍吧！我的智慧和指导将把你和你的同类从凄凉与屈辱的境地中解救出来。”

出于对牡鹿的嫉恨，马不明就里地应允了牧童。它同意让牧童套上马勒，从此丧失了自由，成为牧童的奴隶。

寓言中的马代表着一类人，而那个牧童则代表着一个极想绝对统治这一类人的阶层或集团；另一方面，那只牡鹿代表着犹太人。

我会听到你们在说：“这是一个完全不可信的寓言！没有任何一种生物会像你说的寓言中的马那样愚不可及。”还是让我们再多思考一下。那匹马感受过口渴的苦楚，而且每当它看到牡鹿捷足先登时，它的虚荣心时常受到伤害。你们这些没尝过这种苦痛和烦恼的人当然很难明白，憎恶和蒙昧会驱使马这么快不假思索地轻易上当。不过，马成为轻易受诱惑的牺牲品，正是因为它先前受的苦难导致它铸下这等大错。要提出公正明智的忠告——给别人！——是容易的，而很难使自己公正而明智地行动，这一说法很有道理。我可以明确无误地告诉你们：我们都常常扮演着类似于那匹马的悲剧性的角色，而且总是处于再次受人蛊惑的危险之中。

这个寓言中所说的情形一次又一次地发生在个人及国家的生活中。简而言之，我们可把它看作对某个特定的人或群体的厌恶和仇恨，转移到另一个缺乏有效自我防卫能力的个人或群体的过程。但是，为什么要如此频繁地由犹太人来承担寓言中牡鹿的角色呢？为什么犹太人如此频繁地引起大众的怨恨？主要是因为几乎所有国家中都有犹太人，而且因为各处的犹太人如此稀疏地分散着，无力抵抗猛烈的攻击。

一些过去不久的例子可以证明上面的观点。直到19世纪末，俄国人民还因政府的专制而恼怒。在外交政策上愚蠢的严重失误更使得人民的怒气达到爆发的顶点。在这危急关头，俄国统治者却通过煽动群众去憎恶犹太人，对犹太人发泄暴力来化解自己的不安。自从俄国政府血腥镇压了危险的1905年革命后，这些策略就反复被采用过——可以说，这种花招使这个众怨所归的政府一直维系到了世界大战快结束时。

当德国人在由他们的统治阶级所策划的世界大战中失败后，立即有了责备犹太人的企图，他们认为犹太人首先煽动了战争，之后又让战争失利。随着时间推移，这些企图得逞了。它造成的这种对犹太人的仇恨不仅保护了特权阶层，而且使一小撮肆无忌惮、蛮横无理的人得以置德国人民于受奴役的地位。

在历史中，犹太人所受到的指责——这完全是为了美化对犹太人所犯的罪行——层出不穷，变迭频仍。犹太人被猜疑向井里投毒，被说成是出于宗教礼仪而杀害儿童的凶手，被错误地指控为有系统地企图独占经济命脉从而剥削全人类。一些伪科学的书标明犹太人是劣等的、危险的种族。他们被说成以善于为了本身自私的意图酝酿战争、煽动革命而闻名。他们既被认为代表了危险的激进分子，又是与文明进步为敌的匪徒。他们被指控在逐渐被同化的伪装下通过对国家生活进行渗透来篡改这些国家的文化。他们还被同样的口气指控为如此顽固不化，以至于他们为任何社会所不容。

对犹太人的控诉几乎超出了你们的想象，尽管连一手炮制这些控诉的人都觉得其内容荒诞不经，但它们还是一次又一次在公众身上产生了效应。在动荡不安与骚乱频仍的时节，群众倾向于愤恨和粗野。而和平时期人类的这些本质特征只不过悄然流露出来。

至此我还只是提到对犹太人的暴力与压迫，而丝毫未提及反犹主义本身。作为一种心理的和社会的现象，反犹主义甚至在并无针对犹太人的特别行动的时期和环境中也存在着。从这个意义上讲，它可以被说成是潜在的反犹主义。它的基础是什么呢？我认为，从某种意义上来说，人们实际上可以把它看成是民族生活中一个正常的表现。

在一个国家里，任何群体的成员之间的联系比起他们同其他人的联系更紧密。因而，只要这些群体仍保持着差别，国家就永远摆脱不了群体间摩擦的纠缠。在我看来，绝不能对全体人民的完全一致做任何奢望，哪怕这是可以做到的。共同的信念和目标、相似的利益会在每个社会中培养出一些群体，这些群体在某种意义上作为一个单元而行动。在这些群体之间总会有摩擦，这与个人之间存在着的反感与竞争一样。

这种形成群体的必要性或许最容易从政治领域里政党的形成中看出来。若无政党，各国公民的政治兴趣就会销声匿迹，也不会有不同意见进行交流的论坛。个人会被孤立起来，并且无法表明自己的信念。而且，政治见解的产生、成熟必须借助于具有相同性情和意图的人之间的相互启发和批评才能达成。政治与我们文化生存的其他领域毫无二致。比如说，大家都承认：一方面，在宗教热情强烈的时候，不同的教派可能会涌现出来，这些教派间的竞争普遍刺激了宗教生活。另一方面，众所周知，集中化，即消除相互独立的群体，会导致科学和艺术上的片面甚至荒芜，因为这种集中化阻止甚至压倒了不同见解及研究方向之间的竞争。

犹太人究竟是什么？

群体的形成在人类奋斗的所有领域中均有令人鼓舞的影响，这主要是由于不同群体所代表的信念与目标之间的斗争所致。犹太人也组成了这样一个拥有自己确定特点的群体，而反犹主义不过是由犹太群体引起的非犹太人所持有的一种敌对情绪。这是种正常的社会反应。要不是导致了政治上的弊端，它绝不会被冠以这样一个专有名称。

那么，什么是犹太群体的特征呢？首要的问题是：何为犹太人？对于这个问题，不存在什么简洁的答案。最明显的答案是：犹太人是具有犹太信仰的人。通过一个简单的类比，我们可以很容易地看出这个答案的肤浅之处。让我们问一下，什么是蜗牛？一个同上面那个在类型上相似的回答是：蜗牛是栖居蜗牛壳内的动物。这个答案不是完全不对，当然也不完备，因为蜗牛壳恰好只是蜗牛的物质产品之一。同样，犹太民族的信念也只是犹太人群体特征的产物之一。况且，蜗牛去掉壳，依然是蜗牛。摒弃了其信仰（从这个字的表面意义而言）的犹太人与上述情形相同，他依然是个犹太人。

每当人们试图解释一个群体的基本特征，总会出现这种窘境。

几千年来把犹太人维系在一起而且至今还维系着他们的纽带，首先是关于社会正义的民主理想，其次是全人类互助互谅的理想。连最古老的犹太宗教经典都深入探讨了这些社会理想，这些理想后来强烈地影响了基督教教义和伊斯兰教教义，并对绝大部分人类的社会结构产生了积极的影响。这里还应提到每周休息一天的引入，这可是一个对全人类意义重大的恩赐。诸如摩西、斯宾诺莎和卡尔·马克思这类人物，虽然他们可能各不相同，但均为了社会正义的理想而献出了毕生的精力，而自我牺牲。正是他们先辈的传统引导他们走上了这条坎坷的道路。犹太人在慈善事业上绝无仅有的成就也是出于同样的根源。

犹太传统的第二个典型特征是其对各种形式的理智追求及精神努力的崇尚。我深信，这种对理智努力的崇敬为犹太人在最广泛的意义上给知识进步做出贡献起到了重要作用。鉴于他们人数相对较少，并且在他们前进的路上经常受到外界的阻碍，他们所做的贡献理应为所有正直的人所景仰。我坚信，这不是由于任何特别丰富的天资，而是由于如下事实：犹太人对智慧上的成就的尊重，营造了一个特别有利于任何可能存在的天才发展的氛围。同时，强烈的批评精神阻止了对任何权威的盲目服从。

在此我只局限于谈了上述两个在我看来最本质的传统特征。这些标准和理想在或大或小的事情中都同样有所体现。它们被父母传给孩子；它们浸染了朋友之间的交流与判断，它们遍布在宗教经典中，它们还赋予犹太群体的集体生活特有的烙印。就是在这些与众不同的理想中，我看到了犹太民族本性中的精华。只不过，这些理想在犹太群体，在其实际的日常生活中并非完美地得以实现。这也是很自然的事。然而，若有人想对一个群体的本质特征做出简要的描述，那他所描述的常是他们的理想。

哪里有压迫，哪里就有激励

在前面，我把犹太主义设想为一个传统的共同体。而另一方面，无论是朋友还是敌人都常宣称犹太人代表着一个种族，他们独特的行为是由其固有品质所引起的，这种固有品质通过遗传代代相承。几千年来，犹太人主要是在族内通婚，这一事实又给上面的观点加重了分量。这样的习俗会保存一个纯正的人种——若是此种族一开始就是纯正的话；而要是一开始便有了种族的融合，它就不可能制造出种族的纯一性。毫无疑问，犹太人是一个混杂的种族，正如我们文明中的所有其他群体一样。诚实的人类学家也同意这一点；相反的断言都属于政治宣传，它们必须被相应地加以驳斥。

犹太群体的兴盛依靠的不仅是自身的传统，而且靠它们在世界上永远受到的压迫和敌视。毫无疑问，这是一个使犹太人几千年来得以一直持续生存的重要原因。

在前面我们已简要地对其特性加以描述了的犹太群体包括大约1600万人——这个数字略少于世界总人口的1%，或约等于当今波兰总人口的一半。作为政治因素，他们的作用可以忽略不计。他们几乎遍布于全球的各个角落，而且不会有任何办法被联合为一个整体——这意味着他们毫无能力在任何方面采取一致行动。

如果有人愿意只从敌人的说法中给犹太人做一番描绘的话，他将得出如下结论：犹太人代表了一种全球势力。乍看上去，这一结论显然荒谬透顶，而在我看来，这个结论却有一定的意义。作为一个群体，犹太人也许没有什么力量，但各个成员的成就加在一起处处都显著可观，哪怕这些成就是在困难重重的情况下取得的。洋溢在群体中的精神激发了潜伏在个体中的力量，激发他们投入自我牺牲的努力中。

因此那些有理由来躲避大众启蒙的人煽动了对犹太人的仇恨。相比害怕世界上任何其他事情，他们更害怕具有理智上独立的人产生的影响。我从中看到了在如今的德国正趋于激烈的对犹太人疯狂仇恨的根本原因。在纳粹集团眼中，犹太人不仅是一种摆脱人民对自己，即对压迫者不满的工具，他们还视犹太人为一个不可被同化的元素，这个元素不能被驱使进行不加批评的接受教义，因此只要它还存在，就会威胁到他们的权力，因为它坚决主张对群众进行大众启蒙。

纳粹篡夺政权后不久，即上演了隆重的焚书仪式。这件事足以证明上述观念已触及了问题的核心。这种从政治观点看来毫无意义的所作所为只能被理解为一种自发的情感发泄。因此它在我看来要比许多目的性更强、有实际意义的行为更能说明问题。

在政治学和社会科学领域，早已发展出一种对于过于宽泛的概括产生合理怀疑的心理。当思想过于严重地为这些概括所支配时，就容易出现曲解特定的因果关系的情况，对事件实际的复杂性做出不公正的判断。但是，摒弃这种概括意味着完全放弃理解。因此，我认为一个人只要对这种概括的不确定性保持清醒的头脑，就要而且必须要冒险来进行概括。正是出于这种想法，我才愿意尽可能谨慎地表述我对反犹主义的看法，这个看法是通过对普遍观点的考虑而得出的。

在政治生活中，我看见有两种互为对立的趋势在起作用，它们总是在互相争斗。第一种趋势是乐观的，它源于如下信念：个人与集体的创造力的自然扩展，本质上能导致一个令人满意的社会状态。它认可对一种凌驾于集体与个人之上的中央权力的需求，但承认这种权力只会起到组织和调整的作用。第二种趋势是悲观的，它认为个人与集体的相互影响导致社会的破坏，因而它试图完全把社会建立在权威、盲从及强制服从之上。其实，这种趋势只在有限的程度上是悲观的，因为对于那些本身就是或者渴望掌握权力和权威的持有者来看，它反倒是乐观的。附和于第二种趋势的是自由团体的公敌，是独立思想教育的公敌。这些人更是政治反犹主义的鼓吹者。

在美国这块土地上，所有人都口头上支持第一种也就是乐观的那种趋势。不过，第二种趋势也有强烈的表现。这随处可见，尽管它的大部分真相都被隐匿了起来。它的目标是要通过控制生产方式的迂回道路来实现少数人在政治上和精神上对人民的统治。它的倡议者已试着使用反犹主义及对其他各种群体的敌视这个武器了。不久的将来，他们还会重复这种企图。迄今为止，所有这类企图都归于失败，因为人民的政治本能是健全坚实的。

这种状况将来仍会继续，如果我们坚持这条原则：警惕奉承者，尤其是当他们来鼓动仇恨的时候。

离散异邦的欧洲犹太人

这篇讲话是爱因斯坦以“难民及海外需求犹太联合募捐协会”（United Jewish Appeal for Refugees and Overseas Needs）名誉主席的身份发布的，其扩充版刊登于1939年3月22日《纽约时报》，题为《爱因斯坦呼吁援助受迫害者》（*Einstein Asks Aid for Persecuted*），收录于《爱因斯坦晚年文集》。爱因斯坦档案编号：[28–476]。

犹太人遭遇迫害的历史之长让人难以想象。但是，今天[9]在中欧针对我们而发动的战争却前所未见。过去，**尽管**我们是《圣经》的子民，我们还是受到迫害；然而现在，恰恰**因为**我们是《圣经》的子民，所以才被迫害。其目标不仅是消灭我们本身，而且要连同我们一起摧毁《圣经》和基督教中表达的精神，正是这种精神让中欧和北欧的文明得以兴起。如果这个目标得逞，欧洲将成为一片蛮荒之地。因为倘若人类群体的生活建立在蛮力、残暴、恐怖和仇恨之上，注定无法长久。

理解我们的邻人，公正地行事，并且乐于帮助我们的同伴，只有这些品质才能确保人类社会的长久和个人的安全。无论是才智、发明或是机构，都无法替代这些在教育中最关键的部分。

随着目前欧洲的剧变，许多犹太人团体被迫离开家乡。成千上万的男女老少流离失所，不得不在世界各地流亡的道路上绝望地徘徊。犹太人今日的悲剧，折射出现代文明根本结构所面临的挑战。

对犹太人和其他群体的迫害，最不幸的方面之一就是产生了难民阶层。很多在科学、艺术和文学方面十分杰出的人都被驱逐出他们曾贡献才华的土地。在这样一个经济衰退的时期，这些流亡人士中可能有人会为振兴经济和文化带来希望；难民中有许多工业界和科学界高水平的专家。他们可以为世界的发展做出宝贵的贡献。他们有能力报答本地人的好心收留，给当地带来新的经济增长，提供新的就业机会。据我所知，在英国，由于允许难民入境，直接为 1.5 万名失业者带来了就业机会。

作为一位曾经的德国公民，我能有幸离开那个国家；当我对世界上的民主国家表示感谢，感谢他们以极好的态度收留了我们的时候，我知道我能够代表我流亡的同胞，不管是在此地还是在其他国家。我们，我们所有人，都欠我们的新国家一份人情，我们中的每一个人都在竭尽全力通过对所在国的经济、社会和文化工作的高质量贡献来表达我们的感激之情。

然而，最令人担心的是，难民的队伍一直在扩大。在过去的一周，事态的发展使得捷克斯洛伐克很可能出现数十万难民。我们又一次看到，一个有着民主与公共服务的高贵传统的犹太群体陷入了悲惨的命运。

犹太人能够延续上千年的对外界的抵抗能力，正是由于犹太民族坚守《圣经》中有关人与人之间关系的信条。在那些受苦受难的岁月里，我们彼此相助的意愿经历了格外严格的考验。我们每个人都必须亲自面对它，和我们的父辈一样经受住考验。除了团结，以及对我们所承受的极为重要和神圣事业的认知，我们再没有其他可以自卫的手段。

以色列的犹太人

阿拉伯人—犹太人的关系在爱因斯坦心中占据着重要位置。虽然他以为随着英国人的退场，两个族群的关系会得到很大改善，但事实并非如此。在爱因斯坦看来，英国是激起犹太人与阿拉伯人之间仇恨的元凶。

1949年11月27日，在“难民及海外需求犹太联合募捐协会”在新泽西州的大西洋城召开的会议上，爱因斯坦在全美广播公司（NBC）的广播中发表了这场演讲。爱因斯坦档案编号：[28-862]。

对于我们犹太人来说，巩固在以色列通过惊人的精力和无比的牺牲精神赢来的一切，具有压倒一切的重要性。但愿当我们想起这么一小群精力旺盛、富于思想的人所取得的一切成绩时，心中洋溢着的喜悦与敬仰能赋予我们勇气，来承担当前形势置于我们肩上的重大责任。

然而，在评价这些成就的同时，让我们不要忽视这些成就服务的事业：营救我们那些分散在各处的危难之中的兄弟，把他们团结到以色列来；建立一个尽可能遵从我们民族在漫长的历史进程中形成的道德理想的共同体。

和平是这些理想之一，它的基础是理解和自我克制，而非暴力。

倘若心怀这种理想，我们的欢乐中就会稍微夹杂着些痛苦，因为时下我们同阿拉伯人的关系距此理想还很遥远。如果条件允许我们不受外界干涉，解决同邻人的关系，我们很可能已达到了这个理想。因为我们需要和平，并且认识到我们将来的发展也有赖于和平。

我们没能实现一个不分裂的巴勒斯坦，使犹太人和阿拉伯人平等自由地生活于和平之中。这不是我们本身抑或是我们邻人的过错，而更多地要归咎于委任统治国[10]。若是一个民族统治其他一些民族，就如英国对巴勒斯坦的委任统治那样，她就几乎不可避免地施行声名狼藉的分而治之（*Divide et Impera*）的鬼把戏。简单来说就是：在被统治的人群中制造不和，以便他们不会团结起来推翻强加在他们脖子上的枷锁。好了，枷锁已被去除，但纠纷的种子已结出了果实，并且仍有可能在将来的某个时候造成损害——让我们希望它不会持续太久。

巴勒斯坦的犹太人并非为了自己争取政治独立才去斗争，而是为了许多国家中正在面临生存威胁的犹太人取得自由移民权而斗争，也是为了所有那些渴求生活在自己人中间的人能自由迁徙而斗争。毫不夸张地说，他们的斗争是为了能做出也许是历史上绝无仅有的牺牲。

我指的并不是在与数量上远超过我们的对手进行斗争而带来的生命和财产上的损失，也不是在一片被人遗忘的不毛之地上的开拓者的精疲力竭的劳作，我想到的是，生存在这种条件下的人们，为了在 18 个月内接收为数超过该国犹太人总数三分之一的移民，而不得不做出的额外牺牲。要弄懂这其中的意义，你只需想象一下美国犹太人无与伦比的功绩。假定没有法律限制向美国移民，设想美国犹太人自愿在一年半时间里接纳100万外国犹太移民，照料他们，并使他们融入本国的经济中去。这肯定会是一个巨大的功绩了，但这还远比不上我们在以色列的同胞的成就。因为美国是一个辽阔富饶的国家，人口密度低，生活水准高，生产力高度发达，面积狭小的犹太人的巴勒斯坦在这些方面无法与之比拟。这块土地上的居民，即使没有大量移民的额外负担，也过着艰难俭朴的生活，而且他们还面临敌人进攻的威胁。想想这一出于兄弟情谊的自愿举动，对以色列犹太人意味着何等的艰辛和个人牺牲！

以色列的犹太人共同体的经济手段还不足以把这项宏图伟业引向成功的终点。从1948年5月起，在移人以色列的数量超过30万的人口中，有10万人尚得不到住所和工作。他们不得不被集中在临时搭建的营地里，这对我们所有人来说都是一个耻辱。

绝不能让这个壮丽的事业因为美国的犹太人没有提供充分而及时的援助而遭到失败。在我心目中，摆在全体犹太人面前的是一份珍贵的礼物：在这个伟大的任务中扮演一个积极角色的机会。

关于巴勒斯坦建设事业的讲话

从1920年开始，由于目睹第一次世界大战后反犹主义在德国的扩散，在此之前对宗教事务几乎没有任何兴趣的爱因斯坦，成了犹太复国主义运动的坚定支持者。1921年，他与后来成为以色列国第一任总统的哈伊姆·魏茨曼[11]教授来到纽约，为以色列国家基金和耶路撒冷希伯来大学（成立于1918年）筹集资金。

下文的前三篇讲稿是源于他在1931—1932年第三次访美时所做的演讲（他第二次访美是在1930年）。第四篇是他1921年访问美国回到柏林时的讲稿，而第五篇就晚得多，不过也是他在定居普林斯顿（1933年）之前的讲稿。这些讲稿都收录于1934年德文版《我的世界观》。

一

十年前，我第一次有幸向你们宣讲犹太复国主义理想的时候，我们把几乎所有希望都寄托于未来。今天，回顾已走过的十年，我们很是欣慰，因为在此期间，犹太人团结一致，在巴勒斯坦出色地完成了具有建设性的工作，远远超出我们以前所能想到的。

我们经受住了过去几年里一些事件带来的严峻考验。[12]以崇高的理想为支撑，我们不懈地努力，正缓慢而坚定不移地走向成功。英国政府最近的声明表明，他们对我们的诉求的判断正渐趋公正。

对此，我们予以感激的肯定。

但我们又切切不可忘记这次危机给我们的教训：犹太人与阿拉伯人之间建立满意的关系，是我们自己的事情，与英国无关。我们——阿拉伯人和犹太人——必须就建设有利的伙伴关系形成一个主要框架，以满足两个民族的需求。公正地解决这一问题将惠及两个民族，其价值与重要性不亚于巴勒斯坦的建设本身。须知，瑞士之所以代表民族国家更高级的发展阶段，正是因为在不同民族之间建立起一个稳定共同体之前，他们不得不先解决一些更棘手的政治问题！

要做的事情虽然还有很多，但是赫茨尔[13]的目标中至少有一个已经实现：他在巴勒斯坦所倡导的事业为犹太人带来了超乎寻常的团结和乐观精神。没有这一点，任何一个群体都不可能健康地存在。

我们为了共同目的所做的任何事情不仅是为了我们在巴勒斯坦的同胞，而且是为了整个犹太民族的健康与荣誉。

二

今天我们集会的目的，是唤起大家对我们古老的族群及其命运和存在问题的关注。这是一个拥有道德传统的群体，在面临压力的时刻，她总能彰显自身的力量与活力。历览古今，它培养出来的人体现了西方世界的良知，成为人类命运与正义的捍卫者。

只要我们关心自己，我们这个族群就会继续存在并为人类造福，尽管事实上我们还没拥有一个独立的组织。几十年前，以不朽的赫茨尔为代表的一群有远见的人得出结论，认为我们需要一个精神家园，以便在艰难时世中保存我们的凝聚力。犹太复国主义和定居巴勒斯坦运动由此应运而生，我们有幸见证其成功，至少开始的时候前景灿烂。

带着巨大的喜悦和满足，我很荣幸地看到，以上成绩的取得对犹太民族的振兴厥功至伟，因为作为世界民族之林中很小的一支，犹太人面临的危险不仅来自外部，还有自己内部的心理问题。

过去几年里，巴勒斯坦的建设工作面临的危机，沉重地压在我们肩上，至今还没完全克服。不过，根据最近的报道，国际社会，特别是英国政府已经愿意承认我们为犹太复国主义理想经过艰苦的斗争而取得的伟大成就。此时此刻，让我们以感激之情回忆我们的领袖魏茨曼，正是他的热情与深谋远虑，使伟大的事业取得了成功。

我们经历的困难，并非一点儿好处也没有，它们至少又一次向我们昭示：让各国犹太人成为一个命运共同体的联结是多么坚不可摧。有关危机也使我们对巴勒斯坦问题的认识得到厘清，清除了民族主义的杂质。我们已明确宣布，我们所寻求的并非创建一个政治共同体，而是基于犹太传统的广义上的文化共同体。因此，我们需要解决的问题便是如何以一种开诚布公、宽宏大量、彼此尊重的方式与阿拉伯兄弟相处。我们正好有此良机向外界展示我们在数千年的磨难中学到的智慧。如果我们选择了正确的道路，我们的事业便会成功，为世界其他地方提供一个榜样。

我们为巴勒斯坦所做的一切，都是为了整个犹太民族的荣誉与健康。

三

我很高兴有机会向这个国家忠于犹太人共同目标的青年人讲几句话。不要因为我们在巴勒斯坦遇到的困难而泄气！这些困难正可以考验我们犹太民族的生存意志。

英国当局的有关做法与声明遭到了义正词严的批评。不过，我们绝不能就此了事，而是应该尽量从中吸取教训。

我们应十分重视与阿拉伯人的关系。通过谨慎地培养这些关系，我们以后就能够防止陷入紧张局势，被人利用来引发敌对行为。这一目标我们完全有能力实现，因为我们搞建设的目的也是为了阿拉伯民众的实际利益，以后也将继续如此。

我们如此行事，便不至于动辄陷入一个对犹太人和阿拉伯人皆不利的境地，需要请托管国出面调停和仲裁。为达此目的，我们不仅要遵守上帝的旨意，还将发扬我们的传统，只有这一传统才能给犹太共同体提供存在的意义和稳定性。我们的共同体现在不是，今后也不能是一个政治性的实体。只有这样，它才能不断获得新的力量；只有在这个基础上，它的存在才是合法的。

四

在过去两千年间，犹太人的共同财产不外乎它的历史。由于散居世界各地，除了精心呵护的传统外，我们的民族没有其他共同点。毫无疑问，就个人而言，犹太人厥功至伟，不过，犹太人作为一个整体，似乎并无能力做出集体性的伟大贡献。

不过，现在的情况已然不同，历史赋予了我们一项伟大而崇高的使命，那就是积极合作共建巴勒斯坦。我们民族中的杰出人士已尽其所能来实现这一目标。现在，建立一个被所有犹太人当作自身事业的文明中心的机会就在我们面前。我们心存希望，要在巴勒斯坦为本民族文化建立自己的家园，为近东地区人民带来新的经济生活和精神生活。

犹太复国运动领导人眼前的目标，不是政治性的，而是社会和文化性的。巴勒斯坦的犹太人共同体必须着力实现先辈在《圣经》中确立的社会理想，同时使自己成为全世界犹太人共有的现代精神生活的重镇。为此，在耶路撒冷建立一所大学当是犹太复国组织最重要的目标之一。

过去几个月里，我去了美国，任务是在那里为这所大学募集物资。此计划取得了预期成功。由于在美犹太医生的不懈努力和勇于牺牲的精神，我们凑集了足够的资金，成立了医学部，前期准备工作即将马上展开。初战告捷，使我坚信，其他各部所需的物质条件也都有望得到解决。医学部得以优先发展，作为研究机构，关注确保国民身体健康的研究工作，这对这个国家的建设尤为重要。大规模的教学工作待日后再提上日程。由于一大批训练有素的科研工作者已经准备出任有关职务，医学部的成立看来已经胜券在握。再补充一句，与国家建设的一般基金完全分开的、为这所大学设立的专项基金也已启动。在美期间，由于魏茨曼教授及其他犹太复国运动领导人不懈的工作，以及主要是一些中产阶级人士的自我牺牲精神，上述大学专项基金已筹集到相当可观的数量。最后，我恳请在德国的犹太人克服眼下的经济困难，为在巴勒斯坦建立犹太家园而做出力所能及的贡献。这不是什么慈善活动，而是关乎所有犹太人的一项伟业，它的成功将为所有犹太人带来前所未有的满足。

五

对于我们犹太人而言，巴勒斯坦绝非一项慈善或者殖民事业，而是犹太人的一个核心问题。从根本上讲，巴勒斯坦并非东欧犹太人的避难地，而是整个犹太民族团结精神觉醒的化身。这种团结意识的觉醒与加强，现在不是正当其时吗？对于这一问题，不仅出于直觉，而且在理性的基础上，我会给出一个绝对的回答："是的。"

让我们回顾一下过去百年间德国犹太人的历史！一个世纪以前，我们的前辈毫无例外地生活在犹太人聚居区。他们穷困潦倒，没有政治权利，他们与非犹太人之间，在宗教传统、生活习俗以及司法限制等方面壁垒重重；在精神发展方面，他们也主要专注于本民族的文献，对文艺复兴后取得长足进步的欧洲精神生活，几乎无动于衷。不过，与我们相比，这些卑微而籍籍无名的先辈也有巨大的优势：他们中的每一个人都完全彻底归属于一个共同体，并自觉地享有充分权利，而没有任何压抑。在那些时代，我们的先辈在知识和物质上都很贫乏，但在共同体中，他们享有令人称羡的精神平等。

后来，犹太人得到解放，一下子为个体带来以前做梦也想不到的机遇。少数人很快在更高层次的商业和社会生活中谋得了位置。他们贪婪地受用西方世界的艺术与科学硕果。他们激情四射地汇入进程之中，做出具有永恒价值的贡献。同时，他们模仿非犹太人的生活方式，与犹太人的宗教和社会传统渐行渐远，接受了别人的习俗、举止以至思维习惯。如此看来，他们在这种人多势众而文化具有更高度组织性的周围民族之中正失去自我，要不了几代人的时间，他们便会找不到自己的痕迹。犹太民族特性在中欧和西欧的完全消失似乎难以避免。

不过，事情的发展并非如此。似乎不同民族天生具有抗拒融合的本能。不论犹太人如何调适自身，力求在语言、举止甚至宗教形式等方面融入周围欧洲人的生活，然而，犹太人与欧洲主人之间的陌生感始终存在。这种天然的陌生感最终导致反犹太主义思潮盛行，这是那些善意宣传不应忽略的。各民族的发展都希望遵循自己的道路，而不是混迹在一起。要让各民族和睦相处，唯有相互容忍与尊重。

首先，犹太人应该重新认识到自己是作为一个民族存在的，若要健康生活，就必须恢复自尊。我们必须再次学会以本民族的祖先与历史为荣，作为一个民族，重振旨在培养民族意识的文化大业。在人类文化发展中，个人所发挥的作用是远远不够的，我们还必须解决一些以整个民族为整体才能完成的任务。唯其如此，犹太人才会重新赢得社会尊严。

基于以上看法，我提请大家关注我们的犹太复国主义运动。今天，历史赋予我们重任，积极参与在故土重建本民族的经济与文化。一些才华横溢的热心者已为我们铺好前路，很多优秀的犹太儿女也已准备全心全意地投入这项伟大的事业中来。希望他们中的每一个人都能充分认识这项伟业的重要性，并为之贡献自己的力量！

劳动的巴勒斯坦

本文写作年代不详，爱因斯坦的秘书杜卡斯认为很可能写于1932年，选自1934年德文版《我的世界观》。爱因斯坦档案编号：[28–224]。

“劳动的巴勒斯坦”（Arbeitende Palästina）是犹太复国主义组织的一员，他们直接服务的对象，是生活在巴勒斯坦的最有价值的一类人，也就是那些通过自己的双手把沙漠变为繁荣的定居点的人。这些工人是在自愿的基础上从整个犹太民族中挑选出来的精英，他们是一群坚强、自信、无私的人。他们不是把自己的劳动出卖给出价最高者的愚昧苦力，而是受过教育、思想活跃的自由人；因为他们在一片荒芜之地上和平奋斗，使得整个犹太民族直接或者间接地受益。通过尽量减轻他们沉重的负担，我们将拯救最宝贵的人类生命；因为第一批移民在尚未适于居住的土地上的奋斗，乃是既艰难又危险的工作，涉及个人的重大牺牲。只有亲眼所见，才能知道这是多么真切。任何帮助改善他们物质装备的人，都相当于在关键时刻对这项美好的事业伸出了援手。

此外，只有这个劳动阶层才有能力与阿拉伯人建立起良好关系，这正是犹太复国主义运动中最重要的政治任务。管理部门换来换去，但最终为不同民族生活定调的还是人与人之间的关系。因此，支持

“劳动的巴勒斯坦”同时就是在巴勒斯坦推进一项人道的、有价值的政策，并能有效地抵制那些狭隘民族主义的暗流。如今，整个政治生态圈都在遭受这股暗流的侵蚀，巴勒斯坦事务相关的小政治圈子也只是程度稍轻而已。

犹太人的复兴——代表“巴勒斯坦筹款基金会”发出呼吁

本文是1931年爱因斯坦代表“巴勒斯坦筹款基金会”（Keren haYesod，亦称 Keren Hajessod）向匈牙利的犹太人发出的呼吁书，选自1934年德文版《我的世界观》。爱因斯坦档案编号：[28–164]。

“巴勒斯坦筹款基金会”是为了回应1917年的《贝尔福宣言》（Balfour Declaration），于1920年7月7日至24日在伦敦举行的世界犹太复国主义大会上宣告成立的，目的是为犹太复国主义运动提供犹太人返回以色列定居所需的资金。20世纪20年代，“巴勒斯坦筹款基金会”帮助筹集资金建立耶路撒冷希伯来大学和各种实体项目。1926年，其总部从伦敦迁至耶路撒冷。以色列立国后，它变成其在世界各地（美国除外）的官方筹款组织，在45个国家开展活动。

犹太人的民族意识和民族荣誉感的最大敌人是“富足后产生的堕落”，即源于富足与安逸造成的潜意识中的麻木不仁，以及对周围非犹太世界的一种内在依赖，而这种依赖之所以产生，是因为犹太共同体组织松散了。一个人最好的一面，只有当他忘我地投入一个共同体时，才能得到充分发挥。所以，犹太人道德上的危险就在于失去了与自己族群的联系，并被居住地的人视为陌生人！在这样的环境中，往往只能产生一种可鄙而无趣的利己主义。

目前犹太人承受的来自外界的压迫格外沉重。但正是这种危机帮助了我们。犹太人的共同体生活方式的复兴已经开始，而这种复兴是上一代人做梦都不曾想到的。由少数几位热忱且明智的领袖，在面对看起来不可克服的困难时发起的巴勒斯坦屯垦计划，通过最近被唤醒的犹太人团结意识的作用，到目前为止已经取得蓬勃的发展，使我毫不怀疑它将取得永久性的成功。对于世界各地的犹太人，这项成就意义非常重大。巴勒斯坦将成为所有犹太人的文化中心，成为遭受最痛苦压迫的人的避难所，成为我们之中最优秀人士的活动场所，一个有团结力量的理想之地和让全世界犹太人维持精神健康的一个药方。

给某位阿拉伯人的信

本文是 1930 年 3 月 15 日爱因斯坦写给当时巴勒斯坦出版的报纸《巴勒斯坦》(*Falastin*)编辑的一封信，选自 1934 年德文版《我的世界观》。

爱因斯坦建议犹太人和阿拉伯人之间的矛盾可以通过一个由贤者组成的委员会来解决，无须政党政治的介入，这一建议恰恰表明爱因斯坦大大低估了在巴勒斯坦普遍存在的阿拉伯人与犹太人之间的积怨。尽管如此，他依然坚守希望，认为妥协能够胜利。

您的来信让我很高兴。这封信向我表明，您那边也存有善良的意愿，想用对我们两个民族都合适的方式，来解决目前的困难。我相信这些困难的心理层面要大于实际，如果我们彼此都带着真诚和善意，那么这些困难是可以克服的。

使现在的情况变得如此糟糕的原因是这样一个事实，即犹太人与阿拉伯人在托管国的管理下视彼此为敌人。这种事态对于我们两个民族而言都不利，只有找到一个双方都赞同的中间道路，才能改变这种事态。

现在我要告诉您，我自己对如何改善目前困难处境的思考；同时我必须补充说明一下，这只是我的个人观点，还未曾跟其他任何人讨论过：成立一个“顾问委员会”（Geheimer Rat），犹太人与阿拉伯人各派四个代表，这些代表必须独立于所有政治派别。

各个小组的组成人员如下：

一名医生，由医生协会选举。

一名律师，由律师群体选举。

一名工人代表，由工会选举。

一名神职人员，由神职人员群体选举。

这八个人每周举行一次会议。他们将承诺不去拥护他们所在的行业与民族的局部利益，而是依照良心行事，尽最大的努力，致力于服务所有国民的福祉。他们的商议过程应该是秘密的，严禁泄露任何商议内容，即使是私底下也不允许。

对于任何一项主题，每一方有不少于三个人同意时，就视为决议达成，可以发表，但是只能以委员会整体的名义。如果有一位成员不赞同决议，他可以从委员会退职，但仍需尽保密义务。如果上文列举的选举团体中的任何一个对委员会做出的决议表示不满，这个团体可以替换其在委员会中的代表。

虽然这个“顾问委员会”没有明确的权力，它仍然可以逐渐整合分歧，在面对托管国家时，联合起来代表这个国家的共同利益，并清除“没有远见的政治”[14]的尘埃。

论犹太复国主义的必要性——致州务部长黑尔帕赫教授的一封信

威利·黑尔帕赫（Willy Hellpach，1877—1955），德国政治家、新闻记者、心理学家和医生。黑尔帕赫最初在大学学医学，毕业后又去莱比锡大学跟随冯特（Wilhelm Wundt，1832—1920）学心理学，获得博士学位后开了一家诊所。“一战”期间，他是一名战地医生。1918 年，他加入德国民主党。1922—1924 年，他担任巴登州教育部部长。1924 年，在德国民主党的大力支持下，他成为巴登州第六任州长。在魏玛共和国首任总统艾伯特（Friedrich Ebert，1871—1925）因阑尾炎于 1925 年突然去世后，他曾代表德国民主党参与帝国总统大选，但仅获 5.8% 的选票。在 1928 年至 1930 年暂任国会议员后，他退出了政治舞台。

1929 年，当他在瑞士采尔马特附近的利菲尔阿尔卑雪山（Riffelalp bei Zermatt）度假时，给德国柏林具有自由主义传统的《福斯报》写了一篇文章，谈到他对犹太复国主义的看法。在黑尔帕赫去世前两年，1953 年 3 月 22 日，已 76 岁的他接受《我的世界观》德文版编辑泽利希的采访时，专门谈到了他的写作动机。“尽管我只是简短地与爱因斯坦先生见过面，但这已足以给我留下非常深的印象。他是一个具有高度原创性的人，但似乎缺少对现实的认识。我在数学家和自然科学家身上不断地发现这一点。作为成功的数学家和理论物理学家，他们完全沉浸在演绎逻辑中，而这与人类社会生活的现实是冲突的。”“犹太复国主义可以从其发展能力反映出来。我们所知的每一个民族主义，一开始非常狂热，结束（或达到顶峰）时充满激情，把自身从理想主义窄化为盲目信仰。就像每一个理想主义的发展命运一样，当民族主义的发展从精英阶段向大众运动发展时，它就产生分裂了，黯然无光、狭隘偏执和固守己见。犹太复国主义其实否认了流散四方的犹太人给西方文明带来的重要的‘维生素’：世界公民的感觉和思想。现在，已具有世界公民眼光的犹太人也要像其他那些或大或小的民族一样，作为民族主义者。在我看来，这对犹太人的世界使命来说是非常重大的损失。”

阅读了您关于犹太复国主义和苏黎世会议的文章，作为一个犹太复国主义理念的坚定支持者，我觉得必须回应您，哪怕只是简短的回复。

犹太人是靠血缘和传统的纽带维系的，而不是只有宗教：世界上的其他人对犹太人的态度充分证明了这一点。15 年前来到德国时，我第一次觉得自己是个犹太人，我觉得这一发现应该更多地归功于非犹太人，而不是犹太人。

犹太人的悲剧在于，他们属于特定的发展类型：缺乏一个能让他们团结在一起的共同体。其结果就是个人缺乏坚实根基，极端表现就是道德上的动摇。我意识到，只有世界上的每个犹太人都隶属于一个他个人愿意欣然归属的有活力的共同体，让他能够承受住世界强加给他的仇恨与屈辱，整个民族才有可能得到拯救。

看到值得尊敬的犹太人被画成卑鄙的丑类，我的内心在滴血。看到学校、滑稽小报以及来自大多数非犹太人的其他无数势力如何逐渐摧毁我的那些犹太同胞的自信，即便是最出色的犹太人也难逃厄运，我觉得再也不能让它继续下去。

接着我意识到，只有一个共同的事业，一个全世界犹太人从心底珍视的事业，才能使这个民族恢复健全。赫茨尔意识到（并且为之全力呼号），不论犹太人的传统观点如何，我们都应该集中努力，建立民族家园，或者更准确地说，建立一个在巴勒斯坦的中心。这是一个了不起的成果。

您称这一切为民族主义，这一指责确有几分道理。但共有的目标永远都可以被扣上那种丑陋的帽子，然而在这个充满敌意的世界里，没有它我们会求生不得，求死不能。不管怎样，这种民族主义的目的并不在于权力，而在于尊严和活力。如果我们不是迫不得已要和一群排外的、心胸狭隘和残暴的人生活在一起，我肯定第一个抛弃所有的民族主义转而支持普世的人道主义！

比如说，那种认为如果我们犹太人想要成为一个“民族”，就无法成为合格的德国公民的反对意见，就是建立在对国家性质的误解上，这种误解来自大多数国民的偏执。面对那份偏执，我们永远都不会安然无恙，不管我们称自己为一个“种族”（Volk），还是“民族”（Nation）。

为了简明起见，我把一切都坦率地呈现出来了，不过从您的文章中我知道，您是一个谨守理智而不拘泥于形式的人。

献给莱奥·贝克的警句

本文是爱因斯坦为祝贺犹太拉比、神学家和学者莱奥·贝克（Leo Baeck，1873—1956）80岁生日的献词。原文发表在1953年5月23日为庆祝莱奥·贝克80岁寿辰而出版的两卷本文集上。

第一条警句是对贝克一生的一个简明扼要的概述。贝克是20世纪上半叶德国犹太人的道德化身。爱因斯坦把他与圣雄甘地和史怀泽列在同等道德地位上。

贝克1873年5月23日出生于普鲁士波森（Posen，现属波兰），是一位犹太拉比的儿子。1894年，他在布雷斯劳学习犹太神学，后来到柏林大学追随狄尔泰（Wilhelm Dilthey，1833—1911）学习哲学。1905年，他出版《犹太教要旨》，作为对神学家哈纳克（Adolf von Harnack，1851—1930）的《什么是基督教》的回应。这是一本通过新康德主义的棱镜重新解释犹太教的著作，让他一举成名，成为"自由犹太教"的代表。"一战"期间，他在帝国陆军当牧师。1933年纳粹上台后，他出任作为犹太人保护伞的"德意志犹太人全国代表机构"（Reichsvertretung der deutschen Juden）主席，为维护犹太人的利益与纳粹周旋。在1938年11月9日至10日的所谓"水晶之夜"后，他还没有完全放弃与纳粹进行合法斗争的想法。1943年，他自愿来到特雷津集中营（Konzentrationslager Theresienstadt），充当狱中牧师，安慰被关押的犹太同胞。在这里被关押的来自东西欧的14万犹太人，包括被送往特雷布林卡（Treblinka）和奥斯威辛集中营的数万名儿童，有12万人因毒气、饥饿和感染伤寒而身亡。“二战”后，他定居英国伦敦，同时也在美国俄亥俄州辛辛那提的希伯来联合学院（Hebrew Union College）任教，并担任“世界进步犹太教联盟”（World Union for Progressive Judaism）主席。

对于贝克在纳粹期间，尤其是在集中营期间的表现，亦有不同的评价。首先，他进入集中营初期，在吃住方面比其他狱友享受相对优越的待遇。其次，早在1943年，他就知道被送往奥斯威辛集中营的人都将被杀死，但还是决定不将此消息告诉狱友。第三，他主张为了维持集中营中的秩序，有必要选出犹太人当狱警。按照阿伦特的看法，这些犹太警察往往更粗暴。

贝克后来在集中营受到了非人待遇，他的四个姊妹死于集中营。晚年他出版了《族人以色列》（*This People Isreal*），其思想由“自由犹太教”向传统犹太教回归。种族大屠杀的发生，让德国犹太人试图将犹太文化与德意志文化在德国大地上结合而产生一种新的更高文化的理想彻底破灭。诚如他从集中营中被解放后所说：“对于我们犹太人来说，一个历史时代已经结束。”

我要致敬的这个人，一生乐于助人，不知何为恐惧，挑衅好斗与愤恨不满与他格格不入。这是伟大道德领袖的素养，也正是如此他们能为在自作自受的痛苦挣扎中的人类带来慰藉。

试图智慧与权力兼得，极少有成功的，即便成功了，也只不过是昙花一现。

人通常不愿认为别人是聪明的——除非那是一个敌人。

很少有人能够坦然平静地表达与他们社会环境中的偏见不同的意见。大多数人甚至不能产生这样的意见。

大多数愚蠢之人都所向无敌，而且总能稳操胜券。然而，因各自为政，他们残暴的恐怖程度有所缓解。

要成为羊群中完美的一分子，首先必须是只羊。

对立和矛盾能在一个脑袋里永远和平共处，这将所有政治上的乐观主义和悲观主义体制都化为虚妄。

无论是谁把自己标榜为真理和知识领域里的审判官，都会被上帝的笑声挫败。

观察和理解的乐趣是大自然最美丽的馈赠。

给“信仰犹太教的德国公民中央协会”的信

本文是爱因斯坦1920年4月5日于柏林写给“信仰犹太教的德国公民中央协会”（Central-Verein deutscher Staatsbürger jüdischen Glaubens）的信。

非常尊敬的先生：

我今天收到了即将在本月14日举行的一个会议的邀请，这个会议将致力于在学术界开展反对反犹主义的斗争。如果我相信这种形式的行动可能会取得成功，我将很愿意前往。但是首先，我们必须通过教化来同反犹太主义和我们犹太人中间奴颜婢膝的思想意识做斗争。我们自己要有尊严和自主性！只有当我们敢于把自己当成一个民族来看待，只有当我们自己尊重自己，我们才能赢得其他人的尊重。换句话说，尊重来自自己。作为精神（短暂的）现象意义上的反犹太主义会一直存在，只要犹太人和非犹太人互相接触——这又何妨？也许正因如此，我们才能作为一个种族存在。至少我是这样认为的。

当我读到“信仰犹太教的德国公民”时，我忍不住苦笑起来。有什么隐含在这么漂亮的名字里呢？什么是犹太人的信仰？难道有这样一种非宗教信仰，它能够让犹太人不是犹太人吗？根本没有。

在这个名字里只隐含着美丽心灵的两项招供，即：

1. 我不愿意与我贫穷的东方犹太兄弟有什么关系。

2. 我不愿意被当作我们民族的子孙看待，而希望被看成宗教团体的一个成员。

这样讲合适吗？“雅利安人”会尊重这些虚伪的人吗？我既不是德国公民，而且在我内心也没有人们可以称为“犹太人的信仰”的东西。但我是犹太人，并且很高兴属于犹太民族，即使我不认为犹太民族是（上帝）以某种方式选出来的。我们也不用去管非犹太人的反犹太主义，保持对我们同胞的爱就好！

请不要因我的表白而愤怒！它绝对不带有冒犯或敌意。

致以崇高的敬意！

A. 爱因斯坦

关于希伯来大学的声明

本声明写于1920年2月18日。1920年1月19日，犹太复国主义组织教育部执行秘书贝格曼（Hugo Bergmann）代表希伯来大学恳请爱因斯坦为一本介绍筹划中的希伯来大学的宣传手册写篇声明。贝格曼在信中这样写道：“请您为这本小册子写一些话，表达您对在耶路撒冷建立一所希伯来大学的迫切性的看法和展望……您的名字和您的建议就意味着对我们工作的最大支持。”

一想到犹太大学的梦想现在已接近实现，我就兴奋不已。考虑到犹太人中普遍的对学术事物的兴趣，以及东欧犹太人进行学术活动面临的巨大障碍，建立犹太大学是必需的，哪怕巴勒斯坦的发展并不需要一个学术中心。然而我们也需要培养巴勒斯坦的学术青年，以使这个国家有动力发展自己的文化生活。海外犹太人对这个新大学的兴趣将会保证这个新大学和欧洲及美国等文明国家保持交流，而不至于被隔离瘫痪。希望这所大学成为我们民族的一个新的圣地！

关于在耶路撒冷建立希伯来大学的提议

从 1919 年年末到 1920 年年初，爱因斯坦积极投身于犹太复国主义运动。1921 年年初，为了重振犹太复国主义事业，爱因斯坦第一次穿越大西洋，来到美国。这次旅行更加丰富了他对犹太复国主义者政治和美国犹太人的了解。旅行期间，一个特别的规划渐渐在爱因斯坦的心里形成：他要在美国和英国成立大学资助委员会，以此促成希伯来大学的建立。本文发表在 1921 年 4 月 3 日《纽约时报》第 5 页以及《纽约美国人》（*The New York American*）第 1 和 13 页（有少许修改）。爱因斯坦档案编号：[91-392]。

本人美国之行的目的是帮助犹太复国主义组织为耶路撒冷希伯来大学寻求美国犹太人在物质和精神方面的支持。

建立这样一所大学，是犹太复国主义组织长期以来最重要的计划之一。如果不是战争爆发，早在 1914 年，它就应该开始实施；当时为此已经在瞭望山（Mount Scopus）买下了一块地皮作为校址。1918 年，犹太复国主义组织主席魏茨曼博士为它奠定了基石。从那以后，大学校址得到扩张，还买下了一座建筑以便开始展开活动。那里还有一座图书馆，藏书三万册，而且还在不断增加。两个相关计划都已制订完成，一个是为将来的一所完备的大学，另一个是为相对简朴的开始阶段。现在需要确保后者马上顺利实现。

犹太复国主义组织认为此事对于犹太民族祖国的精神价值极其重要。尽管组织面临移民安置的艰巨任务，正集中力量于“巴勒斯坦筹款基金会”，它还是对大学格外开恩，在筹款基金中设立专门分支并为之提供特别服务。

在本人一生中，还没有任何一个其他公共事件，能像在耶路撒冷建立一所希伯来大学的提议那样让我欣喜。多少犹太青年才俊无法接受高等教育和研究，苦苦寻求进入中欧和东欧大学的门路而不得？犹太人在许多世纪的艰难困苦中完好保存下来的对知识的尊重，让我们在目睹这一切的时候心里格外痛苦。另外一些人为了获得自由研究的机会，不得不经历痛苦甚至是耻辱的种族同化之路，摧残我们民族精神特质的自由和自然的发展，让他们失去自己的文化领袖。现在到了我们为自己的精神生活寻找属于它自己家园的时候。各个科学分支杰出的犹太人学者正期待前往耶路撒冷，为一个繁荣昌盛的精神生活打下基础，并促进巴勒斯坦的学术和经济发展。我们的耶路撒冷大学将会成为现今散布全球的犹太人的精神中心，而不仅仅属于巴勒斯坦。

在时代的严酷的政治现实以及包围我们的物质主义气氛之中，仍然可以看见人类理想的高尚观念的光芒；美国人民在世界政治中的角色作为，就是一个范例。因此我们从病痛的欧洲，怀着希望而来，相信我们的精神目标能够得到美国人民的同情，以及在美国的犹太同胞的热烈赞同和有力支持。

献给华沙犹太隔都抵抗战中的英雄

华沙犹太隔都区（Ghetto）起义，指的是1943年4月19日在德国占领的波兰华沙犹太隔都区那些被捕的犹太人所发动的起义。他们反对德国占领者将他们驱逐到灭亡集中营。1942年夏天以来，原有40万人的华沙犹太隔都区，已有超过25万犹太人被送往集中营谋杀，其余的犹太人开始建造掩体并将武器和爆炸物偷运到隔都区。犹太人与德国占领者之间展开了数周的激烈战斗，直至5月16日德国占领者命令烧毁贫民区为止。共有13,000名犹太人死亡，其中约一半人被活活烧死或窒息致死。这是“二战”期间犹太人最大的一次起义。犹太人知道起义注定要失败，但他们毫不畏惧。

本文选自1944纽约出版的《波兰犹太人协会通信》(*Bulletin of the Society of Polish Jews*)，译自1950年英文版《爱因斯坦晚年文集》。

作为犹太民族中的成员，在抵抗有组织的德国刽子手的斗争中，他们战斗了，牺牲了。对我们而言，这些牺牲加强了我们这些遍布各国的犹太人间的联系。在苦难中，在为更美好的人类社会的奋斗中，我们努力联为一体，而这样的社会正是先知如此明确而坚决地摆在我们面前的目标。

德国人作为一个民族整体，要对这些大规模的屠杀负责。而且如果世界上还有正义可言，如果各国的集体责任感还没有完全从地球上消失的话，整个德国民族理应受到惩罚。在纳粹党身后的是德国民众，希特勒在他的著作和言行中已经明白地表露了他可耻的意图。之后，他们选择了他。这些意图表现得如此明显，以至于完全不可能被误解。在所有的民族中，只有德国人没有做出任何严肃的尝试，来保护那些无辜的受害者。当他们被彻底击败并开始哀叹其命运的时候，我们绝不能让自己再次受蒙蔽。要牢记：他们曾经颇有心机地利用他人的恻隐之心，来为他们针对人性犯下的最近一次也是最严重的违反人性的罪行做准备。

第五部 我如何创立了相对论

研究的原则——在普朗克60岁生日庆典上的致辞

1918年4月23日，德国柏林物理学会为著名的物理学家马克斯·普朗克举办了60岁生日庆典。本文是爱因斯坦在庆典上的讲话。马克斯·普朗克在柏林大学担任理论物理学教授多年，为理论物理学在德国的发展做出了卓越的贡献。正是在他和另一位科学巨匠能斯特的力邀下，爱因斯坦才来到当时的“世界科学中心”柏林。爱因斯坦总是以尊敬和感激的口吻谈到同事普朗克的正直和他对物理学的贡献。尽管后来的研究表明，普朗克在纳粹统治时期，为了保存德国科学的实力，不得已与纳粹当局做过一些周旋。普朗克对物理学的最伟大贡献是他于1900年提出的量子概念，这为整个现代原子物理学的发展奠定了基础。爱因斯坦继普朗克之后，在这一新领域里做出了开创性工作，尤其是他于1905年引入的光量子或光子学说，以及1907年提出的比热理论。爱因斯坦比任何人都清楚地察觉到量子概念在其所有结果中的重要性和普遍性。

文中提到了奥地利科学家、哲学家恩斯特·马赫（Ernst Mach，1838—1916）。马赫对爱因斯坦的科学和哲学思想的发展起到了决定性的影响。爱因斯坦由衷地佩服马赫的批判精神。1913年秋，当爱因斯坦到维也纳参加德意志自然科学家和医生大会时，还专门到马赫的家中拜访了严重瘫痪的马赫博士。

本文中出现的“世界图景”，德文为 Weltbild，意为全面的、综合的关于世界的观点，也译为“世界观”“宇宙观”或“对宇宙的认识”。考虑到后面几种译法容易产生歧义，这里取“世界图景”这一译法。

科学的殿堂是一座多样化的建筑物。在里面行走的人以及他们给这个殿堂带来的精神力量是完全不同的。许多人关注科学，是因为它卓越的精神力量给他们带来的喜悦；对他们而言，科学是一项适合他们的运动，它获得生动活泼的体验以及雄心壮志的满足；在科学的殿堂里还有更多的人，之所以将其智力产物奉献于此，完全是出于功利的目的。如果上帝派一位天使将这两类人都赶出殿堂，聚集在那里的人将令人担忧地所剩无几，但仍会有人留在殿堂里，有今人，也有古人。我们的普朗克就属于其中，这也是我们爱他的原因。

我清楚地意识到，我们刚刚在精神上随随便便地赶走了许多优秀的人，他们建造了科学殿堂的大部分，或许是最重要的部分；在许多情况下，我们的天使发现做决定非常困难。但有一件事我可以肯定：如果只有我们刚刚驱逐的那两类人，那么这座殿堂将不复存在，正如只有蔓藤成不了森林一样。这些人对于人类活动的任何场所都非常满意；他们是成为工程师、官员、商人还是科学家，取决于外部环境。现在，让我们把目光转向那些得天使宠爱的人！他们大多有点儿古怪、沉默、孤独，尽管有这些共同点，但他们与之前被赶走的人相比，彼此之间还是有很大不同的。究竟是什么将他们引到这座殿堂呢？答案不易给出，即使勉强给出，也不是统一的。首先，我相信叔本华所说的，将人们引向艺术和科学的最强烈的动机之一，是摆脱日常生活中令人厌烦的粗俗以及让人无望的沉闷，远离反复无常的个人欲望的枷锁。它让生性敏感的人从个人的生存中逃离出来，进入客观观察和理解的世界；这种动机，可与城市居民极其渴望逃离他所处的嘈杂混乱的环境，被宁静的高山景观所吸引相媲美。在那里，透过平静、纯净的空气自由眺望，抵达那似乎是专为永恒而营造的宁静景色。但这种消极的动机却与一种积极的动机结合在一起。人们总是试图绘出一幅简化的和清晰的世界图景，然后在某种程度上用他们的世界图景去取代经验世界，从而去战胜它。这就是画家、诗人、思辨哲学家以及博物学家以各自不同的方式所做的事情。每个人都将他们自己的情感生活转移至这个世界图景及其结构，为了能以此找到他在个人经验的狭窄旋涡里不能找到的平静和安定。

在所有这些可能的世界图景里，理论物理学的世界图景占据着怎样的地位呢？它在描述各种关系时，要求尽可能达到最高标准的严密性和精确性，因为这样的标准只有用数学语言才能达到。另一方面，物理学家对他能够描述的现象必须严加限制，因为他不得不使自己满足于描述我们经验可及的最简单的事件；而所有更复杂的事件就不能按照物理学家要求的那种微妙的准确性和必然性由人类的智力重构。最高程度上的纯粹性、明晰性和确定性是以完整性为代价的。到底有什么吸引力，让我们为了准确地了解自然界的一小部分，胆怯而绝望地放弃所有其他更精细和更复杂的事件？这种卑微努力的结果也配得上“世界图景”这一骄傲的称号吗？

我相信这个骄傲的称号是当之无愧的，因为，普遍规律作为理论物理学的思想体系得以建立的基础，应当对任何自然现象都有效。有了它们，就有可能通过纯粹的思维演绎找到一切自然过程（包括生命过程）的理论，只要演绎过程没有超出人类的智力。因此，放弃物理世界图景的完整性，并不是一个原则问题。

物理学家的最高使命就是要得出那些普遍的基本定律，由此借助纯粹的演绎建立起世界图景。通往这些定律是没有逻辑通路的，只有基于对经验的切身直觉才能得到这些定律。由于这种方法论上的不确定性，人们可以认为，有许多个同样成立的理论物理体系；这个看法在原则上无疑是正确的。但是，物理学的发展表明，任何一个时期，在能想象到的一切构造中总有一个明显优于其他的。但凡真正对这个问题有过深入研究的人，都不会否认这一点：事实上，唯一决定理论体系的是现象世界，尽管在现象与它们的理论原理之间没有逻辑通道；这就是莱布尼茨[1]很高兴地称之为的“先定的和谐”[2]。物理学家经常指责认识论者没有对此给予足够的注意。我认为，这也是几年前马赫和普朗克进行论战[3]的根源所在。

渴望见到这种先定的和谐，是无穷无尽的毅力与耐心的源泉。我们的普朗克正是具有这种毅力和耐心，不让自己分心于更令人愉悦和更易达到的目标上去，而是致力于科学中最普遍的问题。我时常听说，同事们试图把普朗克的这种态度归因于非凡的意志力和素养，但我认为这是完全错误的。能够取得这样的成就的感觉类似于宗教信仰者或者恋爱者的心理状态；他的日常追求并非来自任何意图或项目，而是来自直接需要。

我们亲爱的普朗克就坐在那里，内心笑话我像个孩子一样拿着第欧根尼[4]的灯笼在闹着玩。我们对他的好感无须牵强的理由。但愿他对科学的热爱让他的生活道路更加美好，并引领他去解决由他自己提出来的当今物理学上最重要的问题。祝愿他能成功地将量子理论与电动力学和力学统一在一个逻辑体系中。

理论物理学的原理——普鲁士科学院就职演讲

本文首次发表于《普鲁士皇家科学院会议报告》(*Sitzungsberichte der Königlich Preußischen Akademie der Wissenschaften*)，1914 年，第二部，739～742 页。

非常尊敬的各位同事：

首先，我必须由衷地感谢你们给我提供了一个像我这类人所能得到的最大帮助。你们通过推选我进入你们的科学院，使我能够全身心地投身于科学研究，不再烦心和担忧实际的职业生活。即使当我的努力没有达到你们的高度期许时，也恳请你们继续相信我的感激之情和我的勤奋。

请允许我对我的工作领域，也就是理论物理学对于实验物理学的关系做一些一般性的评论。前几天我的一位数学家朋友半开玩笑地对我说："数学家能做许多事情，但肯定不是人们此刻想让他做的事情。"当实验物理学家找理论物理学家征求建议时，通常会遇到非常相似的情形。究竟是什么原因导致这种适应力尤为欠缺呢？

理论家的方法涉及使用作为基础的普遍前提，即所谓的"原理"，从中可以推断出结论。于是，他的活动分为两部分：首先，他必须发现原理；其次，他要从这些原理中推出结论。对于第二项任务，他在学校已经受到了极好的训练。因此，如果他的任务中的第一项已经在某个领域或者在一个复合的相关现象中得以解决，那么只要他足够勤奋和聪颖，就一定会成功。可是这些任务的第一项，即确立原理，用它来充当演绎的基础，却有着完全不同的性质。这里并没有可以学习和系统应用的方法以便达到目标。研究人员必须在错综复杂的经验事实中察觉到能用精密的公式来表示的普遍特征，借此探索自然的普遍原理。

一旦成功地形成这种表述，结论便一个接着一个出现，它们经常揭示出意想不到的关系，远远超出了得出这些原理的实在的范围。但是，如果这些用来作为演绎出发点的原理没有得出，那么个别的经验事实对于理论家而言则是毫无用处的；事实上，如果仅仅依靠从个别经验中确立的一般规律，他什么都做不了。相反，在他揭示出这些作为演绎推理基础的原理之前，面对经验研究的个别结果，他仍旧处于无助状态。

目前低温下的热辐射和分子运动定律学说就处于这种地位。大约在 15 年前，没有人怀疑，只要把伽利略—牛顿力学应用到分子运动上，同时根据麦克斯韦的电磁场理论，就有可能正确描述物质的电、光和热的属性。之后普朗克发现，若要建立与经验相吻合的热辐射定律，必须使用一种与经典物理学不兼容的计算方法。通过这种计算方法，普朗克将所谓的量子假说引入物理学，之后被实验完美地证实。当他将这种量子假说应用到质量足够小、速度足够低、加速度足够大的物体上时，今天由伽利略和牛顿建立的运动定律只能被认为是极限定律。尽管理论家做了最艰苦的努力，但迄今为止未能推导出能够取代力学原理，并满足普朗克的热辐射定律和量子假说的原理来。无论我们多么肯定，热是由分子运动引起的，我们现在都必须承认，我们在这方面的处境，就像牛顿之前的天文学家关于行星运动的看法的处境一样。

我刚刚涉及了一类事实，对它的理论处理缺少相应的原理。但可能发生另外一种情况，即用公式明确表示的原理所导出的结论完全或者几乎完全处于目前我们经验所能及的真实范围之外。那样的话就需要多年的实验研究来确认这些理论原理是否与实在相符。在相对论中就有这样的例子。

对时间和空间基本概念的分析让我们明白，从运动物体的光学所得出的真空中光速不变原理，并没有强迫我们接受一个静态的能传导光的以太理论。相反，考虑到在地球上进行实验绝不能揭示出任何相对于地球的平移运动，它却有可能得出一个普遍理论。在这样做时，使用了相对性原理。相对性原理指出：当人们从原来的（被认可的）坐标系转向一个对它做匀速平移运动的新坐标系时，自然规律不改变它们的形式。这个理论已经从经验中得到了相当多的证实，并使已经联系在一起的一类事实的理论表述得以简化。

然而，从理论的观点来看，这个理论并不能完全令人满意，因为刚才所讲的相对性原理偏爱匀速运动。从物理学的角度来看，不能赋予匀速运动绝对的意义，如果这是正确的，那么问题就很明显，这种陈述是否应该扩展到非匀速运动上去。事实证明，如果人们以这种扩展了的意义来使用相对性原理，那么就可以对相对论进行非常明确的扩展。人们因此得出了包括动力学在内的广义的引力理论。

然而目前，我们还缺乏一系列事实材料，能够用来检验我们提出的潜在的原理是否合理。

我们已经发现，归纳物理学向演绎物理学提出问题，演绎物理学也向归纳物理学提出了问题，而回答这些问题要求我们全力以赴。但愿通过团结努力，能够取得最后的胜利！

论理论物理学的方法

对于这次演讲的具体时间，不同的版本给出了不同的答案。1934年德文版《我的世界观》不敢确认具体时间，只说最早可以追溯到1930年。《观念与见解》中认为是爱因斯坦1933年6月10日在牛津大学所做的“赫伯特·斯宾塞演讲”。牛津克拉伦顿（Clarendon）出版社曾出版过刊行全文的单行本。创刊于1934年的《科学哲学》（*Philosophy of Science*）第一卷第二期（163～169页）对其进行了全文转载。

爱因斯坦以前的同事，出生于奥地利格拉茨的瓦尔特·迈尔（Walter Mayer，1887—1948），是一位杰出的数学家。作为爱因斯坦的助手，他生前在普林斯顿大学高等研究院工作，被称为“爱因斯坦的计算器”。

保罗·埃德里安·狄拉克（Paul Adrien Dirac，1902—1984），英国理论物理学家，量子力学的奠基者之一，曾主持剑桥大学卢卡斯数学教授席位，人生的最后14年在美国佛罗里达州立大学度过。狄拉克在物理学上有诸多开创性的贡献。他统合了海森伯的矩阵力学和薛定谔的波动力学，发展出了量子力学的基本数学架构。他给出的狄拉克方程可以描述费米子的物理行为，解释了粒子的自旋，并且首先预测了反粒子的存在。而他在路径积分和二次量子化也扮演了的先驱者的角色，为后来量子电动力学的发展奠定了重要的基础。此外，他将拓扑的概念引入物理学，提出了磁单极理论。1933年，因为“发现了在原子理论里很有用的新形式”，他与薛定谔共同获得了诺贝尔物理学奖。

如果你们想向理论物理学家们学习他们所使用的方法，我建议你们坚持下列原则：不听其言，但观其行。对于这个领域的发明者来说，他们想象的产物看起来是如此必然和自然，以至于他们不想将它看成是思维的产物，而认为是真实的存在，并且希望别人将它们视作真实的存在。

这些话似乎是请你们离开这场讲座。因为你们会对自己说，这个人本身是做研究的物理学家，他应该把对理论科学的结构的思考交给认识论专家。

针对这种批评，我可以从个人观点为自己辩护。我向你们保证，我不是自己要来，而是受到友好的邀请，才登上这座为纪念终身为知识的统一而奋斗的人设立的讲坛。然而，客观上讲，我这样做是合理正当的：对于一个穷尽毕生精力来厘清和改善科学基础的人，怎样看待他自己的科学分支，可能对大家来说会是有趣的。他看待他的学科领域的过去及现在的方式，可能过多地依赖于他对未来的期望和他目前追求的目标；但这是任何一个将自己深深沉浸在观念世界中的人的命运。他像历史学家一样，虽然也许是无意识的，将真实的事件按照他关于人类社会问题所形成的看法，分组进行处理。

现在让我们快速浏览一下理论体系的发展，特别关注理论内容和经验事实总量之间的关系。在我们的研究领域，构成我们的知识的两个不可分割的组成部分：经验和理性之间，存在着永恒的对立。

我们尊崇古希腊为西方科学的摇篮。在那里，一个逻辑体系的思想奇迹——欧几里得几何学——第一次被创造出来，它得出的一个接一个的陈述是如此精准，以至于每个经过验证的命题都绝对不容置疑。理性的这个令人钦佩的胜利，使人类智力为取得后来的成就树立了必要的信心。那些在年轻时不为欧几里得几何学着迷的人，便不是天生的理论研究者。

但是为了能成为一门涵盖真实世界的科学，还需要第二种基本知识，它们只是在开普勒和伽利略出现后，才变成哲学家们的共同财富。纯粹的逻辑思考不能为我们提供任何经验世界的知识；所有关于实在的知识来源于经验，流向于经验。用纯粹逻辑方法得到的命题，对于实在来说，完全是空洞的。伽利略看到了这点，特别是他反复不断地向科学界灌输，才成为现代物理学之父——同时也是整个现代科学之父。

如果经验是我们关于实在的知识的起点和终点，那么理性在科学中的作用是什么呢？

一个完整的理论物理学体系是由概念、应该对这些概念有效的基本定律，以及逻辑推理得到的结论组成。这些结论必须符合我们各自的经验；在任何理论专著中，得出它们的逻辑推论几乎占据了整本书。

这恰恰是在欧几里得几何学中实际发生的情形，只是在那里，基本定律被称作公理，而且在那里没有结论必须与任何经验相符合的问题。然而，如果人们把欧几里得几何学看作实际刚体在空间中相互关系的可能性的学说，就是说，将它解释为物理科学，而不忽视其最初的经验内容，那么几何学与理论物理学的逻辑相似性就完整了。

我们现在确定了理性和经验在理论物理学体系中的地位。理性给出了体系的结构，而经验内容和它们的相互关系必须在理论的结论中被表达出来。整个系统，特别是构成它的概念和基本定律的价值和正当性，就在于这样一种表达的可能性。而且，这些概念和基本定律是人类理智的自由发明，它们既不能用这种理智的性质，也不能用任何其他先验的方式加以证明。

这些在逻辑上不能再简化的基本概念和基本定律，组成了理论中不可避免的、不能从理性上加以把握的部分。所有理论最重要的目标是使这些不可简约的要素尽可能简单，在数量上尽可能少，同时不放弃对任何经验内容的准确表达。

这里概述的有关理论基础中纯粹虚构特征的观点，在 18 和 19 世纪绝不是普遍的认识。但它目前获得越来越多的支持：一方是基本概念和定律，另一方是必须和我们经验相关的结论，两者在思想上的差距越来越大，而逻辑架构却变得更加简单——也就是说，用来支持逻辑架构的独立概念要素更少了。

牛顿，第一位创建了一个综合的、强有力的理论物理学体系的人，仍相信他的系统中的基本概念和定律能从经验中获得。他的名言“我不杜撰假说”（*hypotheses non fingo*），也许在这种意义上进行了解释。

事实上，当时时间和空间的概念似乎没有什么问题。质量、惯性、力的概念，以及把它们联系起来的定律，似乎都是直接从经验里得到的。一旦接受了这个基础原则，人们似乎就可以从经验中推导出引力的表达式，而且有理由期待其他力的表达式也这样被推导出来。

我们确实能从牛顿的表述中看到，包含绝对静止概念的绝对空间概念，让他感到不安；他意识到经验中似乎没有与绝对静止一致的东西。对引入的超距作用，他也感到很不安。但是牛顿学说在实践上的巨大成功，可能成功妨碍了他和18、19世纪的物理学家认识到他的体系基础中的虚构特征。

那时候的自然研究者[5]大多这样认为：物理的基础概念和基本定律不是逻辑意义上的人类理智的自由发明，而是能够通过“抽象”方法，即用逻辑方法，从经验中推导出来的。只有在广义相对论出现后，人们才对这一观点中的谬误有了清晰的认识。广义相对论向人们展示，人们可以在与牛顿学说完全不同的基础上，以更令人满意和更完备的方式，去考虑更广泛的经验事实。且不谈哪个理论更优越，两种理论的基本原理的虚构特征非常明显：我们提出了两个根本不同的原理，但它们都在很大程度上与经验符合了；同时，这证明从基本经验中想用逻辑推出力学的基本概念和基本定律的所有尝试都注定会失败。

如果说理论物理的公理基础不可能从经验中提取，而是必须自由地创造出来，那么我们究竟能不能希望找到正确的道路呢？不仅如此，我们还要问，难道这一切都只是存在于我们的幻想中？我们能否希望像经典力学那样，虽然没有深究问题的根源，但很大程度上合乎经验，从而得到经验的安全指导？我可以毫不犹豫地回答：依照我的观点，存在一种正确的道路，并且我们能够找到它。迄今为止，我们的经验让我们有理由相信，大自然是可以想到的最简单的数学观念的具体表现。我确信，我们能通过纯粹数学架构去发现概念和使概念相互联系的规律，提供理解自然现象的钥匙。经验可能提示适当的数学概念，可是它们绝对不能从经验中演绎而出。当然，经验仍然是物理学数学建构是否有效的唯一标准。但是创造源泉属于数学。因此，在某种意义上，我认为单纯的思考可以抓住现实，正如古人梦想的一样。

为了证明这个信念，我不得不使用数学概念。物理世界被表示为一个四维连续统一体。如果我假定这其中有一种黎曼度规，并问这样一种度规可以满足的最简单的定律是什么，那么我就得到了空虚空间中的引力相对论。如果我假设在这个空间中有一个矢量场或一个能从中推出的反对称张量场，并问这样一种场可以满足的最简单的定律是什么，那么我就得到了空虚空间中的麦克斯韦方程组。

即使这样，对于空间中电荷密度不为零的区域，我们仍缺少一种理论。路易·德布罗意推测存在一种波场，可以来解释物质的某些量子特性。狄拉克在旋量中发现了一种新的场量（即旋量场），其最简单的方程在很大程度上可以让人推出电子的性质。随后，我与我的同事瓦尔特·迈尔博士合作。我发现这些旋量形成了一种新场中的特例，数学上与四维体系相联系，我们称其为“半矢量”。这种半矢量满足的最简单方程，是理解两种基本粒子——不同的有重（静止）质量，等量但相反的电荷——存在的关键。除了常规矢量，这些半矢量是四维度量的连续统一体中最简单的数学场，他们看起来是以自然的方式来描述带电粒子的某些本质属性。

我们需要考虑的是：所有这些结构和联系它们的规律，都能通过寻找数学上最简单概念和它们之间联系的原则来获得。理论家们能深入把握实在的希望在于：在数学上存在着简单的场的类型，以及它们之间可能存在着简单的方程关系，两者从量上讲都是有限的。

这种场论的最困难之处是物质和能量的原子结构概念。因为该理论仅仅是空间的连续函数，所以是非原子基础；而经典力学正相反，其最重要的要素——质点，本身就证实了物质的原子结构。

在现代量子理论中，与德布罗意、薛定谔和狄拉克这些名字联系在一起的形式是连续函数，它依靠一个首次被马克斯·玻恩清晰地给出的大胆解释克服了以上困难。据此，方程中出现的空间函数不要求是原子结构的数学模型。这些函数仅仅是在某特定点上或某运动状态中发生测量时，找到这种结构的数学概率。这个观点在逻辑上是站得住脚的，并取得了重要成就。然而不幸地，它令人们不得不使用这样一种连续统一体，其维数不归因于迄今的物理空间（四维），而是随着构成体系中粒子数的增加而无限增加。我不得不承认，我只是把一种暂时的重要性赋予了这种解释。我仍相信可能有另一种真实的模型——就是说，一种代表事物本身的理论，而不仅仅是它们出现概率的理论。

另一方面，在我看来，我们必须放弃粒子在一个理论模型中完全定域的看法。在我看来，这似乎是海森伯[6]不确定性原理的永久的结果。但是，在“原子论”这个词的实际意义上（不仅仅是依据一种解释），数学模型中没有粒子的定域，完全是可以想象的。比如，为说明电的原子特性，场方程仅需要得出以下结果：边界电密度到处为零的某三维空间区域，总包含大小由整数表示的总电荷。在连续介质理论中，用积分定律就可以将原子的特征令人满意地表达出来，并不需要组成原子结构实体的位置。

只有当原子结构用这种方式成功表示之后，我才认为量子之谜算是解决了。

几何学与经验

爱因斯坦任职的普鲁士科学院成立于1700年，受到过腓特烈大帝（1712—1786）的慷慨资助。每逢腓特烈大帝生日，科学院都要举行学术研讨会。在1921年1月27日的纪念会上，爱因斯坦做了这一备受赞誉的演讲。

在这里，爱因斯坦做出了明确的区分：数学几何学和物理几何学。据爱因斯坦在布拉格的教席的继承者菲利普·弗兰克（Philipp Frank，1884—1966）教授判断，这一讲座“通过其明确的表述将秩序带入了经常出现混淆的领域，并且在某些情况下甚至在数学家和物理学家中仍占优势的混淆领域。从那以后，爱因斯坦的表述被认为是最清晰和最好的，即使哲学家也这样认为”。

与爱因斯坦交往密切的科学哲学家，逻辑实证主义创始人之一的石里克（Moritz Schlick, 1882—1936) 在191S年出版了《普通认识论》(*Allgemeine Erkenntnislehre*)。一年前，石里克在爱因斯坦的影响下发表了题为《空间与时间》(*Raum und Zeit*)的文章。法国数学家亨利·庞加莱（Henri Poincaré,1854—1912）在1911与居里夫人一起大力推荐爱因斯坦从布拉格回到母校苏黎世联邦理工学院担任理论物理学教授。

本文倒数第二段提到的“已被水星事件所证实”一事，指的是“水星近日点的进动问题”。它是爱因斯坦提出的三个检验广义相对论的实验之一，与“光波在太阳附近的弯曲”，以及“光波的引力红移”一起被称作“经典广义相对论实验”。德文版后的注释错误地将这一问题等同为“光波在太阳附近的弯曲”。对于后者，日全食是最好的机会。1919年5月29日日全食，英国组织了两次科学考察队，一支到巴西北部索布拉尔（Sobral），另一支到靠近西非的小岛普林西比（Principe），测量结果为1.64弧秒。爱因斯坦1916年在《广义相对论的基础》一文中给出的计算值为1.75弧秒。1922年日全食发生时，利克天文台重复进行了测量，得出的结果与1919年的相符。1952年2月25日的日全食，全世界有多支探险队带着精良设备和新的测量方法到苏丹（喀土穆）。其测量结果为1.70弧秒，更接近爱因斯坦的计算值。从那时起，人们进行了多次重复实验，到了20世纪60年代，终于证实光线弯曲的程度完全符合广义相对论的预测。

文中提到的“公理学”（Axiomatik），按其字面定义，就是通过公理来定义和证明的学说，具体就是公理法方法。

与其他所有科学相比，数学受到特别尊重的一个原因，在于它的命题绝对可靠、没有争议，而其他所有科学的命题在某种程度上都有争议，并且随时可能被新发现的事实推翻。尽管如此，如果数学命题涉及的对象仅存于想象之中，而非实在，那么其他科学部门的研究者就无须羡慕数学家。当人们已经就基础性命题（公理）以及由此推出其他命题的方法达成共识时，那么毫不奇怪，不同的人将得到相同的逻辑结论。但是数学声望崇高还有另一个原因，是它为精确自然科学提供了一定程度的确定性，离开数学就做不到这一点。

这里就出现了一个谜，在过去的时间里一直激发着人类的好奇心。数学归根到底是独立于经验的人类思想的产物，它怎么会如此精妙地契合现实呢？那么，不凭经验仅靠思考的人类理性，能彻底了解真实事物的性质吗？

以我之见，这个问题的答案简单来说就是：只要数学命题涉及实体，它们就是不可靠的；只要它们是可靠的，就不涉及实体。在我看来，只有沿着数学中被称为“公理学”（Axiomatik）的方向，人们才能普遍地完全清楚事物的这个状况。公理学取得的进步，在于巧妙地将逻辑—形式与其客观或直觉内容分开；根据公理学，逻辑—形式自己就足够形成数学的主题内容，而后者不涉及直觉或其他有关逻辑—形式的内容。

我们暂时从这个角度思考几何学的任何一个公理，比如：两点之间有且仅有一条直线。过去和现在都是怎么解释这个公理的呢？

过去的解释：每人都知道什么是直线，什么是点。这个知识的起源是人类思考的能力、经验、二者的结合，还是其他来源，这不是数学家能决定的，要留给哲学家去解决。上述公理以这种先于所有数学之前的知识作为自己的根据，它像其他所有公理一样，是不证自明的，就是说，它是先验知识的一个表达。

现在的解释：几何学探讨的是用线、点等表示的对象。人们仅仅设定公理的正确性，而不是这些对象相关的知识或直觉。这些公理，比如上述公理，就是一种纯粹形式意义上的，即没有任何直觉或经验的内容。这些公理是人类智力的自由创造。几何学中所有其他命题都是从这个公理中逻辑推理出的（仅是唯名论意义上）。公理明确了几何学探讨的对象。所以，石里克在他关于认识论的书中，十分恰当地将公理描绘为“隐定义”。

现代公理学拥护这种公理观点，它净化掉一切和数学无关的因素，消除了以往围绕数学基础的神秘和晦涩。但是，这样的修正阐述也让人们明显看到：这样的数学本身不能做出任何有关我们的直觉对象或实在对象的预测。在公理几何学中，“点”“直线”等词语仅仅是空无一物的概念，数学不赋予它们内容。

然而在另一方面，一般来说，数学，尤其是几何学的存在，肯定是因为人们需要了解实在对象的行为。几何学一词的原意是土地测量，就证明了这一点。因为土地测量与某些自然物体相互间的排列可能性有关，比如说土地、测量线、测量杖等等。很明显，公理几何学概念体系自身不能对这种实在对象（以后我们称之为实际刚体）的行为做出任何陈述。要做到这一点，几何学必须剥去它的单纯逻辑形式特征，把经验的实在对象与公理几何学空洞的概念联系起来。为此，我们只要增加这个命题：固体间可能的排列关系，就像三维欧几里得几何中的物体一样。这样，欧几里得的命题就包含了实际刚体行为的陈述。

这样建立的几何学显然是一门自然科学；事实上，我们可以将它看作物理学最古老的分支。它的陈述本质上依赖经验归纳，而不仅是逻辑推理。我们称这样的几何学为“实用几何学”，接下来和“纯粹公理几何学”做区分。宇宙的实用几何学到底是不是欧几里得几何，这一问题有清楚的意义，并且只能由经验给出答案。如果一个人利用光沿直线传播的经验规律，而且这里的直线是实用几何学意义上的，那么物理中所有长度度量就在这个意义上构成了实用几何学，测地学和天文学的长度量度就是如此。

我特别强调我刚提出的几何学观点，因为没有它我就不能建立相对论，没有它我就不可能有下面的思考：在一个相对某惯性系旋转的参考系中，由于洛伦兹收缩，支配刚体的规律不符合欧几里得几何；因此，如果我们平等地承认非惯性系，就必须放弃欧几里得几何。没有上述理解，就不会迈出向广义协变方程过渡的决定性一步。如果我们摈弃公理学的欧几里得几何对象和现实的实际刚体之间的关系，就很容易得出下面的观点，也就是敏锐而深刻的思想者——庞加莱主张的观点：欧几里得几何之所以胜过所有其他可能的公理几何，是因为其简单性。现在，因为公理几何学本身不包含关于经验实在的陈述，除非同物理规律结合，所以无论实在的本质如何，保留欧几里得几何的做法都应该是可能与合理的。因为一旦理论和经验出现矛盾，我们宁可决定改变物理定律，也要保全公理学的欧几里得几何。如果人们拒绝承认真实的刚体与几何学的关系，就不能轻易放弃那种认为欧几里得几何学是最简单的习惯看法。

为什么庞加莱和其他研究者要摈弃（看起来天经地义的）实际刚体和几何主体的等效性呢？这不过是因为在进一步考察后，发现自然界的真正固体不是刚性的，它们的几何行为，即相对位置的可能性，取决于温度、外力等等。这似乎破坏了几何与物理实体之间原初的直接关系，使我们被迫接受下面的更普遍的观点，也就是庞加莱的立场：几何学（G）对真实事物的行为不能做任何论断，只有加上物理规律（P）才能。用符号来表示，我们可以说实验验证只能验证（G）+（P）的和。因此（G）可以任意选择，（P）的某些部分也一样；所有这些规律都是约定。为消除矛盾，必须要做的就是决定（P）里哪些是不能保留的，这样（P）的整体和（G）加起来就符合经验了。用这种方式看，公理几何学和已成为约定的那部分自然规律在认识论意义上是等效的。

在我看来，从永恒的角度看（*sub specie aeterni*），庞加莱是正确的。相对论中量尺概念和与之协调的时钟概念，在真实世界中找不到精确的对应物。在物理学的概念体系中，固体和时钟扮演的角色也明显不是基本元素，它们有复合的结构，在理论物理中并非独立。但是我坚信，在理论物理发展的现阶段，仍然必须把它们当作独立概念使用；因为我们掌握的原子结构理论的基本原理的知识，远远不能在理论上从基本概念构造出固体和时钟。

有一种反对意见认为，自然界中不存在真实的刚体，所以有关刚体的性质不能应用于物理实体。这个意见绝不像人们通过粗略观察所想象的那么深刻。因为要精确地确定测量物体的物理状态，使它对于其他测量物体来说，其性状足够清晰并可以代替“刚”体，其实并不困难。而有关这样的测量物体，其陈述是基于刚体的。

所有实际几何学都是基于一个经验上能及的原理。现在，让我们设想一下。假设在一个实际刚体上标上两个记号。我们称一对这样的记号为一个截线。我们想象两个实际刚体，每个上面都标有一个截线。如果一个截线的两个标记不断地与另一个截线永远重合，那么我们就说这两个截线是“彼此互等”的。我们现在假设：

如果人们发现两个截线某时某地是等价的，那么它们无论何时何地都是等价的。

不仅是欧几里得实际几何学，还有它最直接的推广——黎曼实际几何学，以及相关广义相对论，都以这个假设为基础。我只提一个能证明这个假设的实验。真空中光传播现象为每一段当地时间设定了一个区域，即光的合适路径；反之亦然。因此上述的区域假设必定也适用于相对论中的时钟间隔。结果，可做如下明确表述：如果两只理想钟在任何时间与任何地点都走得一样快（当时二者是紧挨在一起的），那么无论何时何地再次把它们放在一起比较，二者永远都会走得一样快。如果这个规律对自然时钟无效，那么相同化学元素的不同原子具有的固有频率，就不会像经验证明的那样严格一致。尖锐谱线的存在，就是上述实际几何学原理的一个令人信服的实验证据。最终基于此，我们可以有意义地谈及四维时空连续统一体的黎曼度规。

根据这里主张的观点，要知道这个连续统一体的结构是欧几里得的、黎曼的还是别的什么，是一个必须用经验来回答的物理问题，而不是仅依据权宜选择的约定。考察的时空域越小，支配实际刚体的规律就越接近欧几里得几何学中的定律，那么，黎曼几何将是有效。

这里提出的几何学的物理解释，确实不能直接应用于分子尺度以下空间。尽管如此，即使在基本粒子构造的问题上，它仍具有一定意义。因为即使是描述电的基本粒子组成问题，仍可以尝试赋予场概念以物理意义，这些场概念原本是为了描述与分子大小相当的物体的几何行为所做的物理定义。要求黎曼几何的基础概念在它们的物理定义范围之外仍然具有物理实在的意义，这一要求是否合理，只能根据其成败来判断。也许最后会发现，这种外推，和把温度概念扩展到分子量级的外推一样不合理。

把实际几何学概念外推到宇宙尺度的空间，似乎没有什么问题。当然，也会有反对意见，例如由实心杆组成的一种结构，其空间范围越大，就离理想的刚性越远。但是我想，这种反驳不会有什么根本意义。因此对我来说，宇宙空间是否有限这个问题，在实际几何学上看是一个十分有意义的问题。我甚至认为天文学家有可能不久就能解答这个问题。让我们回想一下广义相对论在这方面的结果吧。它提出了两种可能：

1. 宇宙是空间无限的。只有宇宙中集中在恒星上的物质的平均空间密度等于零，这才是可能的。这个条件换句话来说，就是随着考察的空间越来越大，恒星总质量与它们散布的空间体积之比趋于零。
2. 宇宙是空间有限的。如果宇宙中有重量的物质的平均密度不为零，宇宙空间必然有限。平均密度越小，宇宙体积越大。

我不得不指出，有限宇宙假说是有理论基础的。广义相对论指出，某个物体附近的有重物质越多，其惯性就越大；因此将物体的总的惯性效应归结为它和宇宙间其他物体的相互作用似乎是很自然的，正如牛顿时代以来，重力已经完全归结为物体之间的相互作用一样。从广义相对论方程中，人们可以推出，只有在宇宙是空间有限的时候，才可能像马赫主张的那样，把惯性完全归结为物体之间的相互作用。

许多物理学家和天文学家没有注意这个论点。在上述分析中，只有经验能决定这两种可能性中的哪一种在自然界中是现实的。经验如何提供答案呢？首先，我们通过观察能看到的这部分宇宙，似乎可以确定物质的平均密度。但这一希望是不实际的，因为可见恒星的分布极其不规则，所以我们绝不敢说宇宙中的恒星物质的平均密度等于［比如说］银河系中的平均密度。在任何情况下，不管观测的空间有多大，我们都不能确信更远处没有更多恒星了。所以，估计平均密度看起来是不可能的。

但是有另一条路，在我看来更可行，尽管也有很大困难。在探究广义相对论的结论与牛顿理论结论的偏差的经验证据时，第一个发现的这样的偏差出现在靠近引力物质的地方，已被水星事件证实。但是如果宇宙是空间有限的，广义相对论和牛顿理论就会有另一个偏差，用牛顿理论的语言表述就是：引力场不仅是由有重物质产生，而且还由空间中均匀分布的负质量密度产生。因为这个假想的质量密度必须非常小，所以只有在非常广大的引力系统中才能观测到。

假设我们已知银河系中恒星的统计分布和质量，那么根据牛顿定律，我们能够计算出引力场和恒星必须具有多大的平均速度，才能使银河系维持自身现在的大小而不会因其恒星间的引力而坍缩。因为恒星的真实速度是可测的，如果它小于计算值，我们就证明了远距离的实际引力比牛顿定律计算出的要小。从这个偏差，我们就可以间接地证明宇宙是有限的，甚至可能估计出它的空间大小。

什么是相对论

本文首次发表于《伦敦时报》[*London Times*，即通常所说的《泰晤士报》(*The Times*)]，1919 年 11 月 28 日，原题为《我的理论》(*My Theory*)。《爱因斯坦晚年文集》和《观念与见解》均有收录。

我很高兴能接受你们同事的要求为《泰晤士报》写点儿关于相对论的东西。在过去学者之间那种主动交流的氛围可悲地衰败了的今天，我欣然接受这个向英国天文学家和物理学家表达我的欣喜和感激的机会。杰出的科学家仍不惜花费大量时间和辛劳，并且你们的科学院不惜任何代价，以检验一个战时在你们的敌国得以完成并发表了的理论的推断，这完全符合贵国科学工作伟大而骄人的传统。尽管考察太阳的引力场对光线的影响是个纯客观的问题，但鉴于他们的工作，我依然忍不住要表达我个人对我的英国同事的感谢。因为若无这一工作，我几乎不能在活着时看到我的理论中最重要的推断被检验。

我们可以把物理学中的各种理论进行分类。它们中的大多数都是建构性的。它们试图从一个相对简单的形式系统的材料出发，对更复杂的现象构建出一幅图景来。因而气体的运动理论努力把机械运动、热运动和扩散过程都归于分子运动——即从分子运动的假设出发构建这些过程。当我们宣布我们已经成功地理解了一组自然过程时，不外乎是表明一个涵盖这些尚存疑问的过程的建构性理论被发现了。

与这一类最重要的理论在一起的，还有另一类，我称之为“原理理论”。它们应用分析的而非综合的方法。构成它们的基础和出发点的元素并非是假设性地被建构出来的，而是在经验中被发现了的一些东西，它们是自然过程的普遍特征，是能导出数学上用公式表示的标准的原理——独立的过程或理论表述必须满足这些标准。热力学正是从不存在永动机这个普遍的经验事实出发，利用分析的方法来推导出独立事实必须满足的必然条件。

建构性理论的长处在于其完备性、适应性和清晰性，而原理理论的长处则在于逻辑的完美和基础的坚实。

相对论属于后一类理论。为掌握其本质，首先必须熟知它所依赖的原理。不过，在我还没讲这些原理前，必须看到相对论就像一个两层的建筑，一层是狭义相对论，一层是广义相对论。作为广义相对论基础的狭义相对论适用于除引力之外的各种物理现象，广义相对论则提供了引力定律及其与其他自然力的联系。

众所周知，从古希腊时代开始，为了描述一个物体的运动，需要有另一个为第一个物体所参照的物体。一辆车的运动被认为是相对地面而言，一颗行星的运动是相对可见的恒星的整体而言。在物理学中，使事件在空间上被加以参照的物体被称为坐标系。例如伽利略和牛顿的力学定律只有依靠坐标系才能被表示为公式。

然而，若要使力学定律成立，坐标系的运动状态便不能是任意的（它必须没有旋转和加速度）。力学中所用的坐标系被称为“惯性系”。根据力学，惯性系的运动状态不是由自然唯一决定。相反，下面的定义却是成立的：相对一个惯性系以直线匀速运动的坐标系也是惯性系。“狭义相对性原理”就意味着这个定义的推广，可用以包括任何自然事件。也就是说，每个对于坐标系 C 有效的普遍自然规律，必定同样适用于相对于 C 做匀速平移运动的坐标系 C'。

狭义相对论依赖的第二条原则，便是“真空中光速不变原理”。这条原理认为，光在真空中总是有确定的传播速度（与观察者或光源的运动无关）。物理学家们对这条原理的信任源于麦克斯韦和洛伦兹的电动力学所取得的成就。

上述两个原理都得到经验事实强有力的支持，但又似乎未能在逻辑上和谐一致。狭义相对论最终通过对运动学的修改——也就是对与空间和时间有关的规律的修改（从物理学观点看）——成功地使它们达到了逻辑上的一致。这就让人明白：若不是相对于给定的坐标系而言，谈论两个事件的同时性是毫无意义的。而且，测量装置的形状及钟运动的速度都与它们相对于坐标系的运动状态有关。

但是旧的物理学，包括伽利略和牛顿的运动定律都不适用于上面提到的相对论运动学。若上述两个原理真的适用，自然规律就必须遵循由后者产生的一些普遍的数学条件。物理学必须适应这些条件。尤其是，科学家得到了关于（飞速运动着的）质点的一个新的运动规律，这一点已被带电粒子的情况极好地证实。狭义相对论最重要的结果是关于物质体系的惯性质量。它表明某体系的惯性必定有赖于其能量含量，从而直接导致这样一个观念：惯性质量就是潜在的能量。质量守恒原理失去了其独立性，从而与能量守恒原理融为一体。

狭义相对论本来就是麦克斯韦和洛伦兹的电动力学的系统化发展，但它又超越了自身。难道物理规律同坐标系的运动状态无关这一点仅局限于坐标系的相互匀速平移运动吗？大自然与我们的坐标系及其运动有何相干？若是为了达到描述自然的目的，有必要选用任意导入的坐标系的话，那么这个坐标系的运动状态的选择应不受限制，而定律应完全与这种选择无关（广义相对性原理）。

由这样一个早已清楚的经验事实，即物体的重量和惯性为同一常数所控制（惯性质量和引力质量互等），广义相对性原理的建立就变得容易多了。设想有一个相对于另一个在牛顿意义上惯性系做匀速转动的坐标系。按牛顿的教导，出现在该系统的离心力应当被认为是惯性的效应。但这些离心力却完全同重力一样，与物体质量成正比。在这种情况下，难道不可能吗？把坐标系看成是静止的，而把离心力看成是万有引力，这看起来显而易见，但经典力学不允许这样。

这种仓促的考虑表明，广义相对论必须提供引力定律，这个观点的坚定的追随者证明我们的愿望是合理的。

但路途比人们想象的更荆棘密布，因为它要求抛弃欧几里得几何。也就是说，安置在空间中的固定物体所遵循的定律与由欧几里得几何提供给那些物体的定律不完全一样，这正是我们所说的“空间曲率”的意思。因而，诸如“直线”“平面”等基本概念，在物理学中已失去了确切意义。

在广义相对论中，关于空间和时间的学说，或称运动学，不再是与物理学的其他方面无关的了。物体的几何特性和钟的运动依赖于引力场，这些场本身又是由物质产生的。

从原理上看，新的引力理论同牛顿的理论全然不同。但其实际结果与牛顿理论的结果又如此接近，以至于很难找到经验能及的标准来区别它们。迄今为止已发现的有：

1. 围绕太阳的行星椭圆轨道的转动（在水星的例子中已得到证实）。
2. 引力场引起的光线弯曲（为英国人的日食照片所证实）。
3. 当光线从大质量的恒星传播到我们这里时，其谱线向光谱红端偏移（后来也得到证实）[7]。

该理论主要的吸引力在于其逻辑的完备性。若有一个由它得到的结论被证明是错误的，它就必须被摒弃。修改它而不破坏整个结构似乎是不可能的。

然而，不要认为牛顿的辉煌成就真的能被这种理论或任何其他理论所取代。作为自然哲学领域中我们整个现代概念结构的基础，其伟大而明晰的思想将始终保持其独特的意义。

附言：您的文章中关于我的生活及个人的说法源于作家生动的想象力。这里还有另一个相对性原理的应用以娱读者——现在我在德国被说成是“德国的学者”，但在英国我又被说成是“瑞士的犹太人”。假若我命中注定该扮演一个［惹人嫌］（*béte noire*）的角色的话，我就该恰恰相反地被德国人称为“瑞士的犹太人”，对英国人来说，我又成了“德国的学者”。

关于相对论

本文是爱因斯坦1921年在伦敦国王学院的演讲，选自1934年德文版《我的世界观》。

能够在一个产生了理论物理一些最重要基本概念的国家的首都发表讲话，我感到格外荣幸。我指的是牛顿留给我们的物体运动理论和万有引力理论，还有法拉第和麦克斯韦用来奠定物理学新基础的电磁场概念。可以说，相对论实际上是最后完成了麦克斯韦和洛伦兹的宏伟思想蓝图，因为它寻求将场物理扩展到包括万有引力的所有现象。

回到相对论本身，我很想请大家注意这个事实：这个理论不是源于猜想；它被创造出来，完全是要使物理理论尽可能符合观察事实。这不是一个革命性的活动，而是沿着一条已经持续几个世纪的路线的自然发展。我们放弃了迄今被当作基础概念的某些关于空间、时间和运动的概念，但这是由观测事实决定的，绝非主观随意的放弃。

电动力学和光学的发展证实了真空中光速不变原理，而迈克耳逊的著名实验用敏锐的方法证明了所有惯性系的平等地位（狭义相对论原理）；这首先使人们不得不意识到时间概念是相对的，每个惯性系都有自己的特殊时间。有了这个概念，就可以清楚看到：人们至今没有充分精确地厘清两个事物之间的关系，一个是直接经验，另一个是坐标和时间。

总的来说，相对论的基本特征之一，就是尽力更精确地厘清一般概念和经验事实的关系。这里的基本原则是：一个物理概念的正当性，完全在于它与经验事实的清晰、明确的关系。根据狭义相对论，空间坐标和时间在用静止的时钟和物体直接测量时，仍有一种绝对特征。但是，当坐标和时间取决于选定参考系的运动状态时，它们就是相对的。根据狭义相对论，由空间和时间的结合组成的四维连续统（闵可夫斯基）仍保持绝对特性。根据早期理论，这种绝对特性分别属于空间和时间。人们将坐标和时间解释为测量的产物，并从中推出了（相对坐标系的）运动对物体形状和时钟运行的影响，还推出了能量和惯性质量是等价的。

广义相对论的创立，首先是基于一个经典力学无法提供解释的经验事实，即物体的惯性质量和引力质量在数值上相等。人们通过将相对性原理扩展到彼此相对加速的坐标系，得出了这样的解释。引入相对惯性系加速的坐标系，导致相对于惯性系的引力场的出现。其结果就是，基于惯性和重量等效原理的广义相对论，提供了一种引力场理论。

人们引入地位平等的彼此相对加速的坐标系，认为它们都受到惯性和重量的同一性的影响。加上狭义相对论的结果，就得出以下结论：当引力场存在时，支配空间中固体排列的规律，不符合欧几里得几何定律。对于时钟运转，也有一个类似的结果。这就使我们有必要对空间和时间的理论做另一个推广，因为现在人们无法直接解释用量杆和时钟方法测得的空间和时间坐标的意义。经过高斯和黎曼的研究，这种度规的推广在纯数学领域已经完成，它在本质上是基于以下事实：对广义情况中的小区域，狭义相对论的度规仍能是正确的。

这里描绘的发展进程，剥去了所有独立实在的时空坐标，仅仅通过描绘引力场的数学量的时空组合坐标来给出度量上的实在。

广义相对论逐步发展的基础，还有别的因素。正如恩斯特·马赫坚持指出的，牛顿理论在下述方面无法令人满意：人们如果从纯粹描述而不是因果关系的观点来考察运动，那么运动只会作为物体间的相对运动而存在。但是，如果某人从相对运动概念出发，就会对牛顿运动方程中出现的加速度感到莫名其妙。它迫使牛顿发明一个物理空间，加速度就是相对于这个物理空间的。牛顿为此特地引入绝对空间概念，虽然在逻辑上无可指摘，但看起来让人不舒服。因此，马赫尝试用这样一种方法修改力学方程：他认为物体惯性并非来源于它们对于绝对空间的相对运动，而是源自对于其他有重量的物体总体的相对运动。在当时的知识条件下，他的尝试注定会失败。

然而，马赫提出这个问题，看起来完全有道理。这条理论路线由于广义相对论而变得更加有力，因为根据后者，物理的空间性质受到了有重量物质的影响。我认为，只有将宇宙视为空间封闭的，广义相对论才能对这个问题提出一个令人满意的解答。只要宇宙中的有重物质的平均密度不是零，无论它多小，广义相对论的数学结果都会指向这个结论。

论广义相对论的起源

文中提到的列维–契维塔（Tullio Levi-Civita, 1873—1941），是意大利著名数学家，在纯数学、应用数学、分析力学、流体动力学、天体力学（特别是三体问题）方面做出了杰出贡献。1904年他被选为俄罗斯科学院通讯院士；1906年德国列奥波蒂那（Leopoldina）科学院院士，1911年法国科学院院士，1917年美国文理科学院院士。1921年哥廷根科学院通讯院士。英国皇家学会1922年授予他西尔维斯特奖章（Sylvester-Medaille），1930年将他选为外籍会员。爱因斯坦在将他的张量理论运用于广义相对论时，在数学计算方面犯了错误，列维–契维塔给爱因斯坦写信指出来。1915—1917年间两人频繁通信。爱因斯坦对列维–契维塔的数学天赋极为钦佩，“我很佩服您的计算方法的优雅；能骑真正数学的马在这些领域驰骋一定很好，而像我们这样的人只能艰难地徒行。”1936年，列维–契维塔接受爱因斯坦的邀请，前往美国普林斯顿与他共同生活了一年。但当欧洲战争风险再次上升时，他却又回到意大利。1938年意大利法西斯政府颁布的种族法律剥夺了他的教授职位以及所有科学学会的会员资格。他1941年在罗马的公寓里孤独去世。当爱因斯坦被问到最喜欢意大利什么时，他说：“意大利面和列维–契维塔”。可见爱因斯坦对列维–契维塔评价之高。

本文选自1934年德文版《我的世界观》。

我很高兴地答应你们的请求，讲一点与我自己有关的科学工作的经历。并非是我夸大自己科学工作的重要性，而是因为人们书写他人工作的经历时，就要像训练有素的历史学家那样，在一定程度上吸收别人的想法；而要阐明自己的早先想法，似乎就容易得多。在这里，人们有一个其他所有人都没有的巨大的优势，所以他不应该因为谦虚而放弃这个机会。

1905 年，我通过狭义相对论证明了所有惯性系对自然规律形式来说都是等价的。在此之后，人类自然会问，不同坐标系是否在更进一步的意义上也是等价的。换句话说，既然速度的概念有了相对意义，我们还应该坚持把加速度当作一个绝对的概念吗？

从纯粹运动学观点看，毫无疑问，一切运动都是相对的；但是从物理学角度看，惯性系似乎有特别的位置，它使其他方式运动的坐标系显得不自然。

我当然知道马赫的观点。根据他的观点，似乎可以认为：惯性阻力阻碍的东西不是加速度本身，而是相对于世界上存在的其他物体质量的加速度。这个观点对我有点儿吸引力，但是它没法为新理论提供有用的基础。

当我试着在狭义相对论框架内处理引力定律时，第一次向这个问题的答案靠近了一步。像当时大多数理论家一样，我试图构建一个引力场理论，因为放弃了绝对同时性的概念，我不再可能，至少不再可能以任何自然的方式直接引入超距作用。

最简单的做法，当然是保留拉普拉斯引力标量势，用一个时间微分项以一种明显方法完成泊松方程，这种方法满足狭义相对论。

引力场中的质点运动定律必须也满足狭义相对论。因为物体的惯性质量可能取决于引力势，这个方向未必那么清晰无误。事实上，考虑到能量的惯性原理，这也是理所当然的。

然而这些研究得到的结果，却引起了我强烈的怀疑。根据经典力学理论，物体在竖直引力场中的竖直加速度与速度的水平分量无关。因此，在这样一个引力场中，一个力学系统或其重心的垂直加速度与内部动能无关。但在我提出的理论中，落体的加速度与它的水平速度或者系统内的能量有关。

这与过去的经验事实不一致，过去人们认为在一个引力场中，所有物体的加速度相同。这条规律也可以表述为惯性质量和引力质量的等价定律，我当时意识到它有多重要。我为它的存在感到无比惊讶，并且猜测其中一定藏着通向深刻理解惯性和引力的钥匙。甚至在不知道厄缶[8]令人称赞的实验结果的情况下，我就确信这条定律是严格成立的；厄缶实验——如果我没记错的话——是我在后来才知道的。然后，我放弃了在狭义相对论的框架内用上述方法处理引力问题的无效尝试。它显然不能正确处理引力中最基本的性质。现在可以十分清晰地表述惯性质量与引力质量的等价原理：一个均匀引力场中发生的所有运动，与相对于在一个均匀加速却没有引力场的坐标系的运动是一样的。假设这个原理对任何事件都成立（即“等效原理”），它将意味着，如果要得到引力场的自然理论，我们需要把相对性原理推广到彼此非匀速运动的坐标系中。从 1908 到 1911 年，我一直思考这些想法，试图从它们那里得出特别的结论，不过我不打算在这里讲。当时，重要的发现是合理的引力理论只能寄希望于相对性原理的推广。

因此，我们需要建构这样一种理论，它的方程形式在坐标系的非线性转换中保持不变。至于是任意（连续）坐标变换，还是仅仅一些特定变换，我当时还不知道。

不久我看到，引入等效原理要求的非线性变换之后，就不可避免地摧毁了对坐标的简单物理解释；也就是说，人们不能再认为坐标的差异就应该是理想天平或时钟测量的直接结果。我对这一认知感到十分困扰，因为我花很久才看到坐标在物理中究竟有什么意义。直到 1912 年，我才通过下面的思考，找到了脱离这个困境的方法：

我们必须找到一种新的惯性定律的表述，如果坐标系是惯性系，在缺少“真实引力场”的情况下，这种表述就变成对惯性原理的伽利略表述。伽利略表述的意思是：一个不受力的质点，在四维空间中用一条直线表示；也就是说，用最短的线，或者更准确地说，用极值线表示。这个概念需要假设线性元素的长度的概念，就是说先要有一个度规。在狭义相对论中，正如闵可夫斯基所指出的，这个度规是一种类欧几里得标准，也就是说，线元的“长度” ds 的平方，是坐标微分的某个二次函数。

如果用非线性变换引进其他坐标，ds^2 仍是坐标微分的齐次函数，但是该函数的系数（g_{uv}）不再是常数，而变成坐标的特定函数。在数学术语中，这意味着物理（四维）空间是黎曼度规。该度规的类时极值线，给出了只受引力的质点运动定律。同时，该度规的系数（g_{uv}）描绘相对于所选坐标系的引力场。因此，我们找到了等效原理的一个自然的表述，无论等效原理推广到哪种引力场，都构成一个完美的自然假说。

因此，前述困境的解决方案是：物理意义不在于坐标微分，而仅在于其对应的黎曼度规。这样我们就建立了广义相对论的一个可行的基础。然而，仍有两个更深层的问题需要解决：

1. 如果场定律用狭义相对论来表示，那它怎么能转换成一种黎曼度规？

2. 决定黎曼度量（即 g_{uv}）的微分法则是什么？

1912—1914 年，我和我的朋友格罗斯曼[9]研究过这些问题。我们发现，在里奇[10]和列维-奇维塔的绝对微积分学中，已经有了现成的解决问题的数学方法。

关于问题 2，解答它明显需要（从 g_{uv}）构建二阶微分不变量。不久我们将看到，黎曼已经创立了这些（曲率张量）。广义相对论发表的前两年，我们已经在思考正确的引力场方程，但那时不知道如何在物理中应用它们。相反，我觉得它们违背了经验。此外，我觉得能从一般角度阐明：对任意坐标变换都不变的引力定律，与因果关系原理是矛盾的。这些思想错误浪费我两年极度辛苦的工作，直到 1915 年年底，我才最终认识到这些错误。在懊悔地返回黎曼曲率之后，我成功地把理论与天文学经验事实结合起来。

从现有的知识看来，这项悦人的成就看起来简直是理所应当的，任何有才智的学生不用太费劲就能掌握它。但是多年来的强烈憧憬、在黑暗中焦虑的探求、信心和疲惫的交替，直到最后曙光出现——所有这些，唯有亲身经历过的人才能理解。

物理学中的空间、以太与场的问题

本文 1930 年首次发表于《哲学论坛》(*Forum Philosophicum*)，比目前的文章长。最后的部分是谈论场理论的最新进展的，但应爱因斯坦的要求，1953 年德文版《我的世界观》将这一部分删掉了，原因是“当时的理论早就被抛弃了，代之以非对称性的场论，而后者完全满足逻辑—形式关系”。新的理论后来被爱因斯坦以附录 II 的形式放在《相对论的意义》(*Meaning of Relativity*, Princeton University Press, *1953*)一书中。

本文参考 1934 年德文版《我的世界观》，依据 1954 年英文版《观念与见解》译出。

科学思想是前科学思想的发展。由于在后者中，空间概念已经是基本的概念，我们必须从前科学思想中的空间概念开始讲起。有两种看待概念的方式，它们对理解都是必不可少的。第一种是逻辑分析，它回答了以下问题：概念和判断怎样互相依存？回答这个问题时，我们相对有底气。答案是数学中的必然性，对此我们印象深刻。可是，获得这种必然性是以内容的空虚为代价的。只有用感知的经验把概念关联起来，无论是怎样间接的关联，概念才能获得内容。但是，逻辑思考不能揭示出这种关联，只能通过经验。然而，正是这种关联决定了概念系统的认知价值。

举例来说，设想在未来文明中，有一位考古学家，找到一本没有图解的欧几里得几何课本。他将发现命题中如何使用“点”“直线”“面”这几个词，也将认识到如何互相推导命题。他甚至能根据认识到的规则去构建新的命题。但是，只要“点”“直线”“面”等词没有向他表达什么内容，那么构建这些命题对他来说仍是空洞的文字游戏。只有当它们确实意味着某些东西时，几何学对他来说才具备真实的内容。这对于分析力学来说同样是对的，甚至对于一门逻辑演绎科学的任何阐述来说都是对的。

当我们用“点”“直线”“面”来表达某些东西时，这是什么意思？它的意思是，人们能指出这些词所指的感觉经验。这个超逻辑问题是几何学的本质问题，考古学家只能凭直觉去解决它，通过检查自己的经验，看能不能发现一些东西，以对应那些理论的主要术语和为术语制定的公理。只有在这个意义上，才能合理地提出一个概念化实体的本质问题。

对于前科学的各个概念，我们在本体论问题上所处的位置与考古学家非常像。也就是说，我们已经忘记了是哪些经验世界的特征使得我们建构了那些概念；不戴上旧有的概念解释的眼镜，我们很难回想起经验世界。更大的困难是：我们的语言被迫使用和那些原始概念紧密相关的词语。这些是当我们试图描述前科学中空间概念的本质时所面临的障碍。

在我们转向空间问题之前，对所有概念要注意的一点是：概念虽然涉及感觉经验，但在逻辑意义上，它从来不是从感觉经验中推导出来的。由于这个原因，我始终不能理解为何要寻求康德意义上的先验。在任何本体论问题中，我们只想在复杂的感觉经验中找出概念指代的那些特征。

现在考虑空间概念：这似乎是以固体概念为前提的。固体概念的产生原因可能是复杂的意识组合和感觉印象，人们经常描述它们的本质。某些视觉和触觉印象之间存在着联系，这些视觉和触觉印象能被持续地追踪，在任何时候都能被重现（触觉、视觉），就是一些这样的特征。一旦通过上述经验关系形成固体概念——这一固体概念绝不是以空间概念或空间关系概念为前提的——那么要想从理性上把握这些固体间关系的要求，就必然会引出关于它们空间关系的一些概念。两个固体可能是接触的，也可能是分开的。在分开的固体中间，人们能将第三个物体插入而不引起二者的任何变化，但在接触的固体间就不行。这些空间关系显然和物体本身一样都是真实的。如果两个物体能同样填满一个这样的间隔，那它们也能同样填满其他间隔。由此看出，间隔独立于其填充物的具体选择；这是空间关系的普遍真理。这种独立性是构建纯粹几何学概念的实用意义的主要条件，很显然没有必要是先验的。在我看来，这样的间隔概念摆脱了填充物的具体选择，是整个空间概念的出发点。

然后，我们从感觉经验的观点来看，按照上面的简要说明，空间概念的发展似乎符合下面的模式——固体，固体的空间关系，间隔，空间。这样看来，空间似乎和固体一样，是某种实在。

人们很清楚，空间概念作为真实事物已经存在于科学之外的概念世界。然而，欧几里得数学却完全不涉及这样的空间概念；它将自己限制在物体和物体间的空间关系这些概念中。点、面、直线、线段是理想化的物体。所有空间关系被简化为接触关系（直线和平面的相交、点在直线上等等）。作为一个连续统一体的空间，在概念系统中根本没有出现。笛卡儿在用坐标描绘空间中的点时，首次提出空间这个概念。几何图像在这里首次在某种形式上作为无限空间的一部分出现，这个无限空间被构思成一种三维连续统一体。

笛卡儿式空间处理的巨大优越性，绝不只在将分析应用于几何学。主要一点倒像是：希腊人偏爱用特殊物体（直线、平面）来做几何学描述；描述其他物体（比如椭圆），只有借助点、直线和平面来构造或定义。但在笛卡儿的方法中则不同，比如说一切平面在原理上的地位是平等的，在几何学的构建中，对线性结构没有任何主观武断的偏向。

几何学被构思成支配实际刚体彼此之间空间关系规律的科学。就此来说，它应当被看作物理学最古老的分支。正像我提到的，这门科学无须这样的空间概念，理想的物质形式——点、直线、面、线段——就足够满足它的要求了。笛卡儿构想的整个空间，对牛顿物理学来说是绝对必要的，因为动力学不能只靠质点概念和（随时间变化的）质点间距离。在牛顿运动方程中，加速度概念扮演了根本性角色，它不能只用随时间变化的点间间隔去定义。

只有把空间当作整体，才能构想或者定义牛顿的加速度。因此，除空间概念的几何实在以外，空间多了一个决定惯性的新功能。当牛顿描绘绝对空间时，无疑是指空间的这一实在意义。他必须将这种意义归于一种十分确定的运动状态，但这种状态看起来没有被力学现象完全决定。这一空间的绝对性还有另一个意义；空间决定惯性被设想成是自发的，也就是说不受任何物理环境的影响；空间影响质量，但是不受任何东西影响。

直到最近，在物理学思想中，空间仅是所有事件的被动容器，它不参与物理事件。伴随光的波动理论和法拉第、麦克斯韦的电磁场理论的诞生，思想才开始发生新的转变。人们开始明白，自由空间中存在以波传播自身的状态，还能对放入其中的带电物质或磁极施力的定域场。因为对 19 世纪的物理学家来说，将物理作用或状态归因于空间自身完全是荒诞的，他们于是基于实质物质的模型发明了一种遍布于整个空间的媒介物——以太，将其设想成电磁现象中的传播媒介，因而也是光的传播媒介。人们猜想这种媒介物构成了电磁场，并基于固体的弹性形变模型，一开始认为其状态是机械性的。但是这个机械以太理论从没有成功过，所以人们逐渐放弃了对以太场本质做更详细的解释。以太因此变成了一种起到电场基础作用的物质，但是从本质上无法做更进一步的分析。于是有了下面的图景：空间充满以太，重量物质的微粒或原子在其中四处游动；物质的原子结构于世纪之交被稳固地建立起来了。既然物体的相互作用应该通过场完成，那么在以太中也一定有引力场，然而那时的以太的引力定律还没有明确的形式。人们只是把以太设想成是所有跨空间作用的力的场所。随着人们认识到运动的带电物质产生磁场，而磁场能量提供了一种惯性模型，惯性也似乎是以太中的一种定域的场作用。

起初，以太的力学性质是一个谜。不久，就出现了 H. A. 洛伦兹的伟大发现。那时所有已知的电磁现象都用以下两个假设作为基础加以解释：第一个假设是以太牢牢地固定在空间中，也就是说，它一点儿也不能移动；第二个是电荷是牢固地附属于移动的基本粒子。现在对洛伦兹的发现可以表述如下：物理空间和以太是同一事物的不同称呼，场是空间的物理状态。因为如果粒子的运动状态不能归因于以太，似乎没有理由在空间之外引入一种这样特殊的实体。但是物理学家仍和这样的思维相去甚远；对他们来说，空间仍是某种刚性均匀的东西，不能发生变化或拥有各种状态。只有黎曼——这位孤独的、不被理解的天才，在19世纪中叶发现了通往空间的新概念之路。新的空间概念不具备刚性，并且具有参与物理事件的可能性。

这一智力成就出现在法拉第和麦克斯韦电场理论之前，这越发令我们钦佩。然后出现了狭义相对论，它认为所有惯性系在物理上是等价的。电动力学或者说光的传播规律，揭示了时间和空间是不可分离的。在这之前，人们隐含地假设：事件的四维连续统一体能以客观的方式分解为时间和空间。也就是说，对所有事件来说，“现在”具有绝对的意义。利用同时的相对性这一发现，空间和时间被合并成一个完整统一的连续体，就像之前空间的三维合并成一个完整统一的连续体一样。这样，物理空间就扩展成一种含有时间维度的四维空间。狭义相对论的四维空间就像牛顿空间一样，是刚性和绝对的。

狭义相对论很好地表现了理论科学现代发展的基本特征。最初的假设一如既往地变得更加抽象和远离经验。而且，它更靠近一切科学的宏伟目标：从尽可能少的假设或公理出发，用逻辑推论去涵盖尽可能多的经验事实。同时，从公理通往经验事实或可证结果的思想链条不断加长，变得更不直接。理论科学家在探寻某种理论的过程中，被迫越来越依赖纯数学的形式思考，因为实验家的实际经验不能引导他到达最高度抽象的境界。适合早期科学且处于支配地位的归纳法正让位于实验性的演绎法。必须对这样的理论结构做彻底详尽的考察，才能得出可以和经验对比的结论。在这里，观测事实毫无疑问仍然是最高的仲裁者；但是在它做出裁决之前，必须经过反复深刻的思考来跨过公理和可证实结论的鸿沟。着手这项极其艰巨的任务时，理论家必须完全意识到，他的努力可能最后只不过是为推翻自己的理论做准备而已。从事这样一项工作的理论家不应该被吹毛求疵地说成是“异想天开”；相反，他应该有自由支配想象的权利，因为这是到达目标的唯一途径。他的工作并不是无意义的白日做梦，而是寻找逻辑上最简单的可能性及其后果。我在这里做这个辩解，是为了使听众或读者更愿意关注随后发生的一连串思考；这条思想脉络从狭义相对论转向广义相对论，再由此转向它最新的分支——统一场论。在这个论述中，我免不了会用到数学符号。

我们从狭义相对论开始。该理论仍以光速不变的经验规律为直接基础。假设 P 是真空中的一点，P' 是与 P 无限接近的一点距离为 $d\sigma$。在 t 时刻从 P 点发出的光，于 $t+dt$ 时刻到达 P'。那么有

$$d\sigma^2=c^2dt^2$$

如果 dx_1、dx_2、dx_3 是 $d\sigma$ 的正交投射，并且引入虚时间坐标 $\sqrt{-1}ct=x_4$，那么上述光速不变定律将采用下面的形式：

$$ds^2=dx_1^2+dx_2^2+dx_3^2+dx_4^2=0$$

既然公式表达一种真实状况，我们可以认为量 ds 具有物理意义，只要在四维连续体当中的相邻点使得对应的 ds 不为零。它可做如下表述：狭义相对论（有虚时间坐标）的四维空间具备欧几里得度规。

被称为欧几里得的度规，和下述事情有关。三维连续统一体中这种度规的假设，完全等价于欧几里得几何的公理假设。度规的定义方程正是应用于坐标微分的毕达哥拉斯定理（勾股定理）。

狭义相对论中允许的（通过变换的）坐标变化是这样的，新坐标系中，量 ds^2（基础不变量）等于坐标微分的平方之和。这样的变换称为洛伦兹变换。

狭义相对论的启发性方法的特征，就是下述原理：当用洛伦兹变换改变坐标，方程的形式不变时（方程在洛伦兹变换下的协变性），这样的方程才被接受为自然规律的一个表达。

这个方法使我们发现以下的必然联系：动量和能量之间，电场力和磁场力之间，静电力和电动力之间，惯性质量和能量之间。因此，物理中独立概念和基本方程的数量就减少了。

这个方法超越了自身。表达自然规律的方程仅仅对洛伦兹变换有协变性，其他变换就不行，这一点是正确的吗？好吧，用这种方式提问真是没有意义，因为每个方程组都能用广义坐标表述。我们须问：自然规律的表述，是不是本来就不应该因为选取了一组特定的坐标系而得到实质性的简化？

我们只想顺便说下，惯性质量和引力质量等价的这条经验规律，提示我们对上面的问题给出肯定的回答。如果我们将为表达自然规律的所有坐标系的等效性提升到基本原理的高度，并保留光速不变原理，或者换句话说至少对于四维空间的无限小部分保留欧几里得度规的客观意义的假设，就得到广义相对论。

这意味着对于空间的有限区域，可以根据下面的公式，假定存在一个（有物理意义的）广义黎曼度规：

$$ds^2=\sum_{\mu\nu} g_{\mu\nu} dx_\mu dx_\nu,$$

其中，所有的脚标 $\mu\nu$ 组合都将从（1，1）到（4，4）取和。

与欧几里得空间结构相比，这样的空间结构在一个方面有根本不同。系数 $g_{\mu\nu}$ 暂时是坐标 x_1 到 x_4 的任意函数；实际上知道了这些函数 $g_{\mu\nu}$ 之后，才能真正确定空间结构。也可以说：这样的空间结构完全是未定的。通过详细说明度规场满足的规律，才能更加确定空间结构。在物理层面上讲，人们假设度规场同时也是引力场。

既然质量的分布决定和改变引力场，空间的几何结构也取决于物理因素。因此，根据这个理论，空间——正如黎曼猜想的——不再是绝对的；它的结构取决于物理的影响。（物理）几何学不再像欧几里得几何那样，是一门孤立的自足的科学了。

引力问题就这样被简化为数学问题：要找到最简单的基本方程，它们与任意坐标变换都是协变的。这是一个十分明确，至少能被解决的难题。

我在这里先不讲这项理论的实验验证，但马上会解释为什么该理论不能永远满足于这个成就。引力的确已经从空间结构演绎出来，但是除了引力场，还有电磁场。首先，电磁场必须作为独立于引力的实体被引入理论。基本场方程中必须增加一个考虑电磁场存在的数学项。但是，理论精神是无法忍受存在度规—引力结构和电磁结构这两种相互独立的空间结构的。这就促使我们相信，这两种场必定符合某种统一的空间结构。

约翰内斯·开普勒

爱因斯坦写了许多篇悼念文章，但绝大部分是针对同时代的人，只有哥白尼、开普勒、牛顿和麦克斯韦等少数几位是属于影响了物理学发展的历史人物。

本文是爱因斯坦在德国天文学家约翰内斯·开普勒逝世 300 周年纪念会上的讲话，1930 年 11 月 9 日发表于德国《法兰克福报》(*Frankfurter Zeitung*)。1953 年德文版《我的世界观》收录。

在这个焦虑不安、动荡不定的时代，很难在人性和世事中找到乐趣，这时来缅怀开普勒这样一位如此杰出而又低调的人，让人感到尤为欣慰。在开普勒生活的年代，自然过程是否存在普遍规律，人们还不是很确定。开普勒坚信自然规律一定存在，所以才能坚强地在没有人支持、很少人理解、全靠自己的情况下，为行星运动的经验研究和数学规律献出几十年艰苦耐心的工作！如果我们要恰如其分地纪念和评价他，就必须尽可能清楚地了解他面对的问题以及解决问题的各个阶段。

哥白尼让最聪慧的人认识到：理解天上行星视运动的最好方式，是设想太阳静止及行星绕太阳运动。假设行星绕太阳做匀速圆周运动，要算出从地球上看到的运动轨迹还是相对简单的。然而，由于实际要处理的现象比上述复杂得多，所以任务非常艰巨。首先，要从第谷·布拉赫[11]的观测资料中凭经验确定行星的运动。只有完成了这一步，才有可能进一步思考从而发现这些运动遵循的普遍规律。

确认绕太阳的实际运动是一件非常困难的事情，要理解这一点，就必须意识到：任何时刻人们从地球上看到的，都不是一颗行星的真实位置，而只是它的方向，而且地球本身正以某种未知的方式绕太阳运动。因此，这些困难似乎是不能被克服的。

要从这一团乱麻中理出头绪来，开普勒就必须发明一种方法。一开始，他意识到必须先试着弄清楚地球自身的运动。但是，假如仅仅存在太阳、地球和恒星而没有其他行星的话，这是根本不可能的。因为在那个情况下，人们唯一能凭经验确定的，就是日—地连线的方向在一年中的变化（也就是太阳相对恒星的视运动）。用这种方法也许能发现日—地连线的方向全部位于一个相对恒星静止的平面中，至少根据那个没有望远镜的年代获得的观测资料的准确性来看，确实如此。用这种方法还能确定日—地连线绕太阳旋转的方式。人们发现这一运动的角速度在一年中以一种规律的方式在变化。但这没有什么用处，因为还不知道地球和太阳之间的距离在一年中变化的情况。只有知道了这些变化，人们才能确定地球轨道的真实形状以及地球沿轨道运动的方式。

开普勒找到了一条摆脱困境的绝妙出路。首先，根据对太阳的观测得知，在一年中的不同时间里，太阳相对于恒星背景的视路径会有不同的速度，但是在天文年的同一时间，运动的角速度总是相同的，因此当日—地连线指向同一恒星区域时，连线的旋转速度总是相同的。这样看来，可以合理地假设地球轨道是闭合的，而且地球每年沿相同的轨道运动——这绝不是一个显而易见的先验事实。作为哥白尼体系的信徒，开普勒非常确信其他行星轨道肯定也是这样的。

这无疑简化了问题。但是，如何才能弄清楚地球轨道的真实形状呢？设想位于轨道平面某处有一盏明亮的灯M。假设我们知道这盏灯永远静止，那么它就成了能测量地球轨道的三角测量法中的一个定点，而且地球上的居民在一年中的任何时候都能看到它。假设灯M离太阳的距离比地球离太阳的更远。借助这样一盏灯，我们就能用下面的方法确定地球的轨道了。

每年都有一个时刻地球E恰好位于太阳S和灯M所在直线上。如果这时我们从地球E上看灯M，我们的视线将与直线SM（太阳—灯）重合。现在将M在天空中的位置标记出来。现在设想地球在另一个时间处于一个不同的位置上。既然能从地球上看到太阳S和灯M，那么三角形SEM中角E的角度就是已知的。通过对太阳的直接观测，我们也知道了SE相对恒星的方向，而且先前也确定了直线SM相对恒星的方向，这个方向不会再变。我们也知道三角形SEM中角S的大小。因此，在纸上任意画一条线SM，以此为基础，加上角E和角S的大小，我们就能做出三角形SEM。我们可以在一年中经常做这件事；每次我们应该在纸上得到一个地球的位置并注上日期，这个位置是相对永久固定基线SM的确切位置。这样，我们将从经验上确定地球的轨道，当然还谈不上轨道的绝对大小。

但是你们会问，开普勒到哪里去找他的这盏灯M？在这种情况下，是他的天才和大自然的仁慈让他找到了这盏灯。比如说，火星的存在；火星年——即火星绕太阳一周——的长度已为人们所知。而太阳、地球、火星几乎在一条直线的情况，在某一时刻是可能发生的。由于火星在闭合的轨道上运行，一个、两个以及若干个火星年之后，火星规律地重现在这个位置。因此，在这些已知的时刻，SM 永远是固定的底边，而地球总出现在轨道的不同点上。由于火星在这里起到了我们设想的灯的作用，太阳和火星在这些时刻的观测资料就提供了一种可以测定地球真实轨道的手段。所以，是开普勒发现了地球轨道的真实形状以及地球在轨道上运行的方式，后来的人们——包括欧洲人、德国人，甚至斯瓦比亚人[12]——理当为此敬仰他。

既然凭经验确定了地球的轨道，SE 连线任意时刻的真实位置和长度也知道了，那么对开普勒来说，根据观测资料计算出其余行星的轨道和运动也不是极其困难——至少从原理上说是这样。话虽如此，它依然是一项浩大的工程，尤其是考虑到当时的数学水平就更是这样。

现在来到了开普勒一生中第二项，也是同等艰巨的工作。虽然靠经验知道了轨道，其规律却只能从经验数据中猜出来。首先，他必须猜想轨道曲线的数学本质，然后用大量数据进行验证。如果不合适，就必须做另一个假设，再做验证。经过大量研究，开普勒找到了符合事实的猜想，即轨道是椭圆，太阳在椭圆的一个焦点上。开普勒还发现了公转速度变化的定律，内容是在相等时间内，太阳—行星的连线扫过相同的面积。其次，他还发现了行星绕太阳的公转周期的平方随椭圆长轴的立方而变化。

我们在赞赏这位了不起的人的同时，还带有另一种钦佩和崇敬的感情，不过其对象不是对人而是对我们身处的大自然的神秘和谐。古人已经设计出一些线，用来表达可以想到的最简单的法则。其中，除了直线和圆，最重要的就是椭圆和双曲线。我们看到了后两者具体体现在天体的轨道上——至少是非常接近的体现。

似乎看来，人类理性首先必须独立地构建形式，然后才能在事物中找到这些形式。从开普勒非凡的成就中，我们特别清楚地看到，仅凭经验，知识是不可能繁荣生长的，它只能来自理智的发明与观测事实的比较。

《约翰内斯·开普勒的生平与书信》序

本文是爱因斯坦为卡罗拉·鲍姆加登（Carola Baumgardt）编的《约翰内斯·开普勒的生平与书信》（*Johannes Kepler: Life and Letters, New York, Philosophical Library, 1951*）写的序。卡罗拉是大卫·鲍姆加登（1890—1963）的夫人。鲍姆加登是爱因斯坦在柏林大学的同事，哲学史专家。

本文译自1950年英文版《爱因斯坦晚年文集》。

从开普勒的信件中，我们发现自己面对着一位敏感的、为更深入洞察自然发展过程的特征而热情献身于探索活动的人——一位克服了来自内心深处以及外界环境的种种困难并最终实现了自己确定的崇高目标的人。开普勒终其一生都在解决一个双重问题。从直接观察的角度来看，太阳与行星以恒星背景为参照系，以一种复杂的方式变换着各自的视位置。换句话说，付出这样的辛苦所进行的一切观测与记录真正针对的并不是行星在空间中的运动情况，而是地球—行星方向在时间进程中经历的暂时变动。

哥白尼让一小部分领会到这一点的人相信，在上述过程中，太阳必须被视为处于静止状态，而包括地球在内的行星都在围绕太阳运转。与此同时，第一个重大困难也应运而生：如何以一个装备有立体观筒望远镜的观测者在最近的恒星上看到的情况为参照来确定行星的真实运动情况。这就是开普勒面临的第一个难题。第二个难题则包含于以下的疑问中：这些运动是遵照什么样的数学定律进行的？很显然，第二个难题（如果尚未超出人类思维极限的话）的解决必须以第一个难题的解决为基础。因为要验证一个用于解释某种过程的理论，必须首先弄清这个过程究竟是什么。

开普勒对第一个难题的解决完全来自富有灵感的想法，这一想法使得确定地球的真实轨道成为可能。为了推算出这个轨道，除太阳之外，还必须在行星空间确定第二个固定点。在第二个点找到后，就可以用它与太阳作为角度测量的参照点，地球的真实轨道也就可以通过在绘图与测绘中通常采用的三角方法加以确定。

然而，到何处去找第二个固定点呢？毕竟除太阳以外，任何可见物体的运动情况尚知之不详。对此，开普勒给出了如下回答：我们已经精确地掌握了火星的视运动，包括火星围绕太阳一周所需的时间（所谓的“火星年”）。在每个火星年年末，火星很可能都处于（行星）空间的同一点。如果我们在那一时刻到来时，不失时机地将注意力集中到这些点上，那么火星便代表了行星空间一个可以用于三角计算的固定点。

运用这一原理，开普勒首先确定了地球在行星空间的真实运动情况。因为地球自身在任何时刻都可以用来作为一个三角计算的点，他就能够从他的观测中确定其他行星的真实运动情况。

通过上述过程，开普勒构建起与其名字永远相连的三大基本定律的基础。在这一事实已成为过去的今天，没有人能够完全估计到，发现这些定律并对之进行精确的阐述需要多大的创造性，需要多少艰苦而不知疲倦的工作。

读者从这些信件中应该得知，开普勒是在怎样艰苦的条件下完成这项宏大的工作的，他并没有因为贫困或是缺乏那些有权决定他的生活与工作方式的同时代人的理解而停滞不前或垂头丧气。他所从事的学科能使这位以追求真理为己任的人立刻大祸临头。然而开普勒属于极少数不顾一切地在各个领域公开坚持自己信仰的人，同时他又不像伽利略那样热衷于个人论战。伽利略那灵感的锋芒至今仍受到见多识广的读者的喜爱。开普勒是一位虔诚的新教徒，但不讳言他并不赞成教会的所有决定。他因此被视为一个温和的异端分子，并受到了相应的对待。

这把我引导到开普勒不得不克服的内在困难中——这种困难我在前面已经暗示过。它们不像外在困难那样易于觉察。开普勒只有成功地将自己从所属的知识传统中极大程度地解脱出来，他毕生的事业才有可能获得成功。这些传统不仅仅指那些建立在教会权威基础上的宗教传统，而且包括对自然的一般观念、宇宙及人类社会中的行动界限，以及对科学领域里有关思维与经验的相对重要性的观念。

他必须使自己在研究中摆脱唯灵论的方法，这是一种追求神秘目的的思维模式。他首先必须认识到：即使是最明晰的、逻辑的数学理论也无法仅凭自身就保证准确无误，除非经受了自然科学领域最精确的观测的检验，否则就毫无意义。如果没有这一哲学态度，开普勒的工作将是不可能完成的。虽然他没有提及，但这种内心斗争却反映在他的信件中，读者注意了那些有关占星术的评论。它们表明，那个被征服的心魔已变得无害，但并未完全消亡。

牛顿力学及其对理论物理学发展的影响

本文是爱因斯坦为牛顿逝世200周年纪念日而写的文章，其英译本最初发表于曼彻斯特《卫报周刊》(*The Manchester guardian weekly*) 1927年第16期，234-235上，德文原文发表于德文期刊《自然科学》(*Naturwissenschaften*)第15卷。1953年德文版《我的世界观》收录。

就在200年前，牛顿闭上了双眼。此时此刻，我们怎能不缅怀这位杰出的天才，他决定了西方思想、研究、实践的道路，前无古人，后无来者。他不仅出色地创立了某些关键方法，而且对那个时代的经验材料有独特的理解，同时在数学和物理的具体证明方法上具有不可思议的创造力。因为这些原因，他应接受我们最深的敬意。然而，关于牛顿这个人物，有一点甚至比他的天才更重要，就是命运将他放置在人类智慧史的转折点上。为生动地看到这一点，我们必须认识到：牛顿之前不存在完备的物理因果关系的体系，能设法描绘经验世界的任何深层特征。

毫无疑问，伟大的古希腊唯物主义者坚信，所有物质事件都应归于严格规律的一系列原子运动，而不承认任何活物的意愿也是独立的原因。毫无疑问，笛卡儿以自己的方式重新研究了这个问题。但是，解决这个问题仍是个大胆的奢望，是一群哲学家不切实际的理想。人们相信存在完整的物理因果链条，但支持这种信仰的实际结果在牛顿之前几乎是不存在的。

牛顿的目的是回答：是否有一些简单的法则，一旦知道我们行星系统的天体在某一时刻的运动状态，就能完整地计算出这些天体的运动。从第谷·布拉赫的观测资料中推导出的开普勒的行星运动经验定律，需要牛顿给出解释。如今，每个人都知道要从这些用经验确定的轨道中发现这些规律，需要怎样惊人的工作量。但是很少有人停下来思考开普勒从地球上观测到的行星运动推测出实际轨道的绝妙方法。确实，这些定律给出了关于行星如何围绕太阳运动问题的完整答案：椭圆形轨道，行星与太阳的连线在相等时间内扫过的面积相等，长半轴和公转周期的关系。但是这些规则并未给出因果关系的解释。它们是三个逻辑独立的规则，没有揭示出内在的互相联系。第三定律不能简单定量地用到其他非太阳的中心天体上（比如，行星绕太阳的公转周期和卫星绕行星的周期之间是没有联系的）。然而最重要的一点是：这些定律涉及的是整体的运动，不是此刻的系统运动状态如何引起下一时刻的运动状态这一问题。按照我们现在的话说，这些定律是积分定律，而非微分定律。

微分定律是完全满足现代物理对因果关系要求的唯一形式。微分定律的清晰概念是牛顿最伟大的知识成就之一。人们不仅需要微分定律概念，还需要一种数学形式体系，这种体系当时还不完善，需要获得系统化的形式。牛顿也在微分和积分计算中发现了这样一种数学的形式体系。在这里，我们不考虑莱布尼茨是否独立于牛顿发现了同样的数学方法这一问题。不管怎样，由于牛顿只能借助数学方法来表达自己的思想，因此他绝对必须完善这些方法。

伽利略为求得运动定律做出了重要的开端。他发现了惯性定律和地球引力场中的自由落体定律，即一个物体（更确切地说，一个质点）在不受其他物质影响时沿直线做匀速运动。自由落体在引力场中的垂直速度随时间均匀增加。在我们今天看来，从伽利略的发现到牛顿运动定律可能不过是一小步。可是应该看到，上面伽利略的两种陈述都是把运动作为整体来阐述的，而牛顿运动定律回答了下面的问题：在外力作用下，质点的运动状态在无限短时间内是怎样变化的？只有思考无限短时间内发生的变化（微分定律），牛顿才得到能应用于任何运动的公式化表述。从已高度发展的静止状态的知识中，他借用了力的概念。他只能通过引入新的质量概念将力和加速度联系起来。奇怪的是，支撑这个概念的定义是虚构的。今天，我们已经习惯于形成与微商相应的概念，所以很难再理解：用双极限过程得到一般微分定律，过程中还要发明质量概念，需要一种怎样非凡的抽象力。

但是，人们还远没有获得运动的因果关系概念。因为只有在力已知的情况下，才能通过运动方程决定运动。牛顿无疑受到行星运动定律的启发，设想和某物体足够近的所有物体的位置，决定了作用在该物体上的力。直到建立了这种联系，人们才得到了一种完整的运动的因果关系概念。牛顿是如何从开普勒行星运动定律出发处理引力问题，发现使天体运动的力和重力二者的本质相同，已经是众所周知。

（运动定律）+（引力定律）

这两条定律的结合使思想的奇迹大厦得以诞生，使得在仅受引力影响的事件中，人们能根据体系某一特定时刻的状态，计算出它过去和未来的状态。牛顿概念系统的逻辑完备性在于，体系中物体加速度的唯一来源是这些物体自身。

以这里简要概述的基本原则为基础，牛顿成功地详尽解释了行星、卫星和彗星的运动，还有潮汐和地球岁差运动——一项辉煌无比的演绎成就。神圣天体运动的原因居然是我们每天生活中非常熟悉的重力，这一发现一定给人留下了特别深刻的印象。

但是牛顿成就的重要性，不只限于为实际的力学创造了一个可行的、逻辑完善的基础；直到19世纪末，它构成了理论物理领域中每一位工作者的纲领。所有物理事件都可以归结到那些服从牛顿运动定律的物体：只要对力学定律做推广，使它适应被考察事件的类型。牛顿试图将力学纲领应用于光学，假设光由惯性微粒构成。在牛顿运动定律被应用到质量连续分布的物体后，甚至连光波动理论都应用到了牛顿定律。牛顿运动方程是热运动理论的唯一基础，而热运动理论不仅为人们发现能量守恒定律做了思想准备，还给出了一个最后细节都被证实的气体理论，以及对热力学第二定律本质更深刻的认识。电学和磁学的发展沿着牛顿的道路（电和磁物质、超距作用）一直到现代。甚至法拉第和麦克斯韦带来的电动力学革命和光学革命，构成了理论物理学自牛顿以来第一个重大根本性的进步，也完全发生在牛顿思想的影响之下。麦克斯韦、玻尔兹曼和开尔文勋爵[13]一直试图将电磁场及其相互作用，归结于假设的质量连续分布体的力学作用。然而，结果却是不成功的，或者说不是任何明显的成功。因此，从19世纪末开始，我们的基本观念开始慢慢发生转变；理论物理学的发展超出了在近200年的时间里给科学提供指导思想和稳固性的牛顿框架。

从逻辑观点看，牛顿的基本原理非常令人满意，所以只有经验事实才会让人们想起要重新仔细审视之。在此之前，我必须强调，牛顿本人比追随他的一代代博学的科学家更加清楚他的思想大厦中内在的缺点。这个事实总是能唤起我深深的敬意，因此，我应该花一点儿时间描述一下。

1. 我们处处都能看到，牛顿非常努力地将他的体系表达成是由经验必然决定的，并尽可能少地引入与经验事物没有直接联系的概念；尽管这样，他还是建立了绝对空间和绝对时间的概念。近来，人们因此经常批评牛顿。但牛顿却特别坚持这一点。他已经认识到，可观测几何量（质点间距离）和它们在时间中的进程并没有在物理方面完备地描述运动。在著名的旋转水桶实验中，他证实了这一点。因此，除了质量和随时间变化的距离外，一定还有其他决定运动的因素。牛顿认为，“东西”和“绝对空间”相关。他意识到，如果他的运动定律要有意义，那空间必须具有一种物理实体属性，就像质点及其距离的实体属性一样。

清楚地认识这一点既显示出牛顿的智慧，也暴露了他理论的弱点。如果没有“绝对空间”这个虚无的概念，牛顿理论的逻辑结构毫无疑问会更令人满意；在那种情况下，只有同感觉的关系完全清楚的事物（质点、距离）才会进入定律中。

2. 为描述引力效应而引入的超距作用力，具有直接的、瞬时的作用特点，但它却与我们日常生活中熟悉的大多数过程不符。面对这个矛盾，牛顿指出他的引力相互作用定律不是最终解释，而是经验归纳出的一条规则。

3. 牛顿的理论没有为以下值得高度关注的事实提供解释：物体的重量和惯性被同一个量（它的质量）所决定。牛顿自己也觉得这件事很奇特。

这三个缺点中没有一点对牛顿理论构成逻辑上的异议。在某种意义上，它们仅仅表示科学思想在努力形成对自然现象完整统一的概念性把握时，未能得到满足的心愿。

被看作整个理论物理纲领的牛顿运动理论，受到的第一次打击来自麦克斯韦电理论。人们清楚地意识到，物体间的电磁相互作用不是瞬时的超距作用，而是空间中以有限速度传播的过程。根据法拉第的概念，除了质点及其运动外，还出现了一种新的物理实体，即“场”。一开始人们坚持力学观点，尝试将场解释为一种充满空间的假想介质（以太）的力学状态（运动或压力的状态）。可当这个解释经过最顽强的努力仍无法成立时，人们就逐渐习惯于把“电磁场”看作物理实体中不可简化的基本要素了。我们要感谢 H. 赫兹，因为他使场的概念摆脱了从力学概念库中衍生的所有麻烦；我们还要感谢 H. A. 洛伦兹，因为他使场的概念摆脱了物质基础；根据洛伦兹，唯一留下作为场的基础的东西就是物理真空（或者以太），而即使是在牛顿力学中，真空也不是一点儿物理作用也没有。认识到这一点后，人们就不再相信直接瞬时的超距作用，甚至在引力范围内也是，尽管由于缺少充分的实际知识，引力场理论还没有被清楚地表示出来。电磁场理论的发展——一旦放弃了牛顿超距作用的假设——也导致人们尝试用电磁的方法去解释牛顿运动定律，或是用基于场论更加精确的理论来替代它。虽然这些努力没有获得完全成功，但力学的基本概念已经不再被看作物理宇宙中的基本组成了。

麦克斯韦和洛伦兹的理论必将导致狭义相对论，因为相对论抛弃绝对同时性，拒绝超距作用存在。狭义相对论认为，质量不是常量，而是依赖于（实际上等价于）所含能量。它也表明，牛顿运动定律只能被认为是适于低速物体的极限定律；相对论代替牛顿定律的位置建立起新的运动定律，其中真空中的光速是极限速度。

在场论纲领发展中，广义相对论构成了最后一步。在量上，广义相对论只是稍微修改了牛顿理论；在质上，却有非常深刻的改变。惯性、引力以及物体和时钟的度量行为被还原成一种单一的场的性质；这个场本身又被假设是依赖于物体的（牛顿引力定律的推广，或按照泊松表述相应的场定律的推广）。因此，空间和时间被剥夺的不是它们的实在性，而是它们因果关系的绝对性——即影响其他却不受其他影响——牛顿为了用公式表示当时已知规律，不得已赋予空间和时间这种绝对性。广义惯性定律取代了牛顿运动定律的作用。这个简短的叙述足以展示牛顿理论中的元素过渡到广义相对论的过程，同时也克服了上述三个缺点。虽然看起来，在广义相对论框架中，运动定律可以从牛顿力学定律相应的场规律推导出来，但只有当完全实现这一目标时，人们才有可能讨论纯粹的场论。

在一种较为形式的意义上，也可以说牛顿力学为场论搭建了道路。将牛顿力学应用于质量连续分布的物体上，必然导致偏微分方程的发明和应用，而这些方程又首先为场论定律提供了语言工具。在形式方面，牛顿微分定律概念构成了接下来发展中决定性的第一步。

迄今为止，我们所关注的关于自然过程观念的整个演变，可以看作牛顿思想的一种系统发展。但是，正当完善场论的进程还在全面开展之时，热辐射、光谱、放射性等事实却揭示出整个概念体系在应用上的局限性。尽管该体系在很多情况下获得了巨大成功，但今天在我们看来，突破这些局限事实上还做不到。许多物理学家主张——并得到有力证据支持——在这些事实面前，不仅是微分定律，连同因果律本身（迄今一切自然科学的最根本的基本假定）也失效了。甚至连构建一个能够明确描述物理事件的时间—空间结构的可能性都不存在。一个力学体系只能有离散的稳定能量值或稳定状态——就像经验几乎直接表明的那样——这件事乍一看是几乎不可能从一个用微分方程的场论中推导出来的。但是，德布罗意—薛定谔的方法虽然在某种意义上具有一个场理论的特征，可确实推出了只有离散状态的存在，与经验事实惊人一致。这种方法之所以做到这一点，是因为它在微分方程的基础上应用到了一种共振条件，但是不得不放弃精确的粒子位置和严格的因果律。今天谁愿意擅自决断这个问题，也就是说，是不是一定要抛弃因果律和微分定理这两个牛顿自然观的根本前提？

麦克斯韦对物理实在概念发展的影响

麦克斯韦是介于牛顿和爱因斯坦之间最伟大的物理学家。当爱因斯坦被问道，他的成就是否站在牛顿这位巨人的肩上时，他说道："不，不，是站在麦克斯韦的肩上"。可见他对麦克斯韦评价之高。本文写于麦克斯韦100周年诞辰纪念日，收录于《克拉克·麦克斯韦纪念文集》(*James Clerk Maxwell:A Commemoration Volume*)，剑桥大学出版社，1931年。1953年德文版《我的世界观》收录。

相信有一个独立于可感知主体的外部世界是所有自然科学的基础。然而，因为感性知觉只能间接地给出外部世界或"物理实在"的信息，我们便只能用猜想的方式把握"物理实在"。由此可见，我们对物理实在的观念永远不可能是最终确定的。为了以逻辑上最完美的方式适当处理已知事实，我们必须时刻准备好改变这些观念，也就是说，物理的公理基础。事实上，从物理学的演变来看，随着时间的推移，这个公理基础已经发生了深刻的变化。

自从牛顿奠定了理论物理学的基础之后，物理学的公理基础——换句话说，我们关于实在结构概念的基础——最伟大的变化，来自法拉第和麦克斯韦在电磁现象方面的工作。下面，我们将通过研究过去和现在的发展来更加清晰地阐明这一点。

根据牛顿体系，描绘物理实在的概念有：空间、时间、质点和力（质点相互作用）。在牛顿看来，物理事件是空间中由确定规律支配的质点的运动。当处理实在中发生的变化时，质点就是我们描述实在仅有的模型，只要现实能够变化，质点就是唯一的现实代表。质点概念的来源显然是可见的物体；质点被想象成一个能移动的物体，但是被剥去了其大小、形式、空间方向和全部“内在”特性，仅留下惯性和平移，还增加了力的概念。物体曾引导我们在心理上形成“质点”概念，现在它们本身必须被理解为一个由许多质点组成的重要的质点系。应该指出，这种理论体系基本上是原子论的和机械论的。一切事件都以纯粹机械的方式解释，也就是说，像按照牛顿运动定律的质点运动一样简单。

这一体系最令人不满意的一面（除了最近再次被提及的“绝对空间”概念包含的困难）在于它对光的描述。依照其体系，牛顿也设想光是由质点构成的。既然如此，当光被吸收时，构成光的质点会变成什么？即使在牛顿时代，这个问题也是亟待解决的。此外，人们必须在讨论中假定两种完全不同的质点，分别表达重量和光，这无论如何也不能令人满意。后来又加上第三种质点——电微粒，同样具有完全不同的性质。进一步讲，不得不用完全主观的方式去假设能决定物理过程的相互作用力，这是一个根本缺陷。尽管如此，这一实在的概念还是有很多用处，可人们为什么要被迫放弃它呢？

为了使自己的体系完全数学形式化，牛顿不得不发明微商的概念，提出全微分方程形式的运动定律——这也许是有史以来，个人单枪匹马有幸做出的最伟大的思想进步。为达到这个目的，偏微分方程并非必要，牛顿也没有系统地使用过它们。但是变形体力学公式化需要偏微分方程，这与下列事实有关：在这些问题中，质点如何构成物体这一问题，一开始并不重要。

因此，偏微分方程以女仆身份进入理论物理学，逐渐成为女主人。这始于19世纪，那时在观测事实的压力下建立了光的波动理论。空的空间中的光被解释为一种以太的振动。当然，在那个时代，将以太视为某种质点的聚集物看来是有点儿随便。这里，偏微分方程第一次作为物理学基本实在的自然表述出现。在理论物理学的一个特定部门中，连续场因此作为物理实在的描述和质点一起出现。甚至到今天，这种二元论还存在，虽然它肯定让每个追求和谐秩序的思想者感到不安。

即使物理实在的观念不再是纯粹原子论的，那时它仍然是纯粹机械论的；人们仍试图用惯性物体的运动解释所有事件；看起来实在是想不到别的看待事物的方式了。然后，伟大的变革来临了，它将永远和法拉第、麦克斯韦以及赫兹的名字联系在一起。这场变革的最大贡献者是麦克斯韦。他证明，当时有关光和电磁现象的全部知识都可以用他著名的微分方程组表示，其中电场和磁场作为因变量出现。麦克斯韦试图用力学模型的知识结构去解释或证明这些方程。

但是他同时使用了几种这样的结构，却都没有真正重视它们，以至于本质的东西看起来只有方程本身，场强是根本实在，无法再归结为其他东西。到了世纪之交，电磁场概念作为一种根本实体被广泛接受了，严肃的思想家已经认为用机械论来解释麦克斯韦方程，既不需要也无可能。不久之后，实际上他们反而在麦克斯韦理论的帮助下，沿场论方向尝试解释质点及其惯性，然而现在也没有完全成功。

不考虑麦克斯韦一生在物理学的不同重要领域中做出的重要个人成果，只关注他在关于物理实在的本质概念中引发的变革，我们可以说：在麦克斯韦之前，人们设想物理实在——就它应该代表自然中的事件来说——是质点，其变化仅仅由服从全微分方程的运动构成。在麦克斯韦之后，人们则设想物理实在是连续场描述的，连续场服从偏微分方程，不是机械论能解释的。实在概念的这一变革，是物理学自牛顿以来最具深远意义和富有成效的变革；但同时必须承认，这个程序绝没有完工。物理学中后来发展出的成功体系，只不过代表了这两种体系之间的妥协，因此都具有暂时的、逻辑不完备的特征，哪怕它们在某些细节上可能已经取得了很大进步。

这些成功体系中第一个要提的是洛伦兹电子理论，其中场和电微粒作为理解实在的等价要素一起出现。接下来是狭义相对论和广义相对论，它们尽管完全基于与场理论相关的观念，迄今仍不能避免独立引入质点和全微分方程。

理论物理学中最近最成功的创造，即量子力学，根本上不同于两个体系——为简洁起见，我们称它们为牛顿体系和麦克斯韦体系。因为量子力学定律中出现的量不试图描述物理实在本身，而仅仅是一种被考察的物理实在发生的概率。依我看，量子力学逻辑上最完美的阐述应归功于狄拉克，他正确地指出，举例来说，很难给出一个光子的理论性描述，能给出足够信息来判定它是否通过了（倾斜地）放置在它路径上的偏振器。

哪怕量子力学最终能以令人满意的方式符合广义相对论的假定，我仍倾向于认为：物理学家不会长期满足于这类对实在的间接描述。我确信，到那时我们必须重新尝试继续可以恰如其分地以麦克斯韦冠名的程序，即满足偏微分方程组而不带有奇点的场，来描述物理实在。

弗莱特纳船

德国工程师安东·弗莱特纳（Anton Flettner, 1885—1962）是1915年完工的远航蒸汽船（转子船）的发明者。他曾任阿姆斯特丹空气（流体）动力学研究所（Instituut voor Aeroen Hydro-Dynamiek）所长。尽管他发明的转子船于1925年2月初才完成从但泽（Danzig）到苏格兰的首次航行，但之前已引起新闻界的广泛关注。爱因斯坦在1925年的南美之行时，拜访了阿根廷首都布宜诺斯艾利斯《新闻报》（*La Prensa*）的出版者，受邀就此发表了意见。这篇文章应该是在他访问布宜诺斯艾利斯期间（1925年3月30日至4月13日）写成的。

文中提到的普朗特（Ludwig Prandtl，1875—1953）为德国力学家。近代力学奠基人之一。曾担任德国哥廷根大学应用力学系系任。他培养了众多卓有成就的力学家，如冯·卡门。其关门弟子为陆士嘉。冯·卡门是钱学森的导师。

爱因斯坦的这篇文章收录于1934年德文版《我的世界观》，但1954年英文版《观念与见解》中没有收录。爱因斯坦档案编号：[1-049]。

科学和技术发明的历史告诉我们，人类缺乏独立思考和创造性想象的能力。对某个特定的想法，哪怕其外在的和科学的前提条件已经存在很久了，它的形成通常也需要一个外部的激励；可以这么说，事情到了眼前，人才会产生这个想法。这个让人不那么舒服的真理，早已为人所知。当前震惊世界的弗莱特纳船就是一个很好的例子。它特别有意思的地方是，即使它应用的是纯粹的机械效应，人人都觉得自己凭直觉就可以掌握它们，但是对外行人来说，弗莱特纳转子运转的方式依旧是个谜。

弗莱特纳的发明的科学理论基础已经有 200 年历史。自从欧拉[14]和伯努利[15]提出关于无黏滞流体运动的基本运动定律，它就存在了。然而要实现该发明，却只是在最近几十年有了小型实用发动机之后，才成为可能。就算是这样，这项发明也不是自发产生的。它的产生，经历了若干偶然性的事件。

就其运作方式来说，弗莱特纳船类似帆船，这表现在帆船前进的唯一推动力也是风能。与直接吹动船帆不同，在弗莱特纳船上风力是作用在垂直薄金属板圆柱体上。这些圆柱体由小发动机持续推转，只需要克服周围空气和转动装置的阻力。如前面所说，弗莱特纳船只靠风来推动。这些旋转的圆柱体看起来和蒸汽船的烟囱一样，但要高上几倍，粗上几倍。与同等效用的帆船相比，弗莱特纳船的圆柱体的受风横截面积要小上十倍。

——“但是，用这些旋转的圆柱体到底怎么产生前进动力呢？”失望的门外汉会问。我将尽可能试着不用数学语言回答这个问题。

在忽略摩擦影响的条件下，下述著名定律适用于所有流体（液态和气态）的运动。假定一个稳定的流体，在不同位置有不同的速度，那么在速度较大的地方压力较小，反之亦然。从简单的运动定律，就能知道这一点。举例来说，如果某流体从左至右的运动越来越快，那么其中每个流体粒子沿着它从左至右的方向肯定经历了加速。

要产生这个加速度，粒子必然受到一个向右的力。这就要求左侧压力大于右侧压力。因此，我们得出以下规律：如果右侧速度大于左侧，（那么）流体左侧压力大于右侧压力。

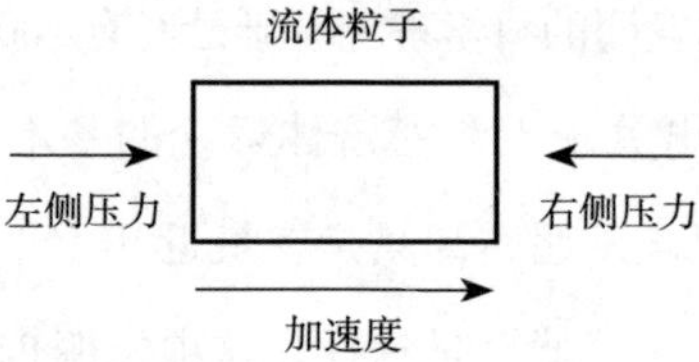

图 5-1

显然，一旦知道流体中速度的分布，利用压强对速度的这一（逆）依赖定律，就可以算出液体（或气体）运动所产生的压力大小。接下来，我想用一个大家都知道的简单的例子——喷雾香水——来说明应该如何应用该定律。

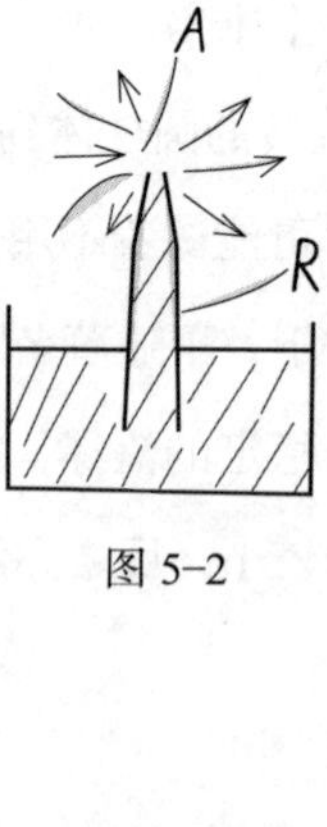

图 5-2

借助于可压缩的橡皮球，空气被迫以高速通过开口A点——A点在一个稍微变宽的管的外部。接着气流向每个方向稳定扩张，流速逐渐减小到零。根据我们的定律，很明显，由于速度更高，A点压强小于离开口更远处；与远处静止空气相比，在A点形成一个低压区。如果两端开口的管R这样放置：上端开口在高速区，下端开口在充满液体的容器里，那么A点处的低压会将液体从容器中吸出来。液体从A点出来后，被气流吹散开变成小液滴，随风流动。

在这个准备说明之后，让我们看看在弗莱特纳圆柱体周围流体运动的情况。Z是圆柱体的俯视图。假定它起初是静止的。

风按箭头所指方向吹，必须设法从圆柱体Z周围绕过，流过A、B点的速度是相等的。所以，A、B两点的压强相同，没有风力差作用在圆柱体上。然而现在让这个圆柱体按箭头P的方向旋转，那么经过它的气流会在其两侧形成不均匀的分布。B处风的运动获得圆柱体旋转运动的帮助，在A处则是阻碍。在旋转的影响下，气流运动在B点速度大于A点，导致A点压强大于B点，进而使圆柱体受到从左至右的力，也就是轮船的推力。

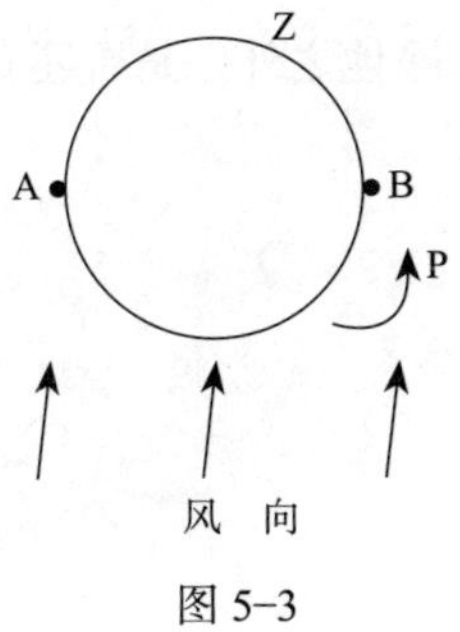

图 5-3

有人可能认为，某个富有创造力的头脑本能够直接想出这个主意，就是说，不需要任何外部动机。然而，事实上，事情的发展却是这样的。人们注意到：当发射炮弹时，即使在无风期间，炮弹也以无规则的、交替性的方式，从两侧显著偏离垂直轨道平面，偏离最初的轨道方向。由于对称性的原因，这个奇怪的效应必定是与球的旋转有关，因为关于空气阻力的横向不对称性的任何其他解释显然不可想象。该现象让许多专家费尽心思，其正确的解释最后由柏林的物理教授马格努斯[16]于19世纪中叶左右发现。它和我刚刚给出的作用在弗莱特纳圆柱体上的风力的解释是相同的，区别只是其中没有圆柱体Z，取而代之的是一个绕其垂直轴旋转的球；也没有风，取而代之的是空气相对于飞行炮弹的运动。马格努斯正是通过与弗莱特纳圆柱体类似的一个旋转圆柱体做实验，证实了自己的解释。[17]一段时间之后，伟大的英国物理学家瑞利爵士[18]用网球再次独立发现了同样的现象，也同样给出了正确的解释。最近，著名的教授普兰特对马格努斯圆柱体的流体运动进行了精确的实验和理论研究。他构思并实施的研究过程，几乎相当于弗莱特纳实施的整个设计。弗莱特纳看到了普兰特的实验，第一个想到这种装置可以用来代替船帆。谁知道，除他之外，是否还有其他人想到这一点？

河道蜿蜒的成因及贝尔定律

卡尔·恩斯特·冯·贝尔（Karl Ernst von Baer，1792—1876），爱沙尼亚动物学家和地理学家，被认为是动物科学发展史的奠基者。1860年，他在圣彼得堡发表了《论河床成型的一般规律》（*Über ein allgemeines Gesetz in der Gestaltung der Flußbetten*）一文，探讨了地球自转的偏转力对河床形成的影响。这就是以他名字命名的所谓的“贝尔定律”。

本文是爱因斯坦1926年1月7日在普鲁士科学院就贝尔定律所做的报告，发表于德文期刊《自然科学》（Vol. 14, 1926）。原标题为 *Die Ursache der Mäanderbildung der Flußläufe und des Baerschen Gesetzes*，字面意义为“曲流河形成的原因及贝尔定律”。

众所周知，溪流总是蜿蜒向前，而不是沿坡度最大的直线流动。地理学家也很清楚，北半球河流主要侵蚀右岸，而南半球河流的表现则相反（贝尔定律）。人们已经做过许多尝试去解释这个现象，所以我不确定自己在这篇文章中提出的解释对专家来说是否有新意；我的一些思考肯定是已知的。然而，因为没有发现有谁彻底通晓其中的因果关系，所以我想可以在这里对其做一个简短的定性阐述。

首先必须清楚，冲击河岸的水流速度越大，或者说在岸边某处水流停止得越突然，侵蚀力就越强。不论是机械因素还是物理化学因素（土壤成分的分解）造成的侵蚀，这一规律在所有情况下都成立。所以，我们应当关注影响河壁处水速梯度的因素。

两种情况下，速度下降的不对称性，都是一种循环运动间接造成的。我们接下来就看看这种循环运动。

作为开始，我要讲一个大家都能轻易重复的小实验。想象一个装满茶水的平底杯。因为茶叶比同体积的杯中液体更重，所以沉淀在底部。如果用勺搅拌茶水使之旋转，那茶叶将会很快聚集在茶杯底部中心。这个现象的解释如下：液体的旋转产生离心力，作用在液体上。如果液体像固体那样旋转，那么离心力本身不会引起液体流动的改变。但是，杯壁附近的液体会受到摩擦力的阻碍，因此其旋转角速度要小于更靠近中心的液体。尤其是杯底附近液体的角速度和离心力，都比其上方的液体小。结果将产生一种液体的环形运动，如图 5-4 所示；这种运动会持续增强，直到它在杯壁和杯底的摩擦力影响下趋于稳定。茶叶被这种环流扫到杯底中间，就是这种环流存在的证据。

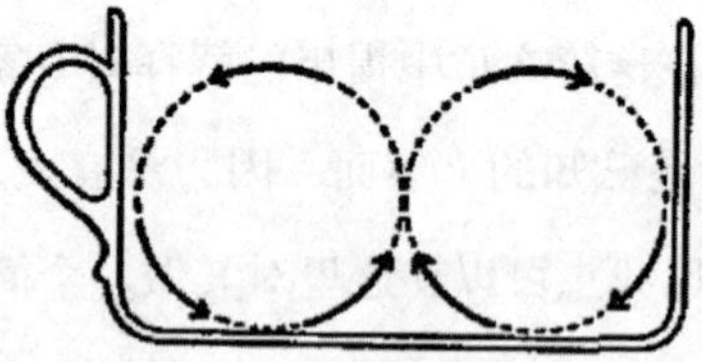

图 5-4

类似的事情还发生在弯曲的河流上（图 5–5）。在河道每个转弯处的横截面上，都受到离心力作用，方向指向弯道外侧（从 A 到 B）。由于受底部摩擦力，水速变小，所以底部附近的离心力小于其上方的离心力。这将引起如图所示的那种环形运动。即使河流没有转弯，地球自转也会产生图 5–5 所示的微弱环流。这是因为地球自转产生科里奥利力，作用在垂直河流的方向，使得单位质量液体上受到的向右水平分力大小为 $2v\Omega\sin\varphi$，其中 v 是河流速度，Ω 是地球自转速度，φ 是地理纬度。因为趋近底部时，河底摩擦力使科里奥利力减弱 [19]，所以也引起图 5–5 所示的环流。

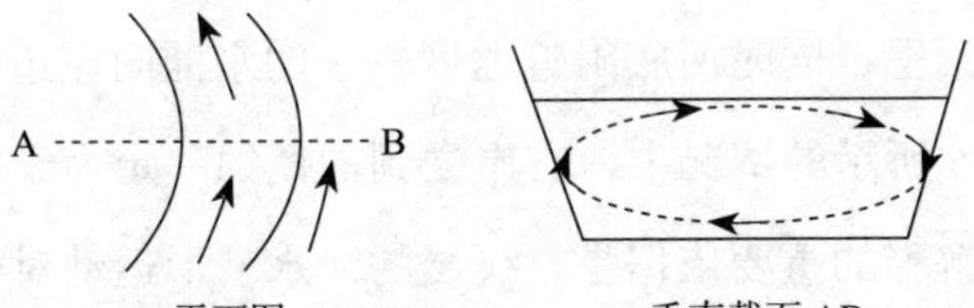

图 5–5

初步的讨论之后，我们回到河流横截面上速度分布 [20] 的问题，这是侵蚀的关键因素。为此，我们必须先认识（湍流的）速度分布是怎样形成并稳定下来的。假设原先静止的水忽然受到均匀加速力开始运动，那么横截面速度的分布起初也是均匀的。在河壁摩擦力作用下，一段时间后，速度分布才能自发地形成从河壁向横截面中心逐渐增强的模式。要对已经形成的横截面速度的（大体上）稳定分布产生干扰，也只有在液体摩擦力作用下逐渐发展深入。

流体动力学所描绘的速度稳定分布的形成过程如下：某平面

（势）流中，全部涡旋线集中在河壁上。它们自发地离开壁面，向河流横截面中心缓慢移动，分布在一个越来越厚的液体层中，因此河壁处流速梯度逐渐减小。在液体内摩擦力的作用下，横截面内部的涡旋线被逐渐吸收，但河壁上新形成的涡旋线会取代它们的位置，最后形成准稳态的速度分布。对于我们来说很重要的是，实现稳定的速度分布是一个缓慢的过程。所以，即使相对不重要的作用力，只要能持续起作用，就会对横截面速度分布产生很大影响。现在让我们考虑由于河水转弯或科里奥利力产生的环流（如图 5–5 所示），对河流横截面速度分布会产生什么样的影响。运动最快的液体粒子离河壁最远，它们处于河底中心上方。环流将这些流速最大的河水推向右边的河壁，同时河底附近速度较小的水涌向左边的河壁。因此，在图 5–5 所示的情况中，右岸受到的侵蚀一定大于左岸。应该注意，这个解释的重要依据是，缓慢的河水环形运动对速度分布产生了可观影响，因为能抵消这种循环运动影响的内摩擦力对速度的调整作用也是一个缓慢的过程。

这样我们就说明了曲流的成因。此外，从这些事实中，我们不难推出其他一些细节。广泛的侵蚀作用，不仅是对右边的河壁，还有河底的右半部，因此将可能呈现出图 5–6 描绘的剖面。

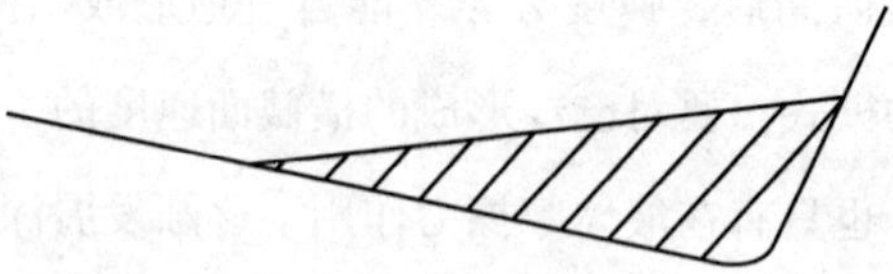

图 5–6

还有，表面的水来自左边河壁附近，因此，特别是在左边，它会比稍下方的水流动慢一些[21]。这点已经被实际观察到了。我们还注意到，这个环流具有惯性。所以，它在河流最弯曲处之后才达到最大，侵蚀的不对称性当然也是如此。因此在侵蚀过程中，曲流形成的波形线一定会沿河流方向增长。最后，河的横截面越大，摩擦力对环流的损耗吸收就越慢；所以，曲流形成的波形线将随着河流横截面增大而增长。

论科学家的道德责任

爱因斯坦的这篇文章是寄给1950年10月在意大利卢卡（Lucca）举行的“意大利科学促进会”（Società Italiana per il Progresse de la Scienze）第42届年会的，发表在联合国教科文组织的期刊《科学和技术的影响》（*Impact of Science and Technology*）1950年秋季号上。1953年德文版《我的世界观》中没有收录第一段以及第二段开头的话。

此文在1953年德文版《我的世界观》中的标题为“论科学从业者遭受的羞辱”（Zur Erniedrigung des wissenschaftlichen Menschen），现按1979年德文版《爱因斯坦晚年文集》中的标题Über die moralische Pflicht der Wissenschaftler加以改动。

首先请允许我诚挚地感谢你们邀请我参加“意大利科学促进会”的会议。如果健康状况允许，我会很乐意接受邀请。但是在现在的情况下，我只能远隔重洋从家里写一封简短的贺信。我这样做，并非幻想自己有多少真知灼见，能增强你们的洞察力和理解力。但是，生活在一个外在和内在如此严重的不安全时期，又如此缺乏明确的目标，单是承认我们的信念也都是有意义的，即使这些信念像所有价值判断一样，不能通过合理的推论来证明。

马上就会产生这样一个问题：[22] 我们是否应该考虑将寻求

真理——或者谦虚地说，通过构造性的逻辑思维来理解可知的宇宙——作为我们工作的一个独立目标。或者，我们是否应该让追求真理服从于其他一些目的，比如说“实际的”考虑。这个问题不能根据逻辑来做决定。但是，如果这个决定是由不可动摇的信念产生的，它将会对我们的思想和道德判断产生相当大的影响。所以我承认：对我自己来说，对知识的追求是那些独立的目标之一，如果没有这些目标，一个有思想的人就不可能有一种自觉的、积极的生活态度。

我们为获得洞察力所做出的努力，其本质就在于：一方面，试图涵盖经验的多样性；另一方面，寻求基本假设的简单和经济性。鉴于我们的研究仍处于原始状态，相信这两个目标可以并存就是一个信仰问题。如果没有这样的信仰，我就不可能对知识的独立价值有如此强大和不可动摇的信念。

从事科学研究的人[23]这种对待真理的所谓宗教态度，会影响到他们的整个人格。除了累积的经验和逻辑思维规则所提供的知识以外，对于科学家来说，原则上不存在任何权威可以把自己的决定和言论宣布为“真理”。这就导致了一个矛盾的情况：一个全身心投入客观事物中的人，从社会的角度来看，会发展成一个极端的个人主义者，至少在原则上，这种人除了自己的判断外，其他什么都不信。因此可以断言，智力活动中的个人主义与对科学的追求在历史上是同时出现的，到现在仍密不可分。

有人可能会认为，这里描绘的“从事科学的人”只不过是一种单纯的抽象，并未真正地存在于这个世界上，就像古典经济学中的

“经济人”那样。但是，在我看来，要是在许多个世纪里没有许多这样“从事科学的人”，那么，我们今天的科学就不可能出现，也不可能保持活力。

当然，并不是每个学过使用那些直接或间接地看起来像是“科学的”工具和方法的人，在我心目中都能算得上是科学家。当我谈到“从事科学的人”时，我只是指那些真正具有科学心态的人。

那么，今天“从事科学的人”作为社会成员的立场又是如何呢？显然，使他感到自豪的事实是，他们的工作几乎完全消除了体力劳动，从根本上改变了人的经济生活。但让他感到沮丧的是，他的科学研究成果已经落入到了无视道义地行使政治权力的人手中，对人类造成了威胁。他意识到，以自己工作为基础的技术方法已经导致经济和政治权力集中在少数人手中，这些少数人完全主宰了越来越无组织的人民群众的生活。但更糟糕的是，经济和政治权力的集中不仅使得科学人在外在物质方面依赖于人，也威胁到他内在精神的独立；几个时代内，它通过各种精神的和情绪的狡诈手段，阻止（从事科学研究的）后继者们独立人格的发展。

因此，正如我们亲眼所见，从事科学的人遭受了一场真正悲惨的命运。当他通过纯粹的超乎常人的努力，为了获得清晰性和内在的独立性，没想到却制造出了不仅从物质上使他成为奴隶，而且从内心摧毁他的工具。他逃不出手握政治权力的人让他保持缄默的命运。作为一名士兵，他被迫牺牲自己的生命，并摧毁他人的生命，即使他相信这种牺牲是荒诞不经的。他充分意识到，由于历史发展导致所有经济、政治和军事权力集中在民族国家手中，大范围的破坏是不可避免的。他还意识到，只有建立起一个以法律为基础的超国家制度，取代赤裸裸的暴力手段，人类才能得救。然而，他却节节败退，竟然接受了国家对他施加的奴役，认为这是他不可避免的命运。他甚至不惜贬低自己，乖乖地献出自己的才智，去帮助完善那些全面毁灭人类的工具。

从事科学的人真的没有办法逃脱这种命运吗？他真的应该容忍所有这些屈辱吗？那个他以内在自由、思考与研究的独立，从而提升和丰富人类生活的时代真的一去不复返了吗？在一场纯粹的智力追求过程中，难道他没有忘记自己的责任和尊严？我的回答是：虽然一个内心自由而有良知的人确实可能会被摧毁，但绝不会甘受奴役，或作为盲目的工具。

如果我们这个时代从事科学的人能够找到时间和勇气去认真和批判性地思考自己的处境和面临的任务，并采取相应的行动，那么为目前这个危机四伏的国际形势找到合理和满意的解决方案的可能性就会大大增加。

关于理论物理学的基础的思考

这是爱因斯坦 1940 年 5 月 15 日在第八次美国科学大会（The eighth American scientific congress）上的发言。发表于《科学》（*Science*）第 91 卷，2369 期，华盛顿特区，1940 年 5 月 24 日。此文的原标题为 Considerations concerning the fundaments of theoretical physics；1954 年英文版《观念与见解》收录此文时，将标题简化为 The fundaments of theoretical physics；本文据后者译出。

科学是这样一种努力，它把我们纷繁芜杂的感觉经验与一种逻辑上连贯一致的思想体系对应起来。在这个体系中，单个的经验与理论结构必须以如下方式联系：必须使所得到的对应结果是单一的，并且是令人信服的。

感觉经验是当下的主观感受，但用来解释感觉经验的理论却是人造的。而这个理论又是不辞劳苦地适应过程的结果：假设性的、永不完满的结论，更有常遇到的困难和怀疑。

形成概念的科学方式有别于我们日常生活中形成概念的方式，这种区别并非是本质上的，而是在概念和结论上有更为精确的定义，需要对实验材料进行更费力、更系统的选择，亦需要更大的逻辑上的经济（简单性）。最后这一点，我们是指这样一种努力，它要把一切概念和相互关系都归结为在尽可能少的逻辑上独立的基本概念和公理。

我们这里所涉及的物理学，包括各种在测量基础上建立其概念的自然科学。这些概念和命题使得它们自己能用数学方式加以阐释。相应地，它的领域就被定义为我们的全部知识中那些能用数学方式加以描述的部分。随着科学的进步，物理学的领域是如此庞大，以至于看起来它只受这种方法自身局限的限制。

物理学的研究大部分集中于物理学不同分支的发展。每一分支学科的目的是对或多或少有一定局限的经验做出理论上的理解。并且每一分支学科中的定律和概念尽可能地与经验相联系。正是这样一门科学，因其不断地专业化，已使最近几个世纪的实际生活发生了革命，并且使人类最终有可能从沉重的体力劳动的苦役中解脱出来。

但在另一方面，从一开始，人们就试图找到各个单个学科的一个共用的理论基础，它包含最少的概念和基本关系，并且从它那里，可以通过逻辑过程导出各个分支学科的所有概念和关系。这就是我们之所以要通过研究找出物理学的基础的本意所在。认为这个终极目标是可以实现的，这一忠诚的信念是研究者充满生气的热情奉献的主要源泉。正是在这种意义上，下面专门讨论物理学的基础。

根据上文所说，我们可以清楚地看到：这里的基础这个词，并不意味着与建筑物的基础在所有方面有类似之处。当然，从逻辑上看，物理学的各个单个的定律皆建立在这种基础之上。然而，一个建筑物可以被暴风雨或洪水严重毁坏，而其根基完好无损；但在科学方面，逻辑基础经常受到新的经验和知识的威胁，它比同实验有较密切接触的学科承受更大的危险。正是在基础与各个分支学科之间存在的联系使它有巨大的意义，但同样，面对新因素时，它有更大的危险。当认识到这些的时候，我们不禁想知道，为何所谓的物理科学的革命时代并不见得比实际情形发生更加经常、更加彻底的基础改变。

最先尝试建立一个统一的理论基础的是牛顿的工作。在他的体系中，一切可以归纳为以下概念：1. 质量不变的质点；2. 任一对质点间的超距作用；3. 质点的运动规律。

严格地讲，这并非涵盖一切的基础。它只对引力的超距作用给出了明确的定律。而对于其他超距作用，除了作用与反作用相等这条定律之外，并没有**先验地**确立任何东西。而且，牛顿也完全意识到，在他的体系中，时间和空间作为物理学上有效的因素是本质上的因素，尽管他只是通过暗示表明了这一点。

直到 19 世纪末，牛顿的理论基础还被证明是卓有成效的，并被认为是最终的基础。它不仅在细节上给出了天体运动的结果，而且提供了不连续和连续介质力学的理论，提出了能量守恒原理的简单解释，提出了完整而杰出的热理论。但在其体系中，对电动力学事实的解释则是比较牵强附会的。在所有这一切中，从最初起，最不能令人信服的是关于光的理论的解释。

毫不奇怪，牛顿不愿意接受光的波动理论，是因为这个理论非常不适于他的理论基础。假设空气中充满了由质点组成的介质，而该介质只是传播波而不展示其他力学性质，这对于他而言，是相当不自然的。对光的波动性质最强有力的经验证据——固定的传播速度、干涉、衍射、偏振等现象，要么是未知的，要么未被有序地综合起来。所以，他有理由坚持自己的光的微粒理论。

19 世纪，争论解决了，人们赞同波动理论。但没人对物理学的力学基础进行根本性的怀疑，因为起先人们不知道在哪里建立另一种基础。慢慢地，在事实的不可抗拒的压力下，才有人提出了新的物理学基础：场物理学。

从牛顿时代起，人们不断发现，超距理论是不自然的。并不缺乏用动力学理论解释引力的努力，即建立在假想质点上的碰撞力的解释，但这种尝试是肤浅的，并且毫无成果。空间（或惯性系）在力学基础上所扮演的奇特角色也逐渐被清楚认识到，并且受到恩斯特·马赫异常明晰的批判。

真正巨大的变化是由法拉第、麦克斯韦和赫兹带来的，但实际上他们这样做是半无意识的，并且是违背自己意愿的。他们三人终其一生都坚信自己是力学理论的信徒。赫兹发现了电磁场方程的最简单形式，并且宣称任何导致这些方程的理论均为麦克斯韦理论。但在其短暂的生命即将结束之际，他写了一篇论文。在论文中，他提出了一种与力的概念无关的力学理论作为物理学的基础。

对我们而言，早已把法拉第的一些观念像母乳一样接受了，所以很难赞赏他们的伟大和冒险精神。法拉第一定准确无误地抓住了所有将电磁现象归于带电粒子间超距作用的企图的非自然本质。分散于纸上的大量铁屑中的单个粒子又是如何感知来回运动于附近导体中的一个个带电粒子？所有这些带电粒子合在一起好像在周围空间中产生了一种新的状况，这种状况使铁屑按一定的顺序排列。他确信，其几何结构和互相依存的作用一旦被正确掌握，那这种空间状况——今天我们称之为场——将为神秘的电磁作用提供线索。他把这些场设想为充满空间的介质的力学应变状态，它类似于弹性体扩张时的应变状态。因为在那个时候，对于这些在空间里明显地连续分布空间的状态，这是仅有的可以设想的方式。在这背景下保留的是对场的这种特殊形式的力学理解——从法拉第时代的力学传统观点看，这是对科学意识的一种安抚。依靠这些新的场的观点，法拉第成功地形成了他和他的前辈发现的整个复杂电磁现象的定性概念。对场的空间—时间定律做精确阐述的是麦克斯韦。我们可以想象一下，当他所阐述的微分方程证明电磁场以偏振波的形式以光速传播时，他是何等的感受。世上很少有人体验到这种感受。在那激动人心的时刻，他肯定没有想到光的那些似乎是已被完全解决的又难以捉摸的性质会继续困惑着随后的几代人。同时，他的天才迫使他的同事在概念上所做的跳跃如此之大，以至于物理学家花了几十年时间，才理解麦克斯韦发现的全部含义。直到赫兹用实验证实了麦克斯韦电磁波的存在之后，对这个新理论的抵制才被彻底打垮。

但是，如果电磁场能够作为一种波独立于物质源之外，那么静电的相互作用再也不能用超距作用来解释，对于电学的作用是正确的东西，对于引力的作用也就不能否定了。牛顿的超距作用到处都得让路于以有限速度传播的场。

在牛顿的基础上，现在仅剩下服从于运动定律的质点。但是 J. J. 汤姆逊[24] 指出：依据麦克斯韦理论，电场中带电体的运动必然产生磁场，磁场能量恰是物体动能的增量。若一部分动能由场能组成，那么会不会整体动能也是这样？抑或物质最本质的性质——它的惯性能够在场论中得到解释？这就引起了用场论来说明物质的问题，它的答案会提供物质原子结构的解释。人们马上意识到，麦克斯韦理论不能实现这个纲领。从那时起，有许多科学家热情地通过对包含物质理论的推广来寻找完整的场论，但都徒劳无功。要创立一个理论，仅仅有一个关于目标的清晰想法是不够的，还必须提出一个形式观点，以便能限制没有制约的各种可能性。直到目前为止，这种观点还没有被找到。因此，场论未能成功地提供整个物理学的基础。

几十年来，大多数物理学家都相信可以为麦克斯韦理论找到力学根基。他们的努力失败了，这使得他们逐步将新的场的概念作为不可归约的基础接受了——换言之，物理学家放弃了力学基础的想法。

这样一来，物理学家就坚持了场论纲领，但它不能被称为基础，因为没有人能说出是否有一个统一的场论能够一方面解释引力，另一方面也能解释物质的基本组成成分。在此情形下，就有必要把物质粒子看成是服从牛顿运动定律的质点。这正是洛伦兹创立电子理论和运动物体的电磁现象理论的步骤。

这便是在世纪之交时基本概念所处的状况。当时在对各种新现象的理论洞察和解释方面，取得了巨大的进展；但要建立统一的物理学基础，看起来则相当遥远。后来的发展更加剧了这种状况。20世纪物理学的发展以两个本质上相互独立的理论体系为特征：相对论和量子论。这两种体系彼此不直接矛盾，但是它们看起来几乎不可能融于一个统一的理论中。我们有必要简短地讨论一下它们各自的基本思路。

在世纪之交的时候，从逻辑经济的角度进行的物理学基础的改进导致了相对论的产生。所谓狭义的或有限制的相对论的基础是麦克斯韦方程（以及光在空的空间中的传播定律）在进行洛伦兹变换后，能转化为同一种形式。麦克斯韦方程这种形式上的性质又为我们一个牢固的经验知识所补充，那就是：物理规律对所有惯性系都是一样的。这便导致用于空间和时间坐标的洛伦兹变换决定了从一个惯性系到任何其他惯性系的转化。相应地，狭义相对论的内容可以归结为一句话：一切自然规律必定受到这样的限制，使它们对于洛伦兹变换都是协变的。由此可以得出：不同地点事件的同时性不是一个不变的概念，并且，刚体的尺寸和时钟的速度取决于它们的运动状态。进一步，它又使得当给定物体的速度与光速相比不算小时，必须对牛顿的运动定律进行修正。接下来是质能相当原理，即质量和能量的守恒定律融为一体。一旦表明同时性是相对的并且依赖于参照系时，在物理学基础上保留超距作用的可能性就消失了，因为这个概念是以同时性的绝对性（必须有可能“同时”表明两个互相作用质点的位置）为前提的。

广义相对论最开始是为了尝试解释一个现象，此现象在伽利略和牛顿时代便已为人知，但至今理论上的解释仍令人困惑：物体的惯性和重量，它们在本质上是截然不同的事情，却可以用同一常数——质量——加以量度。从这种对应关系，人们就得出：对于一个给定的坐标系，我们不可能通过实验来确认它到底是在做加速运动，还是做匀速直线运动，而其中观察到的现象则是由引力场引起的（这便是广义相对论的等效原则）。一旦引入了引力，惯性系的概念便被粉碎了。可以这样说，惯性系是伽利略—牛顿力学的弱点所在，因为它事先假设了物理空间的一个神秘的性质，来限制惯性定律和牛顿运动规律适用的坐标系的种类。

这些困难可以通过以下假设相应避免：对自然规律可以用下列方式来表述——它们的形式对于任何运动状态的坐标系都是相同的。实现这一点正是广义相对论的任务所在。另一方面，我们从狭义相对论中推断，时间—空间连续区中黎曼度规的存在。根据等效原理，它不仅描述引力场，而且描述空间的度规性质。假设引力场方程为二阶微分，那么场定律便可明确确定下来。

除了这个结果，此理论还使场物理学从它不能解决的问题中解脱出来。这个问题与牛顿力学中的类似，是由于把那些独立的物理性质附加于空间而导致的，而这些性质迄今为止由于惯性系的使用而被掩盖着。但是，我们又不能断言广义相对论那些迄今已被公认为是定论的东西能为物理学提供一个完整而令人满意的基础。首先，出现在其中的总场是由两个逻辑上毫无联系的部分组成，即引力场和电磁场。其次，与早些时候的场论一样，这个理论迄今未能对物质的原子论性结构提出解释。这个失败，可能与它至今未能有助于理解量子现象有关。考虑这些现象时，物理学家被迫采用一些全新的方法。现在，我们就来讨论这些新方法的基本特征。

在纯理论研究的过程中，马克斯·普朗克做出了一个非常杰出的发现：作为温度函数的物体辐射定律不能仅从麦克斯韦的电动力学中推导出来。为了得到符合相关实验的结果，具有一定频率的辐射必须被处理成好像是由一些能量原子构成，而单个能量原子所具有的能量为 $h\nu$，其中 h 是普朗克的普适常数。在随后的几年中，发现光无论在哪里都以此能量份额被产生和吸收。尤其是尼尔斯·玻尔通过假定原子只存在不连续的能量值，并且在不同能级间不连续的跃迁都是与此能量子的发射和吸收相联系的，能够大致理解原子的结构。这有助于说明如下事实，即在气态时，元素及其化合物只辐射和吸收某些完全确定频率的光。所有这些在此之前存在着的理论框架是相当不可理喻的，但至少这一点是清楚的，即在原子现象领域中，发生的每一件事情的特征，都是由分离状态及它们之间明显的不连续跃迁决定的。其中，普朗克常数 h 起决定性的作用。

接下来的工作是德布罗意做的。他给自己提出了如下问题：如何用现有的概念来理解分离的状态。他想起了同驻波的类比，就如在声学中风琴管和弦的本征频率的情形那样。的确，这里所需要的这种波的作用尚未明了，但它们可以被构造出来，而且可以应用普朗克常数 h 建立起它们的数学定律。德布罗意设想，电子像这种假想的波列一样绕原子核旋转，并且通过对应波的驻波性质，对玻尔的“允许”轨道的离散性在某种程度有所理解。

现在，在力学中质点的运动是由作用于其上的力或力场决定。因此，可以预料：这些力场也会以类似的方法影响德布罗意的波场。埃尔温·薛定谔表明了该如何考虑这种影响，他用一种天才的方式重新解释了经典力学中的一些公式。在没有附加任何假设的情况下，他甚至成功扩展了波动力学理论。这个理论可应用于包含任意数目质点的任何力学体系，也就是说包含任意数目的自由度。这些均是可能的，因为一个包含 n 个质点的体系，从数学上说在一定程度上等同于一个在 3n 维空间中运动的单个质点。

在这个理论基础上，得到了对各类不同事实的好得令人诧异的描述。这些事实，在其他理论中是完全不可理喻的。但令人奇怪的是，在如下问题上它又是失败的：它证明了不可能把薛定谔波同质点的确定运动相联系——但这一点却正是整个结构的最初目的。

这个困难似乎是难以逾越的，但玻恩以一种谁也未曾料到的简单方法克服了它。德布罗意—薛定谔波场不可能解释为一种关于一个事件如何在空间和时间中实际发生的数学描述，尽管它们的确与这样的事件有关。更确切地说，它们是我们关于这个系统实际所知道的东西的数学描述。它们只能用来对我们这个系统所能进行的所有测量结果进行统计上的陈述和预测。

下面，让我用一个简单的例子来说明量子力学的这些普遍特征：先假设一个由于有限强度的力作用而在一限定局域 G 内的质点。若该质点的动能低于某一限值，那么依据经典力学，它永远不会离开区域 G。但是依据量子力学，此质点在经过一段不能直接预测的时间之后，可能在一个不可预测的方向上离开该区域，逃逸到周围空间。根据伽莫夫 [25] 的观点，这便是放射性蜕变的一个简化模型。

量子理论对此情形的解释如下：在时间 t_0，薛定谔波系完全在区域 G 内，但从 t_0 时刻起，这些波在所有方向上离开 G 的内部。相比原来 G 内波系的振幅，射出波的振幅要小一些。这些射出波扩散得越远，G 内波的振幅减少越多；相应地，从 G 中射出波的强度越来越小。只有经过无限时间后，G 内的波才被耗光，同时，射出波不断扩散到更大的空间中去。

但是，这种波动过程与我们最初所关心的事物——G 中的粒子又有何关系呢？为回答这个问题，我们必须想象一些装置，以使得我们可以对粒子进行测量。例如，我们不妨假想在周围空间中的某处有一屏幕，粒子一旦与之接触便黏附其上。然后，根据波撞击到屏上一个点的强度，我们可以推出粒子当时撞击到屏上这一点的概率。一旦粒子撞上屏上任何一个特定点，整个波场就立即失去了其全部物理意义：它的唯一目的便是对粒子撞屏的位置和时间（或比如它撞屏时的动量）做出概率预测。

所有其他情形均类似。这个理论的目的在于决定系统在确定时间的测量结果的概率。另外，它没有试图对空间和时间中实际存在着的或者进行着的事情做出数学表述。在这一点上，今天的量子理论与以往的物理学——力学以及场论——的所有理论在根本上有所不同。它不是为实际的空间—时间事件提供模型描述，而是以时间函数给出可能测量的概率分布。

必须承认的是，新的理论概念并非源于异想天开，而是源于事实经验的压力。所有企图直接以空间—时间模型来表述光和物质现象所展示的粒子和波动特征的努力，到目前为止均以失败告终。并且海森伯已令人信服地表明，从经验观点看，任何可作为自然的严格决定论性结构的结论已被明确排除，因为我们的实验仪器的原子性结构的缘故。因而，任何未来的知识不可能迫使我们放弃现在的统计理论基础，转而支持直接处理物理实在的决定论性理论。这个问题在逻辑上似乎提供了两种可能性，原则上我们就在两者之间进行选择。归根结底，做出选择的依据是，哪种描述产生的表述方式从逻辑上讲符合最简单的基础。现在，我们尚没有一种可以直接描述事件本身并合乎事实的决定性的理论。

目前，我们不得不承认，我们尚不具备任何全面的物理学的理论基础，可被称之为物理学的逻辑基础。至今为止，在分子领域，场论是失败的。各方面都认为，现在唯一可作为量子理论基础的原理，应是一种能把场论翻译成统计学形式的原理。但这种理论实际上是否能以一种满意的方式得出来，没人敢下结论。

一些物理学家，包括我自己都不相信，我们必须确实并且永远地抛弃那种在空间和时间中直接表示物理实在的想法；或者说，我们必须接受下面的观点：自然界中的事件都类似于机会 [掷骰子][26] 游戏。每个人都可自由地选择其奋斗方向，而且都可以从莱辛的名言中得到安慰：追求真理本身比占有真理更可贵。

科学的共同语言

本文是爱因斯坦为1941年9月28日在伦敦举办的科学会议（Science conference）准备的广播录音稿，发表于《科学进展》（*Advancement of Science*），伦敦，第2卷第5期。1954年英文版《观念与见解》也有收录。

形成语言的第一步是将声音或在其他方面可交流的符号与感觉印象联系起来。很有可能，所有群居动物都已达到了这种原始的交流——至少在某种程度上。当更深层的符号被引入或理解时，则取得了更高的发展。这些更深层次的符号使那些表示感觉印象的符号之间相互建立了联系。在这一阶段，已经可以报告些复杂的现象，我们便可以说，语言已经形成了。如果语言的目的最终是为了带来理解的话，那么一方面，必须有一些有关符号之间关系的规则，另一方面，又必须存在符号和印象之间稳定的对应关系。以共同语言进行联系的个人，在孩提时代，主要是靠直觉掌握这些规则和关系。当人们开始意识到考察符号之间关系的规则时，所谓的语法就建立了。

在早期阶段，文字可能直接与感觉印象对应。但到后来，这种直接的联系消失了，以至于有些单词只有与别的词（例如“是”“或者”“事物”等词）连用时才能表达知觉之间的关系。那么，指示知觉的是词组而不是单个词语。当语言部分地独立于其感觉印象背景时，便获得了较大的内在一致性。

只有在进一步的发展阶段，频繁地使用所谓的抽象概念时，语言才成为真正意义上的推理工具，也正是这种发展使得语言成为谬误和欺诈的危险来源。一切均依赖于单词及词组与印象世界相一致的程度。

是什么使得语言和思维之间产生如此密切的联系呢？是否存在不使用语言的思维，即不一定需要用词来表达的概念和概念组合中，是不是就没有思维？对于我们中的每一个人而言，是否经历过“事物”间的关系已很明了，却还要斟酌用词的时刻？

倘若一个人不需要其所处环境的语言引导而形成或有可能形成自己的概念，那我们会趋向于认为思维的活动是与语言完全无关的。但是，在此条件下长大的人，精神状态很可能非常贫乏。因此，我们可以得出结论：一个人的智力发展以及其形成概念的方式在很大程度上依赖于语言。这使我们认识到，在多大程度上，相同的语言意味着相同的精神状况。所以从这个意义上讲，语言和思维是连成一体的。

是什么把科学语言同我们日常理解的语言区别开来？科学语言的国际性又是一种怎样的情形？就科学概念之间的相互关系及其与感觉经验的对应关系而言，科学追求的目标是，达到概念的最大限度的准确性和明晰性。我们不妨以欧几里得几何学和代数学的语言为例。它们所运用的是少数几个独立引入的概念、相关的符号，例如整数、直线、点以及指明基本运算的符号，这些基本运算亦即那些基本概念之间的联系。这便是整个构造——相应地定义所有其他陈述和概念——的基础。以概念和陈述为一方，感觉材料为另一方，两者之间的关系是通过计算和测量的行动建立的，而计算与测量的工作已得到足够好的确定。

科学概念和科学语言的超国家性在于它们是由所有国家和所有时代最杰出的头脑创造的。通过单独的，但就最终结果而言却是努力合作的工作，他们为技术革命创立了精神工具，从而改变了最近几个世纪人类的生活。在知觉的无序的混乱中，借助于他们的概念体系的指导，我们才能从特殊的观察中掌握普遍的真理。

对于人类而言，科学方法所隐含的希望和忧虑又是什么呢？我并不认为这是提出问题的正确方法。这个工具在人的手中能产生什么样的后果，完全取决于人类所向往的目标的性质。只要这些目标存在，科学方法就将提供手段来实现它们。但它不可能提供这些目标本身。倘若没有了追求确定理解的热情，不仅科学方法将一事无成，甚至它本身都不会诞生。

在我看来，手段的完美和目标的混乱是我们时代的特征。倘若我们真诚并且热情地渴望着安全、幸福和所有人的才智充分发展的话，我们并不缺少手段来接近这些目标。即使只有一小部分人为此目标而奋斗，这些目标的优越性将最终证明自身。

科学定律与伦理准则

本文是爱因斯坦为菲利普·弗兰克（Phillip Frank, 1884—1966）所著《相对论——一个丰富多彩的真理》（*Relativity-A Richer Truth*）一书所写的序言，灯塔出版社（Beacon Press），1950年，波士顿。1950年英文版《爱因斯坦晚年文集》也有收录。

弗兰克出生于维也纳，跟随玻尔兹曼（Ludwig Boltzmann，1844—1906）学习物理，1907年获博士学位。学生时代就对哲学问题感兴趣，并开始接触“维也纳学圈”。由于被看成是马赫信徒，23岁时在《自然哲学年鉴》（*Annalen der Naturphilosophie*）上发表的文章就受到列宁（在《唯物主义与经验批判主义》一书中）的批评。有趣地是，弗兰克写的一篇关于因果关系的文章却给爱因斯坦留下了深刻的印象，两人之间进行了热烈的讨论。爱因斯坦推荐弗兰克1912年成为他在布拉格德语大学的继任者。他担任这一职位一直到1938年德国国防军入侵捷克为止。弗兰克后来移居美国，后来成为哈佛大学的物理和数学讲师。1947年他写了一本爱因斯坦传，题为《爱因斯坦：其生平和时代》（*Einstein: His Life and Times*, A. A. Knopf）。同年，他倡导成立了科学统一学会（Institute for the Unity of Science），作为美国文理科学院（American Academy of Arts and Sciences）的下属学会。该学会定期举行会议，吸引了广泛的参与者。哲学家奎因（Willard

V. O. Quine，1908—2000）认为该组织是“流亡的维也纳学圈”。

科学研究的是那些被认为独立于探索者个人而单独存在的关系。这适用于把人本身作为研究对象的情形。科学陈述的对象还可以是我们自己创造出来的概念，例如在数学中就是这样。这些概念不必假设为对应于外部世界的任何物体。然而，所有科学陈述和定律都有一个共同特点：它们是“真的或者假的”（即适当的或不适当的）。粗略地讲，我们对它们的反应“是”或者“不是”。

科学的思维方式还有另一个特点，即那些用来建构其连贯一致的体系的概念，不带有情感色彩。对科学家而言，只有“存在”，没有什么愿望，没有什么价值，没有善，没有恶，也没有目的。只要我们停留在科学本身的领域之内，就不会遇到“你不应撒谎”之类的句子。对于探索真理的科学家，这有点儿类似于清教徒的限制：他必须远离任何出于意愿或情感的事物。顺便说一句，这个特征是缓慢发展的结果，是西方现代思想所特有的。

从这一点上看，逻辑思维好像与伦理学无关。的确，对事实或关系的科学陈述不能直接产生伦理准则，但伦理准则可以通过逻辑思考和经验知识变成合理的、连贯一致的。假若我们能够接受一些基本的伦理学命题，则另外一些伦理学命题可由它们导出，只要初始前提陈述得足够严谨。那么，这些伦理前提在伦理学中所扮演的角色便类似于公理在数学中的角色。

这便是我们根本不觉得类似“为什么我们不应撒谎”之类的问题毫无意义的原因。我们之所以觉得这类问题是有意义的，是因为在所有这类问题的讨论中，一些伦理前提已被想当然地接受了。当我们成功地将这一伦理学准则追溯到这些基本前提时，就会感到满意。在关于撒谎的例子中，追溯的过程可能是这样的：撒谎破坏了对别人陈述的信任，若没有了这种信任，社会合作会变得不可能或者至少很困难；要使人类生活成为可能并且过得去的话，就必须有社会合作。这就意味着我们已将“你不应撒谎”这条准则追溯到了“人类生活应受到保护”和“痛苦和悲伤应尽可能减少”的要求。

但是，这些伦理学公理的根源又是什么呢？它们是任意的吗？它们是建立在权威的基础上，抑或源于人类的经验并间接地受这些经验的限制吗？

从纯逻辑上讲，所有公理均是任意的，伦理学公理亦不例外。但从心理学和遗传学的观点看，它们又绝不是任意的。它们源于我们天性中避免痛苦和免遭灭亡的倾向，源于个人对其周围人的行为积累起来的情感反应。

只有由具有灵性的人所体现的人类道德天才，才能有幸提出如此全面而且基础牢固的伦理学公理，这些公理是如此全面和有根据，以至于人们会认为他们是基于大量个人情感体验而得出的，从而接受它们伦理学公理的建立和检验与科学公理没有什么不同。真理是那些经得住实践考验的东西。

我如何创立了相对论

1922 年 12 月 14 日，爱因斯坦在日本京都大学发表了演讲，石原纯做翻译，并用日文记载了爱因斯坦的演讲内容。这篇记录 1923 年发表于第五卷第二期的《改造》杂志（2~7 页）。

要解释我如何发现相对论绝非易事。这是因为，它涉及了各种各样隐秘的复杂因素，在不同程度上刺激并影响着一个人的思考。我不会挨个提到这些因素，也不会列出我写过的论文，只会简要概括那些在我的思考发展主线中的关键点。

我第一次考虑相对性原理这个想法的时间，大概是在 17 年前。我说不准它从何而来，但它肯定与运动物体的光学问题有关。光穿过以太海，地球也穿过以太海。从地球的角度来看，以太正在相对地球流动。然而我在任何物理书刊中，都无法发现以太流动的证据。这使我想要找到任何可能的途径，去证明地球运动引起的以太相对地球流动。在开始思索这个问题时，我根本没有怀疑过以太的存在或地球的运动。因此我预言，如果来自某个源的光被一面镜子适当地反射，那么它应该有一个不同的能量，这个能量取决于它的移动是沿着地球的运动方向还是相反方向。利用两个热电堆，我试着通过测量在每一个热电堆中产生的热量的不同，以此核实这一点。这个想法与在迈克尔逊实验中的一样，但我对他的实验的理解当时还不清晰。

当我还是一个思索这些问题的学生时，就已熟知迈克尔逊实验的奇怪结果，并出于直觉意识到，如果我们能接受他的结果是一个事实，那么认为地球相对以太运动的想法就是错误的。这一洞见实际上提供了第一条导致现在被称为狭义相对论原理的东西的道路。我自此开始相信，虽然地球绕着太阳旋转，但也不能利用光的实验证实地球运动。

恰好正是在那个时间前后，我有机会拜读了洛伦兹在 1895 年的专著。洛伦兹讨论并设法完全解决了一阶近似的电动力学，即忽略运动物体速度与光速比值的二阶和更高阶小量。我也开始研究斐索[27]实验的问题，并假设在用运动物体坐标系取代真空坐标系时，由洛伦兹建立的电子方程式仍然有效，以此来解释斐索实验的问题。无论如何，我当时相信麦克斯韦-洛伦兹电动力学方程是可靠的，它描绘了事件的真实状态。此外，方程在一个移动坐标系也成立这一条件，提供了一个被称为光速不变的论点。但光速的这种不变性，与从力学得知的速度相加法则不相容。

为什么这两件事互相矛盾？我觉得自己在这里遇到了一个异乎寻常的困难。我花了几乎一年的时间思索它，认为自己将不得不对洛伦兹的观点做某种修正，但徒劳无果。我只好承认，这并不是一个容易解决的谜。

偶然之下，一个住在（瑞士）伯尔尼的朋友帮助了我。那天是个好天气。我拜访他，对他说的话大概是："我这些天一直在与一个问题做斗争，不论怎样尝试，都没法解决它。今天，我把这个难题带给你。”我和他进行了多方面的讨论。通过这些讨论，我突然恍然大悟。第二天，我又拜访了他，干脆痛快地告诉他：“谢谢。我已经完全解决了自己的问题。”

我的解决方法事实上与时间的概念有关。要点是，没有一个绝对的时间定义，而是在时间和信号速度之间有一个分不开的联结。利用这个想法，我就能第一次完全解决那个之前异乎寻常的困难。

有了这个想法后，我在五周内完成了狭义相对论。我毫不怀疑，从哲学观点来看，这个理论也是非常自然的。我也意识到它很好地符合了马赫的观点。尽管正如与后来广义相对论解决了的那些问题一样，狭义相对论与马赫的观点显然并没有直接联系，但是可以说它与马赫对各种科学概念的分析有间接的联系。

狭义相对论由此诞生。

广义相对论的第一个想法发生在两年后——1907 年，它是在一个值得纪念的环境中发生的。

运动的相对性限于相对匀速运动，不适用于随意的运动，当时我对此已经感到不满了。我总在私下想，是否能以某种方法来去掉这种限制。

1907 年，应《放射性与电子学年鉴》（*Jahrbuch der Radioaktivität und Elektronik*）的编辑施塔克[28]先生的要求，我尝试为该年鉴总结狭义相对论的结果。当时我意识到，虽然能够根据狭义相对论讨论其他所有自然法则，但这个理论却无法适用于万有引力定律。我有一种强烈的渴望，想设法找出这背后的原因。但要实现这个目标并不容易。我对狭义相对论最不满意的，是这个理论虽然能完美地给出惯性和能量的关系，但是对惯性和重量的关系，即引力场的能量，还是完全不清楚的。我觉得在狭义相对论中，可能根本找不到解释。

我正坐在伯尔尼专利局的椅子上的时候，突然产生一个想法："如果一个人自由落下，他当然感受不到自己的重量。"

我吓了一跳。这样一个简单的想象给我带来了巨大的冲击力，正是它推动着我去提出一个新的引力理论。我的下一个想法是："当一个人下落时，他在加速。他观察到的，无非就是在一个加速体系中观察到的东西。"由此，我决定将相对论从匀速运动体系推广到加速度体系中。我期待这一推广能让我解决引力问题。这是因为，一个下落中的人感受不到他自己的重量，可以被解释为是由于一个新的附加引力场抵消了地球的引力场；换句话说，因为一个加速度体系提供了一个新的引力场。

我并没能以这个观点为基础，马上把问题完全解决。我又花了八年以上的时间找到正确的关系。但同时，我开始部分地意识到这个解决方法的大体基础。

马赫也坚持认为所有加速度体系是等效的。但这明显与我们的几何不相符，因为如果允许加速度体系，那么欧氏几何将不能在所有体系中都适用。不用几何表达一个法则，就像不用语言表达一个想法。我们首先必须找到一种表达我们思想的语言。那么在这种情况下，我们要找的是什么？

在1912年之前，我都没解决这个问题。就在那一年，我突然意识到，有充分理由相信高斯的曲面论可能是揭开这一谜团的钥匙。当时我意识到了高斯曲面坐标极其重要，但还不知道黎曼已经提供了有关几何基础的更深刻的讨论。我碰巧想起，当我还是一名学生时，在一位名为盖泽[29]的数学教授的课上听过高斯理论。从这里我发展了自己的想法，并且想到了几何必须有物理意义这一概念。

当我从布拉格回到苏黎世时，我的好朋友、数学教授格罗斯曼正在那里。我在伯尔尼专利局时，很难得到数学文献，而他曾经愿意向我提供帮助。这一次，他教了我里奇理论，之后又是黎曼理论。所以我问他，是否能通过黎曼理论真正解决我的问题，即曲线元的不变性是否能完全决定它的系数——我一直试图找到这个系数。1913年，我们合写了一篇论文。但我们并没能在那篇论文中得到正确的万有引力方程。虽然我继续研究黎曼方程，尝试了各种不同的方法，但只是发现了诸多不同理由，使我相信它根本不能得出自己想要的结果。

接下来是两年的艰苦研究。然后我终于意识到在自己先前的计算中存在着一个错误。因此我转回了不变量理论，并试着找到正确的万有引力方程。两周后，正确的方程终于第一次出现在我的眼前。

关于我在1915年后所做的研究，我只想提宇宙学问题。这个问题涉及宇宙几何和时间，一方面基于对广义相对论中的边界条件的处理，另一方面则基于马赫对惯性的观点。当然，我并没有具体地知道马赫对惯性的相对性有什么看法，但他肯定至少对我产生了一个极其重要的影响。

无论如何，在尝试找出万有引力方程的不变性边界条件后，我终于能通过把宇宙视为一个封闭空间并消除边界而解决了宇宙学问题。从这一点我得出以下结论：惯性只不过是一个由一些物体共享的性质。如果一个特定的物体旁边没有其他天体，那么它的惯性肯定会消失。我相信，这使广义相对论在认识论上能令人满意。

我认为，上述描述对相对论的基本要素是如何被创建的做了一个简要的历史梳理。

注释

编译前言

[1] 马克斯·玻恩（Max Born，1882—1970），爱丁堡大学理论物理学教授，通过对晶格理论、原子动力学和基本量子力学的研究，深刻地丰富了我们对物理世界观的认识。1950 年，海森伯教授在“量子理论 50 年”讲座中称赞了他在哥廷根大学的前任老师，认为玻恩教授和帕斯卡尔·约当（Pascual Jordan）一起奠定了量子理论的数学基础。——编译者注

[2] 薛定谔（Erwin Schrödinger，1887—1961），生于维也纳，曾任都柏林高等研究院理论物理讲师。在受到德布罗意的启发后，他创立了数学上精确的波动力学。——编译者注

第一部　我的世界观

[1] 爱因斯坦此处的原文为“Ein Mensch kann zwar tun, was er will; aber nicht wollen, was er will”，与叔本华的原话“Der Mensch kann zwar tun, was er will. Er kann aber nicht wollen, was er will”稍有不同。——编译者注

[2] 本文写于 1930 年，这里指的是德国。——编译者注

[3] 此处德文版为 Religiosität。按照《杜登德文词典》对此词的解释，也可译为“宗教性”“宗教态度”“笃信”“虔敬”“虔诚”等。本书中采用“宗教情怀”这一译法。——编译者注

[4] 安德鲁·卡耐基（Andrew Carnegie，1835—1919），出生于苏格兰的美国“钢铁大王”。他经过艰苦奋斗，成为世界首富。在功成名就之后，他几乎将全部财富捐给了社会。——编译者注

[5] 此处内容参见（德）滕尼斯:《共同体与社会——纯粹社会学的基本概念》，林荣远译，北京大学出版社，2010 年。——编译者注

[6] 纽伦堡审判（Nürnberger Prozesse）指的是“二战”结束后，于 1945 年 11 月 21 日—1946 年 10 月 1 日，由战胜国对轴心国的军事、政治和经济领袖进行的数十次军事审判。由于审判主要在德国纽伦堡进行，故总称为纽伦堡审判。在这一具有历史意义的审判中，坚持

了六条国际法原则。其中，原则一和原则四明确表明个人不能因外在的压力免责。原则一：从事构成违反国际法的犯罪行为的人承担个人责任，并因此应受惩罚。原则四：依据政府或其上级命令行事的人，假如他能够进行道德选择的话，不能免除其国际法上的责任。——编译者注

[7] 此处的德文为“...den Vertretern der Naturwissenschaften”，而不是“Wissenschaftler”（科学家），指除了真正做科学研究的以外，还有其他与自然科学有关的人。——编译者注

[8] 德文版此处用的是 Forscher，泛指在某一领域进行研究的人，可译为“研究者”“学者”。英译本中此处用的是 scientist，对应于“自然科学家”（Naturwissenschaftler）。——编译者注

[9] 犹太教法典《塔木德》（*Talmud*）是犹太教最重要的文学作品之一。它由两部分组成，即《米书拿》（*Mischna*）和《革马拉》（*Gemara*）。现存两个版本：巴比伦《塔木德》和耶路撒冷《塔木德》（希伯来语《塔木德》，也称巴勒斯坦《塔木德》）。《塔木德》内容庞杂，虽不是百科全书，却包罗万象。它涉及宗教、律法、民俗、伦理、医学和迷信等大的方面，也有具体到起居、饮食、洗浴、穿衣和睡眠等小的方面。它本身并不包含经文，但显示了这些规则是如何在拉比们的实践和日常生活中被理解和解释的，是犹太智慧的源泉。——编译者注

[10] 此处在德文原稿里，用的是“只有那些特别富有的个人”（ nur besonders reiche Individuen），而在两个主要的英译本中，此处分别为 only individuals of exceptional endowments 和 only exceptionally gifted individuals。前者用 reiche，并没有专门指物质上的富有，是精神上的富有；英译本可译为“那些特别有天赋的个人”。考虑到两个英译本的影响，这里加了“精神上”三个字。——编译者注

[11] 此处德文为 komische Religiosität。——编译者注

[12] 指《圣经·旧约》中《诗篇》和《先知书》。《诗篇》共 150 篇，其中注明是大卫所作的有 73 篇。——编译者注

[13] 方济各（Franziskus von Assisi，1182—1226），出生于意大利亚西西（Assisi），方济各会的创办者。方济各会（Ordo Fratrum Minorum，拉丁文意为“小兄弟会”）是天主教托钵修会之一，因其会士着灰色会服，故又称灰衣修士。1209 年，方济各得到教皇英诺森三世的批准成立该会；1223 年，教皇洪诺留三世批准其会规。托钵修会规定会士必须家贫，不置恒产，以托钵乞食为生。他们云游四方，活动在社会各个阶层。方济各会提倡过清贫生活，托钵行乞。他们效忠教皇，反对异端。——编译者注

[14] 在德文版中，此处用的是 Forscher。——编译者注

[15] 在德文版和英文版中，此处用的都是“天真的人”（naive Menschen，naïve man）。——编译者注

[16] 这一思想在赫伯特·塞缪尔（Herbert Samuel，1870—1963）的《信仰与行动》（*Belief and Action: An Everyday Philosophy*，London，1937）一书中有着令人信服的表达。——原注［赫伯特·塞缪尔子爵一世，英国自由派政治家、外交家和哲学家。1920 年，他被任命为英国驻巴勒斯坦第一任高级专员，一直到 1925 年。塞缪尔是犹太人，据说他在担任高级专员期间，因公正对待阿拉伯人和犹太人而得到双方信任。1931—1935 年，他任英国自由党领

袖。1931年起，他任英国皇家哲学研究所所长，著有《自由主义》(1902)、《实用伦理学》(1935)、《信仰与行动》(1937)、《物理学随笔》(1951)等。——编译者注

[17]《文化的模式》(*Patterns of Culture*)是美国人类学家、民俗学家鲁思·本尼迪克特(Ruth Benedict，1887—1948)的代表作之一，被译成14种文字，多年来作为美国大学人类学课程的标准读物。在《文化的模式》中，她描述了美国西南部普韦布洛印第安人文化中对克制的强调，以及在大平原的美洲原住民文化中对放弃的强调。她详细描述了不同文化在仪式、信仰和个人喜好之间的不同，以显示每个文化如何具有自己的“个性”。她表达了对文化相对主义的信仰。每个文化都有自己的道德要求，只有把该文化作为一个整体来研究，才能真正理解它。贬低与自己不同的文化习俗或价值观是错误的。我们不应该试图按照我们的标准来评估他人。道德与文化价值是密切相关的。她的另一部名著是《菊与刀》(*The Chrysanthemum and the Sword*)，最初被认为是西方人了解日本人矛盾性格或双重文化的必读之书，现在学界对此书持批评意见更多。——编译者注

[18]“一战”结束后，在巴黎召开的“和会”决定在1920年1月10日成立一个政府间组织——“国际联盟”。这是第一个将维护世界和平作为主要使命的国际组织。其“公约”规定，国际联盟的主要目标包括通过集体安全和裁军预防战争，通过谈判和仲裁解决国际争端。在其最鼎盛的1934年9月28—1935年2月23日，它有58个成员。由于国际联盟缺乏自己的武装力量，它依靠“一战”获胜的强国(法国、英国、意大利和日本是执行理事会的常任理事国)来执行决议，维持经济制裁，或在必要时提供军队。大国往往不愿意这样做。制裁可能会伤害盟友，所以他们不愿遵守。20世纪20年代，国际联盟取得了一些显著的成就，也经历过早期的失败。事实表明，联盟最终无法防止20世纪30年代轴心国的侵略。由于美国从未正式加入国际联盟，苏联加入时间较晚，德国、日本、意大利和西班牙等国相继退出国际联盟，其可信度逐渐减弱。“二战”的爆发表明，国际联盟没有达成自己的首要目标，即阻止战争。国际联盟历时26年，在“二战”结束后，被联合国取代。——编译者注

[19] 德文手稿此处为“Lächerlichkeit tötet”(Lächerlichkeit可译为“可笑、滑稽、荒谬”)，没有前缀“法国的”，但英译本此处为french saying,“ridicule kills”。虽然英译本是从德文原文手稿翻译的，却先于德文发表。此处据英译本译出。——编译者注

[20] 此处德文版用的是Kulturlosigkeit，可译为“粗俗”、“缺乏教养”以及“野蛮”。——编译者注

[21] 此处原文为“neben einem in der ihnen konformen Weise nach Luft”，直译过来就是“按照他们的方式来换气”。——编译者注

[22] 此处在德文版《爱因斯坦晚年文集》中为“绝非权威”(Keinerlei Autoritaet)。——编译者注

[23] 这里指美国。——编译者注

[24] 德文原文为der Witzbold，即喜爱开玩笑的人、诙谐的人、会说俏皮话的人，英译本中用的是the wit。——编译者注

[25] 索尔维会议是由比利时化学家、业余学者、企业家、政治家和慈善家欧内斯特·索尔维(Ernest Solvey，1838—1922)赞助的著名会议。1865年，索尔维发明了以他名字命名的“索

尔维制碱法”。至今为止，这个过程依然是制苏打的最重要的化学工艺。他虽然非常富有，却关心社会问题，创办了多所教育机构，希望能够“将其部分财富偿还给人类”。索尔维会议已成为物理学和化学的重要论坛。爱因斯坦分别参加了1911年、1913年、1927年和1930年举办的第一届、第二届、第五届和第六届索尔维会议。第一届至第五届索尔维会议均由德高望重的洛伦兹主持。最著名的应该是1927年举行的第五届索尔维会议，由当时世界上最重要的物理学家讨论新近表述的量子理论，会议主题为“电子和光子”。正是在这次会议上，爱因斯坦与玻尔展开了激烈的争论。——编译者注

[26] 爱因斯坦此处叙述有误。第一届和第二届索尔维会议分别于1911年和1913年在布鲁塞尔召开。——编译者注

[27] 此处的“同盟国”指的是在第一次世界大战期间由德意志帝国、奥匈帝国、奥斯曼帝国及保加利亚王国组成的与协约国对敌的同盟国，亦称“中欧列强”，这四个国家均位于俄罗斯帝国以西，法国和英国以东。——编译者注

[28] 劳厄（Max von Laue，1879—1960），德国物理学家，因发现晶体衍射X射线而获得1914年度诺贝尔物理学奖。除了在光学、晶体学、量子理论、超导性和相对论方面做出的科学贡献外，他还担任德国物理学会主席等多个行政职位，40年间推动和指导德国的科学研究和发展。作为国家社会主义的强烈反对者，他在“二战”后为重建德国科学发挥了重要作用。——编译者注

[29] 能斯特（Walther Nernst，1864—1941），德国化学家，现代物理化学的奠基人之一，因提出热力学第三定律而荣获1920年诺贝尔化学奖。能斯特是一位著名的科学组织者和活动家。他协助召开了第一届索尔维会议。正是在他和普朗克的力主下，才用优厚条件将爱因斯坦从苏黎世“挖到”柏林。

[30] 普朗克（Max Planck，1858—1947），德国物理学家，量子物理学的开创者和奠基人。1918年，他获得诺贝尔物理学奖。从1930年起，他曾先后任威廉皇家学会，即后来的马克斯·普朗克学会主席，1946年任名誉主席。——编译者注

[31] 鲁本斯（Henrich Rubens，1865—1922），德国物理学家，以其对黑体辐射能量的测量而闻名。——编译者注

[32] 德布罗意（Louis de Broglie，1892—1987），巴黎庞加莱研究所理论物理学教授。1929年，因对电子的波动性研究，他被授予诺贝尔物理学奖。关于他与爱因斯坦之间的私人关系，在卡尔·泽利希的《阿尔伯特·爱因斯坦与瑞士》一书中，收有德布罗意教授的文章《1927年在索尔维委员会会见爱因斯坦》（*Une rencontre avec Einstein au conseil Solvay en 1927*）。——编译者注

[33] 阿伦尼乌斯（Svante August Arrhenius，1859—1927），瑞典物理化学家。他最著名的贡献是电解质的电离学说。——编译者注

[34] 奥斯特瓦尔德（Carl Wilhelm Wolfgang Ostwald，1853—1932），德国化学家，毕生从事教学、研究和编辑工作，促进胶体化学的发展，大部分生涯在莱比锡大学度过。——编译者注

[35] 范特霍夫（Jacobus Henricus Van't Hoff，1852—1911），荷兰物理化学家，生于鹿特丹，由于在反应速度、化学平衡和渗透压方面的研究工作而成为第一个（1901年）诺贝尔化学奖

获得者，1887 年与德国化学家奥斯特瓦尔德一起创办了很有影响力的《物理化学杂志》。——编译者注

[36] 此处指他的妻子塔季扬娜·埃伦费斯特（Tatyana Alexeyevna Afanasyeva，1876—1964），俄罗斯 / 荷兰数学家和物理学家，在统计力学和统计热力学领域做出了贡献。1904 年 12 月 21 日，她与保罗·埃伦费斯特结婚，育有两个女儿和两个儿子。保罗·埃伦费斯特晚年患有严重的抑郁症。1933 年 9 月 25 日，在阿姆斯特丹，保罗·埃伦费斯特安排照顾他的其他孩子后，开枪杀死了患有唐氏综合征的小儿子，然后自杀身亡。——编译者注

[37] 这里指第一次世界大战。——编译者注

[38] 山本指的是《改造》杂志社社长山本实彦（1885—1952）。——编译者注

[39] 文中的社长指的是山本实彦。——编译者注

[40] 石原纯（1881—1947），日本物理学家，诗人。他是长冈半太郎的学生，1912—1914 年在柏林与普朗克、爱因斯坦结识，后在慕尼黑跟随索末菲学习。1911 年，他成为新成立的东北大学物理学教授。他是日本最早的主要理论物理学家之一，从事量子理论、核物理学和相对论理论研究。1919 年，他因物理学研究获得了日本学士院奖。1922 年爱因斯坦访日期间，他作为科学翻译，受到爱因斯坦的高度评价。他被誉为“把相对论传播到东方的第一人”。他用日文翻译出版了世界上第一套《爱因斯坦科学著作选集》（四卷本），并撰写了大量大众科学著作。为了爱情，他被迫辞去教职。“二战”期间，他勇敢地批评日本政府对科学的控制。他有关相对论的著作，在 1949 年前全部被译成中文，对中国的相对论研究起到了重要的绍介作用。——编译者注

[41] 列奥·阿伦斯（Leo Arons，1860—1919），德国物理学家、社会民主党员。他因参与社会民主党的活动而被柏林大学取消讲师资格。那些德意志第二帝国的当权派认为，社民党的活动是削弱现有政权的，从而严禁公务员（大学老师是间接公务员）参与这类活动。在为自己的辩护中，阿伦斯认为，政府无权过问个人良知方面的事务。尽管并没有与阿伦斯有过个人接触，在阿伦斯去世后，爱因斯坦发表了一篇高度赞扬阿伦斯的悼念文章，称他是“言论自由的一个勇敢的先驱者”。——编译者注

[42] 达维德·梁赞诺夫（Дави́д Ряза́нов，1870—1938），苏联革命家、马克思主义理论家、档案保管员、马克思恩格斯研究院的创办者，主导了对马克思和恩格斯著作的首次大规模编辑与出版工作。梁赞诺夫在 20 世纪 30 年代苏联大清洗中遇难。——编译者注

[43] 爱德华·伯恩斯坦（Eduard Bernstein，1850—1932），德国社会民主主义理论家及政治家。1872 年，他加入德国社会民主党，后来在外流亡数年，任几份社会主义杂志的编辑。他在英国伦敦遇到恩格斯，并受到费边社的影响。他 1901 年回到德国，成为修正主义（进化社会主义）的理论家。伯恩斯坦设想出一种社会民主的类型，将个人的创新精神与社会改革结合在一起。他曾担任几届议员（1902—1906、1912—1916、1920—1928），启发了社会民主党的许多改革计划。他的观点却并没有及时被整个社会主义运动所接受，他历经排斥和否定，特别是在第二国际结束，俄国十月革命后，列宁和马列主义极“左”派长期将他称为无产阶级的敌人，“从内部窃改马克思主义的资产阶级修正主义者”，并冠以“走狗、内奸、叛徒、工贼”之类的头衔。——编译者注

[44] 胡克（Sidney Hook，1902—1989），美国实用主义哲学家，以对历史哲学、教育哲学、政

治理论和伦理学的贡献而闻名。胡克早年信仰共产主义，后来思想转变，批判集权主义、法西斯主义和马列主义，是一位坚定的“反共斗士”，思想极为保守。——编译者注

[45] 弥诺陶洛斯（Minotaurus），克里特岛上的半人半牛怪。克里特岛国王弥诺斯之妻与波塞冬派来的牛的产物，拥有人的身体和牛的头，弥诺斯在克里特岛为它修建了一个迷宫。由于弥诺斯的儿子安德洛革俄斯在阿提喀被人谋杀，弥诺斯起兵为儿子报仇。为了平息弥诺斯的愤恨，雅典人向弥诺斯求和，答应每九年送七对童男童女到克里特作为进贡。弥诺斯接到童男童女后，将他们关进弥诺陶洛斯居住的迷宫里，由弥诺陶洛斯把他们杀死。——编译者注

第二部　追求和平

[1] 《力量》(*Force*)，Lord Davies, London, Ernst Benn, Ltd., 1934。——编译者注

[2] 原文此处为“俄国”，按文章发表日期，改成“苏联”。——编译者注

[3] 佛兰德人指的是比利时西部讲荷兰语的族群。——编译者注

[4] 《凯洛格条约》(*Kellogg Pact*)，又称《凯洛格—白里安条约》(*Kellogg–Briand Pact*)，或《巴黎公约》(*Pact of Paris*)，全称为《关于放弃战争作为国家政策工具的普遍公约》(*General Treaty for Renunciation of War as an Instrument of National Policy*)，于 1927 年由美国国务卿弗兰克·凯洛格（Frank B. Kellogg，1856—1937）和法国外交部部长阿里斯蒂德·白里安（Aristide Briand，1862—1932）共同发起，1928 年 8 月 27 日由美国、德国、法国以及其他很多国家共同签署的一项国际协定，签署国承诺不使用战争来解决“任何争端”。凯洛格为此获得了诺贝尔和平奖。实际上，《凯洛格—白里安条约》取得了一些成功，但没有达到其所有目标。它并没有结束战争，也没有阻止军国主义的兴起，并且无法在接下来的几年中维持国际和平。该协议因其缺乏道德主义和合法性以及对外交政策缺乏影响而遭到嘲笑。——编译者注

[5] 这里指的应该是第一次世界大战。——编译者注

[6] 费歇尔（Emil Fischer，1852—1919），德国化学家。1915 年，为了报复法兰西科学院逐出德国人，某些德国科学家提出将法国通讯院士从普鲁士科学院除名。这一提议遭到了费歇尔的反对。——编译者注

[7] 国际科学院协会（The International Association of Academies）于 1899 年 10 月在德国威斯巴登创建。到 1914 年由于第一次世界大战爆发而实际解散为止，已有 24 个科学院加入。——编译者注

[8] 比如，1920 年 9 月，在法国斯特拉斯堡召开的国际数学家大会，共有来自 27 个国家的 200 位数学家与会，但前同盟国的成员被排除在外。——编译者注

[9] 原文为拉丁文：*senatores bani viri, serzatus autem bestia*。——编译者注

[10]《凡尔赛条约》是“一战”后战胜国（协约国）对战败国（同盟国）的和约，共分 15 部分，440 条。其主要目的是削弱德国的势力。——编译者注

[11] 哈恩（Otto Hahn，1879—1968），德国化学家，因在 1938 年年末发现核裂变现象而获得

1944 年诺贝尔化学奖。——编译者注

[12] 迈特纳（Lise Meitner，1878—1968），奥地利女物理学家，与化学家 O. 哈恩及 F. 斯特拉斯曼共同获得费米奖（1966），哈恩和斯特拉斯曼发现了铀裂变现象，迈特纳给出了正确解释。——编译者注

[13] 埃默里·里夫斯（Emery Reves，1904—1980），英国著作家、发行人。他的《对和平的剖析》（*The Anatomy of the Peace*）一书曾红极一时。他曾收到四千多封信与他探讨书中的问题，其中有许多赞同他的主张的社会名流。——编译者注

[14] 这里指美国人，下同。——编译者注

[15] 成功湖（Lake Success），联合国总部所在地，在美国纽约市。——编译者注

[16] 安德烈·葛罗米柯（Андре́й Громы́ко，1909—1989），苏联外交家，政治家，1939 年起历任驻美国大使、驻联合国安理会常任代表、外交部副部长、驻英国大使等职，1957 年至 1985 年任外交部部长，1985 年起任苏联最高苏维埃主席团主席。——编译者注

[17] 麦达内克（Maidanek）和奥斯威辛（Auschwitz）是两处纳粹德国用来杀害无辜犹太人的集中营，位于波兰南部。——编译者注

[18] 俾斯麦（Otto von Bismarck-Schoenhausen，1815—1898），普鲁士王国首相（1862—1890），德意志帝国宰相（1871—1890）。执政期间，他采取"铁血政策"，故又有"铁血宰相"之称。其实这个称号最多只反映了他的一个侧面。他的深谋远虑才是让德意志第二帝国在脆弱的国际环境中崛起的真正原因。——编译者注

[19] 威廉二世（Wilhelm II，1859—1941），德意志帝国皇帝和普鲁士国王（1888—1918），因不满老牌帝国主义对世界的瓜分，主张以舰队为手段的"世界政策"，煽动民族沙文主义。"一战"失败后，他被迫退位，逃往荷兰多恩，后死于该地。——编译者注

[20] 斯巴克（Paul-Henri Spaak，1899—1972），曾两度任比利时首相（1938—1939、1947—1949），三次任外交大臣（1936—1938、1939—1945、1965），1946 年任第一届联合国大会主席，1949—1951 年任欧洲委员会协商会议主席，1952—1954 年任欧洲煤钢联合体主席。他主张建立一个强大的欧洲，并极力推进欧洲一体化进程，可谓欧洲一体化的先驱者。1957—1961 年，他担任北大西洋公约组织秘书长。——编译者注

[21] 谢尔盖·伊万诺维奇·瓦维洛夫（Серге́й Ива́нович Вави́лов，1891—1951），专长于荧光领域的物理学家，苏联科学院院长。——编译者注

[22] 亚历山大·N. 弗鲁姆金（Алекса́ндр Нау́мович Фру́мкин，1895—1976），著名胶体化学家，莫斯科科学院胶体与电化学研究所所长。——编译者注

[23] A. F. 约飞（Абра́м Фёдорович Ио́ффе，1880 —1960）以其对晶体在水下情况的研究工作著称，是列宁格勒（今圣彼得堡）科学院物理化学研究所所长。——编译者注

[24] N. N. 谢苗诺夫（Никола́й Никола́евич Семёнов，1896—1986）是化学动力学的权威，莫斯科科学院化学物理研究所所长。——编译者注

[25] 此处的英文为 his eyes（他的眼睛）。——编译者注

[26] 罗斯福（Franklin Delano Roosevelt，1882 — 1945），美国第 32 届总统（1933—1945），民主党人。——编译者注

[27] 在英译本《我的世界观》中，最后还加上一段："我本想给您写封长信，但却没有时

间。”——编译者注

[28] 德文版到此为止。英译本还有一小段，似乎与“确保人类的未来”这一主题关系不大，这也可能是德文版将之略去的原因。这里补译如下：“现在谈论一下教师的薪水问题。在一个健全的社会里，一个人从事任何有益的活动，都应得到报偿，过上体面的生活。一个人从事任何有社会价值的活动都能获得内心的满足，却不能将其视为薪水的一部分。教师不能用他内心的满足感来填饱他的孩子们的肚子。”——编译者注

第三部　从普鲁士科学院辞职

[1] 海因里希·冯·菲克尔（Heinrich von Ficker，1881—1957），奥地利气象学家和地球物理学家。从 1911 年起，菲克尔任格拉茨大学气象学教授，1923—1937 年，任柏林大学教授。在柏林任职期间，菲克尔曾在普鲁士气象研究所任职多年。1937—1952 年，任维也纳大学教授；1946—1951 年，任奥地利科学院院长。——编译者注

[2] 左拉（Émile Zola，1840—1902），法国小说家、剧作家、记者，自然主义文学流派的最著名的实践者，对戏剧自然主义的发展做出了重要贡献。他是法国政治自由化的主要人物，在被诬告和被定罪的炮军军官阿尔弗雷德·德雷福斯（Alfred Dreyfus，1859—1935）得到无罪赦免的过程中，他发挥了自己的作用。他在《震旦报》（*L'Aurore*）上发表了一封名为《我控诉！》（*J'Accuse...!*）的致共和国总统的公开信，点名指控将军们精心策划了对德雷福斯的陷害。1906 年，德雷福斯终于被宣判无罪，官复原职，并晋升为上校。1902 年逝世的左拉，无法看到这一天了。左拉在 1901 年和 1902 年获得第一届和第二届诺贝尔文学奖提名。——编译者注

第四部　犹太人的理想

[1] 妥拉（*Torah*），又称托拉，广义上指上帝启示给以色列人的真义，称为《希伯来圣经》，狭义上指《摩西五经》，即《创世记》、《出埃及记》、《利未记》、《民数记》和《申命记》。——编译者注

[2] ORT 是 1880 年在俄国圣彼得堡成立的为年轻的犹太人提供专业和职业培训的非营利性的全球性犹太人组织（Общество Ремесленного Труда，Obchestvo Remeslenogo Truda，简称 ORT，意为“技能贸易促进协会”）。它的活动跨越五大洲的 100 多个国家。——编译者注

[3] OZE 是 1912 年 8 月 7 日在俄国圣彼得堡成立的致力于促进犹太人健康、卫生和儿童保育的组织（最初称为 Obshchestvo okhraneniia zdorov'ia evreiskogo naseleniia，意为“保护犹太人健康协会”，后来改为 Obschestvo zdravookhraneniia evreev，简称 OZE，意为“犹太人卫生协会”）。——编译者注

[4] 此处指一帆风顺。——编译者注

[5] 在爱因斯坦发表关于犹太共同体的讲话之前，萧伯纳致欢迎辞。他列举了历史上 8 个伟大

的宇宙制造者（毕达哥拉斯、亚里士多德、托勒密、开普勒、哥白尼、伽利略、牛顿等，最后是爱因斯坦）。爱因斯坦以一种幽默的方式在自己的演讲提到了萧伯纳以赞美的话语提到的"神话爱因斯坦"，见本书《祝贺萧伯纳》一文。——编译者注

[6] 纽约准将饭店（Commodore Hotel）是纽约君悦饭店的前身，位于纽约市曼哈顿中城的中央车站正中央。它最初建于1919年1月28日，以纽约中央铁路公司（NYCRR）的创立者范德比尔特"准将"("Commodore" Cornelius Vanderbilt)命名。1980年，唐纳德·特朗普(Donald Trump)在曼哈顿的第一个建筑项目中对建筑外部进行了现代化改造，并对其内部进行了翻修。——编译者注

[7] 提图斯（Titus，41—81），罗马帝国晚期皇帝，皇帝韦斯巴芗之子。他早年参加军队，驻守不列颠和日耳曼，67年在其父麾下任犹太地区军团司令。68年尼禄死后，他协助父亲取得皇位。韦斯巴芗即位后，派他指挥对犹太人作战。据说，他曾杀死100万犹太人，并把耶路撒冷夷为平地，为此在81年建成提图斯凯旋门，迄今仍屹立于罗马广场。71年返回罗马后，他任御林军司令，后数次任执政官，与其父共执朝政。79年父皇死后，他继承皇位，只在位三年（79—81）。有关他的经历，参见《罗马十二帝王传》，[古希腊]苏维托尼乌斯著，张竹明等译，商务印书馆，1996年，北京，316~324页。——编译者注

[8] 马加比（Judas Maccabee，？—公元前160年），古代犹太国的爱国志士。公元前168年，他曾率领犹太民众反抗当时统治犹太人的塞琉西王国。公元前141年，犹大之弟西门在耶路撒冷及周围地区建立了马加比家庭的统治，即哈斯蒙王朝。公元前63年罗马人占领巴勒斯坦后，犹太人遭到残酷镇压，绝大多数犹太人逃离巴勒斯坦，流散世界各地，漫长而艰辛的犹太人流散生涯开始了。——编译者注

[9] 该演讲的时间为1939年。——编译者注

[10] 此处指英国。——编译者注

[11] 魏茨曼（Chaim Weizmann，1874—1952），出生于俄罗斯的英国犹太裔化学家、犹太复国运动政治家、以色列第一任总统。——编译者注

[12] 爱因斯坦在这里指的是1929年8月下旬在巴勒斯坦发生的一系列示威和骚乱。其根源是穆斯林与犹太人之间围绕进入耶路撒冷西墙所发生的长期争执。在8月23—29日发生的骚乱期间，有133名犹太人被杀，200多人受伤，其中大多数犹太人是在家中被阿拉伯人杀害的；至少有116名阿拉伯人遇害，至少232人受伤，其中大部分伤亡是英国警方在试图镇压骚乱时造成的，尽管也有大约20人是被犹太人袭击的。在骚乱期间，有17个犹太社区被撤离。——编译者注

[13] 赫茨尔（Theodor Herzl，1860—1904），奥匈帝国的一名犹太裔记者，曾任维也纳《新自由报》主编。1896年，他出版《犹太国》(*Der Judenstaat*)，主张欧洲的"犹太人问题"不是社会问题或宗教问题，而是民族问题，其解决之道就在于建立犹太人自己的国家。在瑞士巴塞尔举行的第一次犹太复国主义运动大会上，他被推选为会长，以后每次大会都全额当选。他因而被视为犹太复国运动的创始人，现代以色列国的国父。——编译者注

[14] 原文为Tagespolitik。这里取这个词的贬义用法，用来批评政治家和政党没有采取任何面向未来的政策，或不做出任何重要决策的行为。——编译者注

[1] 莱布尼茨（Gottfried Wilhelm Leibniz，1646—1716），德国哲学家、数学家、外交家、历史学家和早期启蒙运动的政治顾问。他被认为是他那个时代的“全才”，17 世纪末 18 世纪初最重要的哲学家之一，也是启蒙运动最重要的思想领袖之一。——编译者注

[2] “先定的和谐”（prästabilierte Harmonie），莱布尼茨哲学的一个基本概念，最初是用来澄清“身心问题”的，后来用来作为所有事物固有秩序的一般表达。——编译者注

[3] 普朗克与马赫之间的论战，始于普朗克 1908 年 12 月 9 日在荷兰莱顿大学所做的题为《物理世界图景的统一》（*Die Einheit des physikalischen Weltbildes*）的演讲。普朗克最初是马赫哲学的虔诚信徒，后来通过自己的研究心得，发现实证主义的许多困难，成了马赫哲学的反叛者。他们论战的焦点是：是否存在实在的外部世界？物理规律是否具有客观性？物理学统一的基础是什么？经济思维原则是否是科学的最高目标和科学探索的最有效方法等？马赫认为普朗克并没有真正理解自己的观点。几次交锋后，双方都没有改变看法。物理学界也相应地分成两派。——编译者注

[4] 锡诺普的第欧根尼（Diogenes Sinopeus，人们推测他或许出生于公元前 413 年，或许出生于公元前 323 年），古希腊哲学家，属于犬儒学派。——编译者注

[5] 此处的原文为 Naturforscher。1954 年英文版《观念与见解》中译成 Natural philosopher（自然哲学家），显然是错的。naturforscher 更接近博物学家，不是很严格的话，也可以译成“自然科学家”。——编译者注

[6] 维尔纳·海森伯（Werner Heisenberg，1901—1976），德国理论物理学家、量子力学的关键先驱之一，1932 年度诺贝尔物理学奖得主。除在量子力学方面的突破性贡献外，海森伯还在湍流、原子核、铁磁性、宇宙射线及亚原子粒子方面都有过重要建树。遗憾的是，“二战”期间，他被迫卷入为纳粹背书的行径当中，是纳粹德国核武器项目的首席科学家。1943 年秋，他访问了哥本哈根，与玻尔见面。对于这次会面，双方当事人有着完全不同的回忆。尽管有不得已的地方，他在“二战”期间的表现，被很多人诟病。“二战”后，他被任命为威廉皇帝物理研究所（不久后更名为马克斯·普朗克物理研究所）所长。直到 1958 年，他被提升为马克斯·普朗克物理与天体物理研究所所长。他担任亚历山大·冯·洪堡基金会主席多年，推动了德国科学家与其他国家科学家之间的交流。——编译者注

[7] 最初发表时，此处为“尚未被证实”，后来编者按现状进行了修改。——编译者注

[8] 厄缶（Loránd Eötvös de Vásárosnamény，1848—1919），匈牙利物理学家。他设计的实验表明引力质量和惯性质量是相等的，这为爱因斯坦的广义相对论提供了依据。——编译者注

[9] 马塞尔·格罗斯曼（Marcel Grossmann，1878—1936），爱因斯坦的大学同班同学，瑞士数学家，苏黎世联邦理工学院教授。——编译者注

[10] 里奇（Gregorio Ricci-Curbastro，1853—1925），意大利数学家，因在张量微积分领域的研究而闻名。——编译者注

[11] 第谷·布拉赫（Tycho Brahe，1546—1601），丹麦贵族，天文学家和作家，以其精确和全面的天文和行星观测而闻名。生前，他被称为集天文学家、占星术士和炼金术士于一身的

人。他被形容为“现代天文学中第一个能够热切地感受到对确切经验事实的热情的人”。他的观测结果比当时最好的观测结果精确 5 倍。——编译者注

[12] 斯瓦比亚是德国西南部的一个文化、历史和语言区域。最早的概念源于斯瓦比公国，但这个公国在 13 世纪后不复存在。现在的斯瓦比亚概念比较狭窄，指的是位于德国南部巴符州和巴伐利亚州相邻的一片土地，它西至黑森林，东至莱赫（Lech），南至博登湖，北至海尔布隆—弗兰肯地区南部。爱因斯坦的祖先生活在斯瓦比亚靠北的海尔布隆附近。——编译者注

[13] 开尔文男爵，原名威廉·汤姆森（William Thomson，1824—1907），英国物理学家，在电力和热力学领域成绩卓著，以理论工作和测量仪器的发展而闻名。

[14] 莱昂哈德·欧拉（Leonhard Euler，1707—1783），瑞士数学家、物理学家。——编译者注

[15] 丹尼尔·伯努利（Daniel Bernoulli），荷兰—瑞士数学家，1738 年用伯努利方程精确表达了他的原理。——编译者注

[16] 海因里希·马格努斯（Heinrich Magnus，1802—1870)，柏林大学物理与技术教授。——编译者注

[17] 在柏林召开的物理学会的一场会议上，哥廷根的物理学家普兰特（Ludwig Prandtl，1875—1953）用一种全新的方案证实了马格努斯的实验，也提到了弗莱特纳船。讲稿于 1925 年 1 月 16 日出版，也就是说，早于 1925 年 3 月爱因斯坦动身去南美之前。——编译者注

[18] 约翰·威廉·斯特拉特（John William Strutt，1852—1919），瑞利男爵三世（Baron Rayleigh）。——编译者注

[19] 出现这个现象是因为河底处流速减小。——编译者注

[20] 这里和之后的横截面速度指的都是水流向前的速度。——编译者注

[21] 出现这个现象是因为河壁处的摩擦。——编译者注

[22] 以上内容在德文版中不存在，据英文版《观念与见解》第 346 页补译。——编译者注

[23] 原文为 der wissenschaftliche Mensch，指的是除科学家外，其他从事与科学有关的活动的人，范围比科学家要广。英译本或其他语译本均简化为科学家。——编译者注

[24] 汤姆逊（Sir Joseph John Thomson，1856—1940），英国物理学家。他发现了电子，从而推动了原子结构知识的革命。——编译者注

[25] 伽莫夫（Georg Gamov，1904—1968），乌克兰出生的美国核物理学家和宇宙学家，因倡导宇宙“大爆炸”学说而闻名。此外，他对 DNA（脱氧核糖核酸）的研究也对现代遗传学有根本性的贡献。——编译者注

[26] 此处德文版用的是 Wuerfelspiel（掷子游戏），S.121。——编译者注

[27] 斐索（Hippolyte Fizeau，1819—1896），法国实验物理学家，曾担任法国经度局局长。以测定光的速度的实验（后来以他名字命名为斐索实验）而著名。——编译者注

[28] 施塔克（Johannes Stark，1874—1957），德国物理学家，1919 年诺贝尔物理学奖得主。他早年曾提携爱因斯坦，后来加入国家社会主义工人党，成为纳粹的积极支持者，以及所谓的“德意志物理学”（Deutsche Physik）的代表。——编译者注

[29] 盖泽（Carl Friedrich Geiser，1843—1934），瑞士数学家，曾在瑞士苏黎世联邦理工学院工作，主要研究代数几何。——编译者注